U0689913

 # 特别鸣谢　胡智荣先生

　　胡智荣先生任山东省政协常委，中国人民对外友好协会第八、第九、第十届全国理事，爱浪凯旋集团董事长以及胡智荣文化基金主席。他所领导的爱浪凯旋集团投资经营业务涉及面较广，其中主要包括能源资源投资经营开发、房地产投资经营开发、文化产业项目投资经营开发三大核心业务。2011年11月，胡智荣发起并成立胡智荣文化基金，先后赞助、支持、举办过多项大型文艺演出和中外文化交流活动，反响热烈，其中包括奥斯卡影后梅丽尔·斯特里普参与表演的《马友友音乐会》以及由其主演的电影《铁娘子》的首映活动，《共和之路——纪念辛亥革命100周年大型交响史诗音乐会》以及《中俄友好文化交流——俄罗斯二十一世纪男低音音乐会》等。

近年来，胡智荣分别给中国儿童少年基金会、中华健康快车基金会、海外华人儿童成长基金、中国友好和平发展基金会等机构捐赠合计7000多万元人民币，并被《人民日报》、全国妇联等十几个部委授予"中国儿童慈善家"的称号，也多次受到习近平、李克强、张德江、刘云山、王岐山、李源潮、刘延东、刘奇葆、江泽民、胡锦涛、温家宝、贾庆林、曾庆红等领导人的亲切接见。

胡智荣先生还有着浓浓的粤韵情，在积极创业之余，一直念念不忘家乡优美的戏曲艺术。他结识了广东粤剧界著名的表演艺术家红线女、罗品超、罗家宝、郑培英等，成了好友，还于上世纪90年代正式拜罗品超为师，虚心学艺，1994年他便在香港红磡体育馆登场，参加了由粤剧红伶、慈善家新马师曾等举办的大型筹款演出活动，与粤剧名伶王超群对唱粤曲，受到好评。

多年来胡智荣先生曾不断组织粤剧名演员一起参加各类社会公益演出，举行敬老粤曲演唱会，举办少年儿童粤曲大赛，组织新曲创作演唱；又慷慨解囊，斥资主办红线女师生艺术欣赏会，支持赞助罗品超的表演唱腔艺术研讨会，罗家宝的"虾腔"演唱会，赞助过广东八和会馆举办的粤剧活动，特别是捐赠给广东省繁荣粤剧基金会100万元，受到了大家的高度赞扬。

去年年底，胡智荣先生又斥资主办了粤剧名旦李池湘从艺三十年艺术专场，取得圆满的成功；自己还登上大舞台与李池湘对唱粤曲，受到热烈的欢迎。接着，他又大力支持、积极赞助出版郑培英编写的新书《梨园未了情》，同时牵头组成编委会，保证了书本的质量。今年，他再出资支持《广州话分韵词林》（新增订本）和《粤剧板腔》这两本戏曲新书的出版，为促进岭南地方戏曲的普及与传播作出了新的贡献。

再次特别鸣谢胡智荣先生！

广州话

分韵词林

新增订本

杨子静　潘邦榛◎编　潘邦榛◎增订

羊城晚报出版社
·广州·

图书在版编目（CIP）数据

广州话分韵词林 / 杨子静，潘邦榛编；潘邦榛增订. —新增订本. —广州：羊城晚报出版社，2013.12
ISBN 978-7-5543-0081-7

Ⅰ.①广… Ⅱ.①杨… ②潘… Ⅲ.①粤语—韵书 Ⅳ.①H178

中国版本图书馆CIP数据核字（2013）第271188号

广州话分韵词林（新增订本）
Guangzhouhua Fenyun Cilin（Xin Zengdingben）

策划编辑	吴　江
责任编辑	吴　江　何琳玲
责任技编	张广生
装帧设计	友间文化
责任校对	麦丽芬
出版发行	羊城晚报出版社（广州市东风东路733号　邮编　510085） 网址：www.ycwb-press.com 发行部电话：（020）87133824
出 版 人	吴　江
经　　销	广东新华发行集团股份有限公司
印　　刷	佛山市浩文彩色印刷有限公司
规　　格	787毫米×1092毫米　1/16　印张18　插页1　字数270千
版　　次	2013年12月第1版　2013年12月第1次印刷
书　　号	ISBN 978-7-5543-0081-7/H·13
定　　价	36.00元

序

王力教授写了《广东人学习国语法》一书后，杜国庠同志说，这本书很好，希望他再写一本辅导外省人学广州话的书。果然，文字改革出版社于1957年刊行了王力教授的《广州话浅说》，这当然也是一本很好的书。我们要推广普通话，但也希望外来干部学习广州话，以便联系群众，做好工作。语言是交流思想的工具，方言不是一朝一夕就会消亡，特别在文艺节目上（如粤剧和曲艺），它的功能尤其显著。回顾历史，方言文学留下过令人难忘的功绩。廖仲恺先生的哥哥廖思涛，留美归来后曾任驻日参赞、驻古巴公使，写过粤语诗一百几十首，他的《嬉笑集》曾在北京刻印，《咏秦始皇》等诗就是脍炙人口的。抗战初期，老作家欧阳山在《广州文艺》上提出过粤语文学的主张，也写过方言作品，这些无疑是文学大众化的一种尝试。解放战争期间，香港兴起过方言文学的热潮，许多作家都曾执笔为文，对团结工人群众、开展争取民主和解放运动起了积极的作用。我们知道文字统一的重要意义，今天也没有人呼唤方言文学的复苏，但是文艺节目的方言演示还有很强的生命力，它和写作有很深的关系。何况方言经过提炼，可以丰富民族语言艺术的宝库，愈富于地方色彩的东西，愈能引起全民族的兴趣，这在文学史上是不乏先例的。

根据这一理解，我深深感到杨子静、潘邦榛两位同志编写的《广州话分韵词林》是很有意义之作。静公是一位资深的粤剧编剧家，对广州话极有研究，他既深入民间，又深知广州话和古汉语的关系，能够钩沉发微，在书中提供了不少鲜见的资料。潘君则是编剧界的新生力量，勤奋好学，和静公一道完成此书，是令人高兴的事。这本书列出广州话韵目52个，其中特有的入声韵目17个。它以词尾的字为提示单字，把尾字相同的词目编列，检查起来很是方便。所收词目，既有广州流行的俗语、口头语、惯用语，其中如艰难韵中的"黄鳝上沙滩"、"撞板"、"大食懒"、"生蟛猫入眼"，工农韵中的"斩脚趾避沙虫"、"发开口梦"，入声字尾的"坏到加零一"、"老而不"、"零星落索"、"捉到鹿唔会脱角"等，都是十分生动而有特色的；也有一般通用的古词语、新词语，而且数量不少。这种范围较广的编法对写粤剧、曲艺甚至写普通话体文字的同志都有可供参考的价值。如果说《广州话浅说》着重于指示广州话和普通话的对应规律，使惯用普通话的人和惯用广州话的人可以互相学习，那么《广州话分韵词林》则是着重于提供用韵知识及方言用语，能对爱好创作演唱诗词作品的人有所启发，而对究技民间文艺的人也是一本很有用途的书。

严肃文学和通俗文学从来就是并行不悖的。近年来欧洲、美国、日本都有一些严肃文学作家写起通俗文学来，我国作家也十分关注通俗文学。严肃文学和通俗文学正在不丢掉各自特色之下而互相影响，互相渗透，这是一种在发展中的文坛现状。首先流行于广州话地区的演唱作品固然是严肃与通俗并存，但它要向大众化之途努力却是责无旁贷的。我相信《广州话分韵词林》一书能够在这方面起到良好的作用。

1988年8月

编者的话

　　我们都是多年从事广州话韵文写作的专业戏曲工作者。在长期的创作实践中，从实用出发，我们不断地积累了依广州话的韵部分列的各种词汇，编成小本子，以便于自己的写作。一些同行、教师和业余作者知道后，曾向我们借取，以做参考。他们还不止一次地向我们建议，希望我们能把这小本子公开编印出来，以发挥它更大的作用；而当他们听说这本东西将要整编出版了，更是催问多番，渴望尽快能拿到手上，其热情令人十分感动！

　　是的，从事诗歌戏曲等韵文写作，必须要懂得用韵；懂得了用韵，又需要善于选择和运用准确而生动的词汇；而以广州话写作诗歌、戏曲时，更需特别掌握广州话特有的声韵知识和方言用语。我们编这本书，正是希望能为解决这些问题给予帮助。

　　这本书与过去所出版的辞书不同之处在于：过去的辞书，大多均以词首的字为提示单字，将首字相同的词目顺排一起；而该书则相反，它以词尾的字为提示单字，将尾字相同的词目编列出来；同时还按照广州话的韵部（包括特有的入声韵）有规律地将这些提示单字依次列出；而且依韵所列的词目，既有一般的词汇，又有不少古词语、新词语、成语、口头语，更有与普通话不同的、广州话独特的方言俗语、惯用语（将这些方言俗语、惯用语依韵编列，此书当属第一部）。这样一来，就有利于翻查、检索，给专业和业余的韵文作者提供了写作时依韵找词、选词、用词的方便，在创作上起到一定的启发作用，具有相当的实用价值（对于以广州话写作的作者尤其如此；而对于以普通话或其他方言写作的作者来说，因各提示单字所列的多条词目绝大多数还是共通的，所以也仍然适用）；对于一般的语文工作者、编辑、教师、学生，需要时查一查，在用韵遣词上，也可以作为参考，有助于他们的工作和学习。

当然，整编这类工具书并不算是什么新创作，但却确乎不易，很费脑筋，编起来十分烦琐和枯燥，特别需要细心和耐心，个中滋味，难以尽说。虽然书中所收词目难以求全，但我们还是力图给读者提供得准确些，丰富些，那就不得不到处翻查，不断对照，反复筛选，认真推敲，而我们只能挤出业余时间进行编写（断断续续用了两年多的时间），精力和水平又都有限，因此，尽管我们为此书已倾注了不少心血，仍感到不够完备，其中错漏之处，在所难免，只好待日后有机会时再行订正了。

必须提到的是：本书在编印过程中，得到了广东省艺术研究所、中国戏剧家协会广东分会、中国曲艺家协会广东分会和广东粤剧院四个单位的大力支持与帮助；广东省文化厅厅长唐瑜同志及上述这些单位的负责同志吴世枫、马明晓、张克、邝洪昌、陈其仁等都亲自过问和关心此书；王伟轩、苏惠良、袁广达等同志还为此书的出版多次热情奔走，如没有这些单位的扶持和朋友们的努力，此书实在难以面世，在此深致谢忱！

中国戏剧家协会广东分会主席李门同志不仅对此书的编写提出过宝贵意见，且于百忙中热情作序，我们也深表谢意！

1988年9月

总 目 录

体例说明

1. 本书所列广州话的韵目共52个，其中入声韵目17个。

2. 本书韵目名称沿用两字，但略加变动。除入声韵及"五晤"韵外，各韵名两字中第一字为上平声，第二字为下平声，如"帮忙"、"西堤"等。

3. 本书各韵目均标上广州话拼音方案的韵母。

4. 本书韵目排列次序，从实用出发，将所含词目较多的排在前面；将按运用习惯押韵时可通用的韵目尽量靠近排在一起（如"帮忙"、"干寒"、"商量"三韵便排在一起）；将入声韵目放在最后。

5. 本书各韵目下的提示单字按平声、仄声排列。平声分上平声、下平声；仄声分上上声、下上声、上去声和下去声（因下上声与上去声较为接近，为使用方便，两声的单字列在一起）。入声字则分上入与中、下入声。

6. 本书各韵目下的提示单字字音相同的靠近排在一起，如"方"、"芳"、"坊"、"荒"等。

7. 本书各韵目下的提示单字，凡于同一韵中有两个以上声调读音而其义不同的，均列出，并注明"另作××声"，如"干"字，在上平声处注"另作上去声"，而在上去声处则注"另作上平声"；凡有两个以上声调读音，而义相同的，则注明"又读××声"，如"谊"字放在下去声，再注"又读下平声"；凡于另一韵中读作另一音而其义不同的，亦加注，如"句读"的"读"，注"逗"音，"忖度"的"度"，注"铎"音等；凡另有方言俗读音而义相同的，也加注，如"骑"字，既放在"曦微"韵目下，又放在"爹爷"韵目下，而注明"方言俗读"。

8. 本书所列提示单字，不求太全。凡不能放在词尾的，即不能用于韵脚的，一律不列；凡过僻、现已很少使用的，也不列；凡属姓的，也不列入。

9. 本书各提示单字下所列词目，按字数由少到多排列，以清眉目，先二字词目，后三字、四字、五字等。

10. 本书所列词目中，属于广州话方言俗语、惯用语的，在该词目右上角打上"＊"符号。因"腥鲮"韵全部提示单字作方言俗读，绝大多数词目均属广州话方言俗语、惯用语，故统在此韵目右上角打上"＊"符号。因"腥鲮"韵与"英明"韵中不少提示单字相同，而读音有异，含义也不尽相同，故其中部分词目于两韵目下同时列出。另外，本书所列提示单字中，属于方言字的（如"乜"字），也在该字右上角打上"＊"符号。

11. 本书所列词目虽求丰富，但难以求全，有的一般词汇，如"白纸"有了，就不再列类同的"红纸"、"蓝纸"；"东方"有了，就不再列类同的"南方"、"西方"；有的四字条目已列，两字条目不一定再列（反过来，有的两字条目已列，四字条目不一定再列，较固定和常用的成语则仍列出）；有些属于人名、地名的词目，只略为开列；有些过僻、现已很少使用的，则不列入。全书在某些词目的筛选、取舍之间，编者往往只选较为常用的，可能带有主观成分，运用时可触类旁通，举一反三。

12. 本书所列的方言俗语、惯用语中有实在较难明白的，略加简单注释。如"冚斗"加注"倒闭"；"自梳"加注"女子不嫁"；"一个骨"加注"一刻钟"；"鸡同鸭讲"加注"语不相通"等。

13. 本书于正文前按顺序列出"韵目总表"及"提示单字总表"。后表按韵目顺序将全部提示单字列出，按此表即可查检到各韵目下以该提示单字为尾字的全部词目。

体例说明

新增订本说明

  《广州话分韵词林》一书是我与资深粤剧编剧前辈杨子静先生于25年前（1988年）编成的，并于1990年由中山大学出版社出版，颇受读者欢迎，早年已经全部脱销。2006年广东省繁荣粤剧基金会计划重印，我提出可作一些增订，而由于杨子静前辈身体一直抱恙，故嘱我"按实际情况先行动手"；到6月间我把增订稿弄出，他却于7月初辞世，无法让他审阅订正（此情况我于当年11月的《增订后记》中已有说明）。2007年初，此书的增订本终于由羊城晚报出版社按计划出版，同样反响强烈，需求者众。

  今年初，我与世界华人协会主席、爱浪凯旋集团董事长、著名的企业家胡智荣先生谈及此书，喜得他深切关注，在他的鼎力支持下，此书决定作新的增订后由羊城晚报出版社再版。我重新翻查原书稿，发现尚有不少可以调整订正并作增补充实之处，所以又从几个方面再认真做了一些努力：

  （一）对原书稿作了一些勘误订正。如改正错字、补上"＊"符号、调整不恰当的词目排列顺序等。

  （二）增补了一些提示单字，并补上了一些新的词目（有的还作了简单的注释）。如"冚"字，并补上了"天跌落嚟当被冚"（天塌下来也不在乎）；"桥"字（上上声），并补上了"度桥"（想办法）；"唸"字（上入声），并补上了"冇耳藤唸"（靠托）等。

  （三）增补了若干词目，如"顾曲周郎"、"半路杀出程咬金"、"下笔千言"、"上气不接下气"、"手到擒来"、"掷地有声"、"做一日和尚撞一日钟"、"喜闻乐道"、"曲不离口"、"知法犯法"、"老虎屁股摸不得"、"从轻发落"等。

（四）增补了近100个富有特色的广州俗语、口头语、惯用语，另对部分又作简单的注释。如帮忙韵中的"恶人先告状"，干寒韵中的"一额汗（忙乱紧张）"，商量韵中的"手尾长（后续工作多）"，艰难韵中的"睇餸食饭"，撑棚韵中的"手瓜硬（实力雄厚）"，亲人韵中的"失礼死人"，遵循韵中的"大声夹有准"，千年韵中的"一头烟（忙得头昏脑涨）"，添甜韵中的"有拖冇欠"，宣传韵中的"冇雷公咁远"，依时韵中的"反转猪肚就系屎"，曦微韵中的"孭飞（负起一切责任）"，追随韵中的"冻过水（没指望）"，西堤韵中的"冇大冇细（不懂常礼规矩）"，乖孩韵中的"光棍遇着冇皮柴（同一路货色）"，腥鲮韵中的"功夫长过命"，工农韵中的"眼大睇过龙"，乌孤韵中的"扮猪食老虎"，操劳韵中的"走宝（失去好机会）"，逍遥韵中的"识少少扮代表（懂一点就装作了不起）"，优游韵中的"洗湿个头（已经开头，欲罢不能）"，花茶韵中的"开讲有话（常言道）"，爹爷韵中的"吞生蛇"，抛锚韵中的"百足咁多爪（到处跑）"，垃圾韵中的"七扶八插（外力帮助）"，核实韵中的"屈质（狭窄）"，喝割韵中的"食得咸鱼抵得渴"，落索韵中的"受落（得到承认欢迎）"，芍药韵中的"夹手夹脚"，霹雳韵中的"招积（自鸣得意）"，活泼韵中的"三扒两拨（干脆利落）"等。

（五）对原书稿中一些词目其意较难明白的，又补上了简单的注释。如"失惊无神"，补上"冷不防"；"扳车边"，补上"沾别人的光"；"腌尖"，补上"爱挑剔"；"水皮"，补上"水平低"；"话头醒尾"，补上"悟性高"；"枨鸡"，补上"蛮不讲理"；"炒虾拆蟹"，补上"满口粗言"；"乌哩单刀"，补上"乱糟糟"；"一镬泡"，补上"一团糟"；"丢那妈"，补上"粗俗骂人话"；"混吉"，补上"没事找事做"；"打边炉，打屎窟"，补上"相差悬殊"；"食过夜粥"，补上"学过功夫，有两下子"等。

经过这次新的增补订正，本书内容会更显准确充实，但我还是像上次增订时所说的那样"总会有不足，也难以求全，读者要举一反三，灵活运用"。

潘邦榛

2013年6月

韵目总表

（韵目右边的号码为正文的页码）

广州话分韵词林

提示单字总表

1. 帮忙韵

上平声：

邦帮梆方芳坊肪荒慌谎肓当铛珰汤
剀岗刚纲缸扛江康慷糠腔筐眶光胱
装妆庄桩赃脏仓苍疮舱桑丧汪杗

下平声：

旁庞亡忘芒茫忙氓房妨防堂膛棠唐
糖塘郎廊榔螂琅狼囊瓢昂狂航杭行
降藏床王皇惶徨煌蝗隍篁凰黄簧潢

上上声：

榜膀绑晃访纺仿舫党挡档厂敞氅闯
爽枉淌躺搪傥巷讲港广

下上、上去声：

网惘妄莽蟒往朗蚌放况当档趟烫杠
降钢亢抗炕矿旷犷壮葬丧创怆

下去声：

傍磅镑谤荡宕浪望旺状藏撞脏项戆

2. 干寒韵

上平声：

安鞍干肝玕杆竿看

下平声：

寒鼾

上上声：

赶秆罕刊

下上、上去声：

旱悍焊案按干看汉

下去声：

汗翰瀚岸犴

3. 商量韵

上平声：

香乡僵缰疆姜浆张章彰璋獐昌倡娼
枪锵窗商伤觞殇双箱厢湘霜孀襄镶
央泱殃秧鸯

下平声：

良娘粮量莨凉梁粱强常裳尝偿长场
肠祥详翔墙樯羊洋徉阳扬杨疡

上上声：

掌长奖桨两凉享响饷飨肠抢赏想尚

下上、上去声：

养痒仰两俩魉强上向相唱畅怅帐账
胀涨障嶂瘴仗将酱

下去声：

亮谅辆量象像丈杖仗匠上尚让壤攘
嚷酿样恙漾

4. 艰难韵

上平声：

关鳏山珊姗跚删潸闩滩摊瘫坍餐弯
湾丹单郸箪番翻幡班斑颁攀扳悭奸
艰间栏

下平声：
凡帆矾烦繁蕃藩樊闲娴环还鬟寰圜顽颜漫蛮残孱潺难兰栏拦阑斓澜弹坛檀

上上声：
反返简铜柬拣茧趼碱枧产铲板版坂栈盏散撒蛋旦坦袒毯

下上、上去声：
眼懒晚挽泛贩晏旦诞谏间涧叹炭粲璨灿赞趱撰馔散伞篡讪惯摜盼

下去声：
万曼漫幔慢谩蔓难烂患幻宦饭犯范瓣办扮弹惮疍绽赚限雁

5. 贪婪韵

上平声：
三衫参骖监缄贪啱簪眈耽担

下平声：
函涵咸衔潭谭谈痰南喃楠婪男蓝篮岚谗馋搀巉惭蚕岩癌

上上声：
胆斩惨篸减榄馅

下上、上去声：
担喊鉴腩览罱忏杉湛蘸探赪

下去声：
淡啖站暂缆滥槛舰陷

6. 撑棚韵

上平声：
撑蹚罌耕更坑踭烹框绷生

下平声：
鹏棚盲横伥

上上声：
省蜢橙朋

下上、上去声：
猛棒冷

下去声：
硬逛喧

7. 亲人韵

上平声：
因茵恩姻欣殷筋巾根跟斤蚊吞身娠新薪申伸绅辛分氛纷勋熏薰醺曛荤昏婚阍芬真嗔珍亲奔彬赟宾滨槟军君均钧坤昆温瘟氲夭

下平声：
人仁寅神辰臣晨宸云魂纭耘芸匀晕浑民文闻雯纹痕贫频蘋颦陈尘勤芹焚坟银垠群裙

上上声：
垦恳隐忍粉诊疹哂紧谨馑畚品狠很滚菌稳搵

下上、上去声：
困窘悃阃喷愤奋训眮粪殒陨允尹蕴引蚓印瘾敏悯泯吻刎孬殡鬓震振赈镇圳衬趁棍褪

下去声：
阵运韵混恨近慎肾问分份忿笨韧衅孕刃仞纫

8. 森林韵

上平声：

心深森参芯金今甘柑箴斟砧针音暗阴衾襟衿禁堪钦龛谙庵侵

下平声：

沉寻忱林琳淋霖临吟淫禽擒琴含酣岑涔

上上声：

锦敢感寝饮审婶黯枕谂砍坎凵

下上、上去声：

暗禁荫撼瞰浸勘嵌谮荏渗稔颔凛

下去声：

任饪衽甚憾鸩

9. 登腾韵

上平声：

生牲甥笙庚更羹灯登争嶒琤筝睁铮僧蹭憎增缯罾崩蹦亨铿莺

下平声：

行衡恒能盟萌薨腾藤凭朋层曾宏

上上声：

梗哽埂鲠耿亘等戥肯啃

下上、上去声：

甏凳勍楞

下去声：

幸杏行赠凭

10. 遵循韵

上平声：

春椿鹑敦墩嶟吨津樽遵谆榛臻殉徇峋询恂悛

下平声：

仑伦沦轮纶囵鳞辚邻麟邻唇驯纯醇淳旬巡循

上上声：

烬准隼榫蠢卵笋

下上、上去声：

进俊浚骏峻竣晋信逊汛迅讯蕈舜瞬盾

下去声：

尽论躏润闰顺顿囤钝遁

11. 千年韵

上平声：

烟偏翩编篇边鞭骈颠巅癫天坚肩愆牵掀锨煎毡笺千迁钎芊跹仙鲜先

下平声：

言弦舷贤延涎筵蜓然燃妍研棉绵眠田填怜年连涟莲前钱缠

上上声：

演堰偃衍贬砭扁匾片典腆链件显遣蚬展碾剪腱蹇浅面鲜燹

下上、上去声：

免勉娩湎冕践饯煎鳝燕咽宴片骗遍变建见献宪苋箭颤战荐扇线

下去声：

喑现砚觅谚便弁忭辨辩奠淀靛佃甸殿电面练炼件健键贱溅羡禅擅膳缮善

12. 添甜韵

上平声：

尖添粘沾拈瞻签歼掂㤿奄兼谦

下平声：

严髯盐炎嫌甜廉镰帘佥檐蝉禅钳潜

上上声：

点掩冉苒闪险检淹

下上、上去声：

染脸敛殓厌剑欠占店玷堑

下去声：

验焰艳念俭渐滟嵌

13. 宣传韵

上平声：

冤渊鸳端圈喧暄宣孙狲酸飧涓捐娟鹃尊专砖川钏穿村

下平声：

员元完圆园原源缘援媛悬猿辕垣鸢玄沿屯团豚峦联銮鸾权拳传全诠痊荃存泉船旋

上上声：

县院苑婉丸恋短卷转传喘忖舛选损犬

下上、上去声：

远软暖串寸劝怨券绢眷绻算蒜篆钻纂

下去声：

愿断段缎锻乱嫩倦

14. 依时韵

上平声：

诗尸狮师思施私斯丝司支枝资缁滋之知姿芝孳兹肢咨差嘶訾媸黐疵

髭痴雌咨医衣依撕嘶伊

下平声：

时埘匙宜儿移疑怡贻饴仪颐夷姨痍蛇迤而辞词祠持迟池驰弛慈墀瓷磁糍脐荠

上上声：

子籽止址趾旨指纸梓滓寺紫姊黹此耻齿始矢侈豸雉柿史使士屎倚椅绮漪二

下上、上去声：

志智置至致痣挚刺次恣恃帜翅赐似啻厕市肆试使思泗意议耳尔迩以拟已矣懿

下去声：

士仕示视是侍事氏豉伺莳二易异义谊治字祀自鸷饲嗣稚痔

15. 曦微韵

上平声：

悲卑碑陂罴披眯飞非菲霏扉妃基几机讥玑矶肌饥羁其箕姬畿奇蹊欺嬉嘻禧希稀晞曦熙喱痢

下平声：

离漓篱缡璃梨鹂狸厘皮疲脾鼙微薇弥弭眉嵋楣湄糜縻肥奇琦骑旗祺期棋蜞祈歧祇芪耆鳍其

上上声：

起喜死己杞纪几比秕妣彼畀髀鄙痞匪诽莉企

下上、上去声：

美尾靡气汽戏器弃憩里理鲤娌俚悝

你李寄记企冀骥四臂辔泌秘痹滗庇
被婢譬屁

下去声：
地味寐媚妓技忌利俐猁痢吏罾腻饵
泥旎备避鼻

16. 猪鱼韵

上平声：
朱珠株诛蛛铢姝猪书舒抒枢输于竽

下平声：
愚隅濡襦孺嚅儒渝愉榆瑜觎觚鱼渔
如茹余予盂舆虞娱臾谀腴殊

上上声：
主拄煮渚处鱼鼠暑薯黍

下上、上去声：
雨语与禹宇羽乳龉圄柱杼贮储署曙
杵注蛀炷驻麈著铸处戍恕

下去声：
遇寓预御裕豫驭吁誉愈喻谕住箸竖
树

17. 追随韵

上平声：
车居据裾虚嘘墟圩觑吁追疽趄睢锥
椎骓疽趋炊吹摧催衰需胥须区躯驱
岖俱拘驹堆推

下平声：
雷擂蕾闾橱累衢癯劬渠蕖谁垂陲颓
嵬除徐蜍随槌锤厨橱蹰蹰

上上声：
水取娶举矩蹄许栩诩煦腿嘴

下上、上去声：
女吕侣垒屡履缕褛旅里偏馁絮绪墅
髓拒距去醉最岁帅说嗦税碎对怼兑
碓退蜕翠脆趣句据倨踞

下去声：
虑滤泪戾喙类累罪屿赘序叙聚坠缀
具惧巨炬睡穗悴粹萃瘁遂邃祟瑞锐
睿蕊裔队

18. 西堤韵

上平声：
鸡笄溪稽挥晖辉徽威低梯挤剂跻妻
凄萋栖西筛犀嘶米批归闺龟亏规窥
盔跛

下平声：
啼蹄堤提题黎藜犁尼怩泥倪霓巍齐
围闱帏惟帷维唯桅危违遗为葵睽揆
畦携逶馗迷谜噬

上上声：
底抵邸砥诋体睇仔洗驶使启鬼宄轨
簋诡矮委萎诿痿毁偈

下上、上去声：
计继髻际济制掣祭势世细婿礼费沸
废肺桂瑰季贵箅愧悸伟纬苇彗讳炜
契切砌米蔽闭帝蒂缔谛屉娣悌剃涕
替尉慰蔚畏喂秽卉蚁翳

下去声：
卫胃谓渭猬慧惠为位弟递第隶逮棣
币敝弊毙陛逝誓噬系荔丽俪例厉疠
励砺粝艺呓诣毅魏缢睨跪匮馈柜袂
吠滞

19. 灰煤韵

上平声：

灰恢奎魁杯坏胚偎煨隈

下平声：

回徊洄枚煤媒霉梅莓陪培赔

上上声：

妹会

下上、上去声：

海晦悔辈背狈贝倍佩珮沛帔配会脍佡狯绘桧贿溃愦聩

下去声：

会烩汇焙寐魅昧悖

20. 开来韵

上平声：

开胎灾哉栽哀埃腮鳃该赅陔

下平声：

才材财裁来莱徕台抬苔呆

上上声：

海皑凯采彩睬改嫒蔼霭宰载

下上、上去声：

爱盖丐慨溉概忾塞赛菜载再怠殆

下去声：

外碍在害待代岱袋黛内耐奈睐赉

21. 乖孩韵

上平声：

拉街阶佳斋乖钗差猜歪

下平声：

牌排埋霾鞋孩骸谐柴豺涯崖捱槐怀淮

上上声：

摆歹解拐踩牌玺徙矲

下上、上去声：

买舴奶蟹隘拜湃块快筷派带戴贷态汰泰届界戒诫介疥尬怪债晒

下去声：

败卖迈大械懈寨艾坏赖籁

22. 英明韵

上平声：

声升星腥猩惺青菁清称精睛征贞蒸晶旌兵冰惊京荆矜兢经兴轻卿馨兄丁仃汀钉英瑛应鹰膺婴樱罂鹦缨蝇倾拼拎扔

下平声：

明鸣名冥溟暝瞑成城诚乘丞承绳平评坪萍屏瓶情晴呈程惩澄形刑莹萤茎荧萦盈型仍迎营赢瀛蝇凝灵棂凌陵绫菱棱伶苓蛉泠零铃瓴翎龄宁咛泞狞荣嵘廷庭霆蜓亭停婷擎鲸琼茕

上上声：

醒省影映顶酊鼎饼秉炳竟境景憬警整井请拯逞炯迥颈顷挺

下上、上去声：

姓性胜圣庆兴磬謦正症政证劲径敬竞听岭领永应订聘骋进称秤茗皿铭柄并

下去声：

命定锭令病静净靖剩认颖咏泳佞拧盛

23. 腥鲮韵

上平声：

屏钉厅听靓笭惊猄轻精青声腥生

下平声：

平砯灵鲮擎成城赢

上上声：

饼瓶名顶颈井请醒

下上、上去声：

柄撤腚艇领岭靓镜正

下去声：

病命净定

24. 工农韵

上平声：

中忠淙盅钟终宗踪春东冬咚通空凶
汹胸风疯丰封峰烽蜂锋冲忡衷骢匆
偬聪充葱囱公蚣弓工攻恭功宫供躬
翁松窿

下平声：

红雄虹洪鸿蚣从丛松重虫穹穷龙胧
眬栊茏咙珑聋笼农浓脓侬隆同桐筒
铜童潼瞳彤容榕蓉溶喁融戎绒庸慵
佣茸崇逢缝蓬篷蒙濛

上上声：

孔恐统桶捅董懂懵种踵肿总粽冢宠
虫茸冗涌恿踊蛹俑龙笼拢栊拱捧
讽俸

下上、上去声：

勇众种中纵送宋谥冻笼垄汞瓮哄供
拱讧贡痛碰控

下去声：

用动洞峒栋凤奉弄共梦诵颂重讼仲
恸

25. 乌狐韵

上平声：

呼孚俘荸夫肤敷虎枯姑菇辜沽鸪孤
箍污乌呜

下平声：

湖瑚蝴糊壶狐符扶蚨乎

上上声：

虎唬府腑俯斧釜苦傅抚父胡糊古估
蛊贾鼓股

下上、上去声：

妇富副赋裤库咐戽固锢故顾恶雇

下去声：

户护扈芋父腐付附负赴

26. 操劳韵

上平声：

刀都煲铺氅捞滔韬叨高篙蒿羔糕膏
粗操须骚苏稣臊糟遭租

下平声：

袍毛无芜巫诬模摹桃逃萄涛陶图途
涂茶咷徒奴劳痨涝牢醪炉芦庐颅垆
轳鲈驴熬嗷毫豪壕嚎号曹槽嘈

上上声：

宝保葆堡补簿谱圃脯帽瑁岛捣堵睹
赌倒土讨佬祷好稿镐槁草嫂数枣蚤
早组祖芦

下上、上去声：

舞母姆侮冇武鹉抱泡肚脑恼瑙老虏

鲁橹弩布怖报道妒到套吐兔告诰澡
操噪躁燥糙醋措数扫诉素愫塑灶好
耗奥澳

下去声：

暴部步捕务冒墓慕暮募雾骛度渡镀
导盗悼稻蹈蠹道路怒露鹭赂傲号造
做皂祚

27. 逍遥韵

上平声：

腰天邀标表飙镳镖飘挑佻雕丢刁凋
貂娇骄招朝蕉礁焦椒昭超烧消销绡
宵霄箫萧潇嚣

下平声：

摇谣遥瑶娆饶尧窑瓢苗描条迢调寮
僚疗聊寥瞧樵朝潮侨桥翘

上上声：

绕扰妖鹩表裱轿桥缴晓沼剿庙小少
料条

下上、上去声

秒缈渺淼杳藐宛莩殍鸟了袅要票吊钓
跳眺叫窍照肖俏悄峭鞘笑啸少

下去声：

耀妙调掉料尿召赵兆嚼撬绍

28. 优游韵

上平声：

收修羞馐飕休貅优忧幽呦丘舟周州
洲秋啾鳅抽勾钩沤欧瓯鸥讴鸠沟抔
偷陬吼兜蔸褛骝骟瘤

下平声：

愁仇求裘球虬囚畴俦筹稠绸酬雠咻
头投流偻留楼髅榴牛柔尤游由邮油
酋猷攸悠揉蝣侯喉猴篌谋眸缪浮蜉

上上声：

口首手守搜薮叟搜艘酒走肘帚狗苟
笱久九韭丑扭纽朽斗黈抖蚪纠赳陡
剖掊瓿缶否柚呕殴友

下上、上去声：

友有莠牖宥幼诱瘦兽秀绣锈狩漱嗽
救究灸疚枢咎够垢诟购觏寇蔻臼柏
舅构媾靓扣叩厩偶藕厚绺镂缕柳咒
昼绉皱奏凑臭透宙斗窦

下去声：

后候逅受授绶寿售就宙纣袖岫胄鹫
骤茂谬缪溜漏陋旧右佑囿豆痘读逗
窦阜埠

29. 波罗韵

上平声：

波坡柯阿舸苛疴屙呵坷棵魔摩么科
拖多哥歌初磋搓戈窝锅涡梳疏蔬梭
唆娑嗦

下平声：

婆磨舵陀跎驼砣沱酡罗箩萝锣逻螺
哦俄娥蛾峨鹅讹河何荷锄傻禾和

上上声：

火伙摸躲朵果裹颗裸可河楚础左阻
锁琐所颇婆

下上、上去声：

妥我播簸破个课货过错挫唾

下去声：

惰堕饿卧坐座助贺祸和懦糯

30. 花茶韵

上平声：

鸦桠丫巴吧笆葩疤叭爸妈孖花他打啦加笳嘉枷家瓜呱卡夸垮跨虾哈渣喳抓又差沙纱砂裟鲨娃蛙洼哗划趴

下平声：

扒爬琶耙杷麻嬷拿衙牙芽蚜瑕霞查搽茶槎华铧桦

上上声：

把靶打哑蟆假裰寡洒耍剐画架下扒

下上、上去声：

雅瓦讶迓马码下也霸坝怕化架价驾嫁假稼挂卦诧姹炸榨诈那鳓

下去声：

罢骂下夏厦话暇

31. 宽盘韵

上平声：

欢宽观官棺倌冠般搬

下平声：

门瞒盆磐盘槃蟠媛援垣桓

上上声：

本盘管馆婉碗腕惋款

下上、上去声：

满灌罐观贯半判

下去声：

叛拌畔伴胖绊玩奂唤涣痪换缓闷

32. 爹爷韵

上平声：

车奢尺遮嗟赊些爹咩啤啡

下平声：

蛇斜邪爷耶茄骑

上上声：

写舍者姐扯且爷嗲夜

下上、上去声：

舍赦社泻卸野嘢惹冶借蔗柘

下去声：

夜射谢榭

33. 抛锚韵

上平声：

交胶郊鲛蛟包苞胞泡抛猫敲拷哮烤酵梢箱艄抄钞嘲捞

下平声：

巢肴淆熬挠锚矛茅刨庖

上上声：

饱跑爪找搅巧考狡绞佼饺皎炒吵

下上、上去声：

孝教觉较校咬窖罩觉炮泡豹爆拗坳靠铐哨卯铆

下去声：

貌效校闹淖棹

34. 靴瘸韵

上平声：

靴嘁啣

下平声：

瘸噱陾

上上声：

朵

上去声：

锯唾

35. 五唔韵

下平声：

唔吴吾梧

下上声：

五伍午仵

下去声：

悟晤误

36. 垃圾韵

中、下入声：

杂集习袭闸铡合鸽蛤夹荚峡铗狭侠颊甲鸭狎匣插霎飒圾沓踏答搭塔蜡腊衲纳呐枘立

37. 八达韵

中、下入声：

八达发法塌榻蹋遢挞压押遏煞杀萨撒刷察擦獭辣砸扎轧挖滑猾

38. 黑白韵

上入声：

黑克刻迫握厄扼呃幄

中、下入声：

白百伯帛魄柏舶拍粕帕珀策贼册拆坼责泽谪择摘掷宅窄划惑客额轭钜勒肋隔膈革格赫吓擘

39. 执拾韵

上入声：

急缉葺辑楫执汁给吸岌洽汲级泣揖邑悒浥湿凹笠粒噏瞌耷

下入声：

立入合阖盒十什拾及涩

40. 核实韵

上入声：

一失室膝虱吉桔漆七笔毕筚不匹质乞䐈咳乜甩骨汨橘郁屈窟忽惚笏拂佛

下入声：

佛伐阀筏乏罚谲核掘日逸佚溢密蜜勿物袜实疾嫉佚窒拔跋弼凸突兀讫核劾阂檄

41. 得墨韵

上入声：

得德仄则侧测恻北瑟塞唻

下入声：

墨脉默陌麦特

42. 热烈韵

中、下入声：

节折哲捷睫洁结黠撷杰桀切撤彻窃辙设掣竭歇蝎揭碣舌蚀屑亵泄挈楔热咽列烈冽洌裂灭蔑篾铁跌别鳖撇瞥

43. 涉猎韵

上入声：

噏

中、下入声：

业叶页孽碟牒蝶谍堞鲽叠迭帖贴涉
摄蹑协胁怯歉挟劫接妾捏臬靥猎

44. 月缺韵

上入声：

腯脱律撅雪

中、下入声：

月穴越钺悦阅粤绝拙绌啜辍决诀缺
玦厥獗橛蕨蹶阙阒撮猝雪说血脱夺
劣捋

45. 喝割韵

中入声：

割葛渴喝褐

46. 落索韵

上入声：

扑剥泡落磕搿

中、下入声：

国帼落荦乐诺络洛烙貉酪幕寞漠膜
泊箔博礴魄雹缚搏膊薄驳扑朴璞恶
噩愕锷萼谔鳄颚岳乐索朔塑槊学鹤
壳霍藿作昨怍凿濯攉戳错确涸壑角
桷各阁搁觉郭椁廓获镬度踱铎箨托
拓柝

47. 芍药韵

中、下入声：

脚酌爵嚼着琢啄逐削略掠弱约药虐
谑跃若雀鹊卓绰勺灼妁铄斫却桌

48. 劈石韵

上入声：

叻

中、下入声：

石锡惜尺赤刺剧屐炙只壁劈踢吃笛
籴趯脊瘠席疠

49. 竹木韵

上入声：

福幅蝠复覆辐腹馥郁毓沃秃碌漉麓
辘睩宿缩粟肃叔簌菽馊烛触足捉竹
竺筑祝嘱瞩粥卜曲掬鞠谷菊梏鹄哭
旭束速促蹙畜蓄矗躅屋督笃

下入声：

服伏袱复斛局仆木沐穆睦目牧酷玉
育浴欲狱肉辱褥蜀属熟塾淑赎犊牍
续渎逐族镞簇浊轴俗读独毒六禄录
绿陆鹿戮

50. 霹雳韵

上入声：

色息媳适啬穑识式拭昔惜饰饬释悉
璧譬碧迫职织积迹即唧鲫喷绩稷击
棘戟激益抑臆忆亿惕剔的隙辟僻癖
戚析斥晰溺昵匿砾沥呖枥雳

下入声：

食蚀力历敌迪镝滴涤荻直植殖值籍藉席蛰寂夕汐极觅驿易奕弈逆弋翼疫役域蜮

51. 活泼韵

中、下入声：

阔括泼钵勃拨没殁末沫抹秣活

52. 出术韵

上入声：

出卒捽率蟀黢恤

下入声：

律率栗术述怵

1. 帮忙韵（韵母ong）

（此韵与干寒、商量韵通用）

平声

上平声

邦

家邦　友邦　邻邦　兴邦　安邦
联邦　乌托邦　兄弟之邦　唇齿
之邦　多难兴邦　治国安邦　保
土安邦

帮

马帮　匪帮　相帮　行帮　跑单
帮　青洪帮　比学赶帮　鱼水相帮

梆

更梆　敲梆

方

前方　东方　远方　我方　对方
官方　资方　何方　双方　地方
药方　验方　良方　秘方　土方
平方　塌方　魔方　天各一方
独霸一方　四面八方　耳听八方
外圆内方　志在四方　远走他方
四四方方　独步单方　教子有方
贻笑大方　落落大方　品行端方
祖传秘方　百计千方

芳

芬芳　含芳　群芳　孤芳　万古
流芳　兰桂腾芳

坊

街坊　作坊　磨坊　牌坊　酒肆
茶坊　画苑书坊

肪

脂肪

荒

灾荒　饥荒　春荒　逃荒　开荒
垦荒　救荒　洪荒　边荒　蛮荒
破天荒　入大荒　闹饥荒　地老
天荒　备战备荒　马乱兵荒

慌

惊慌　心慌　恐慌　闷得慌　失
失慌*　唔使慌*（不用怕）　意乱
心慌

谎

说谎　撒谎　弥天大谎

肓

膏肓　病入膏肓

当（另作上去声）

应当　担当　承当　充当　难当
敲当　相当　瓦当　叮当　不敢
当　把家当　响当当　有福同当
吊儿郎当　理所应当　旗鼓相当
勇不可当　户对门当　泰山石敢
当　一人做事一人当

铛

银铛　铃铛　铁索银铛

珰

明珰　垂珰　玎珰

汤

鸡汤　参汤　菜汤　黄汤　茶汤
药汤　氽汤　煲汤*　迷魂汤　头
啖汤*　灌米汤*　固若金汤　一个
田螺氹镬汤*

剀

把猪剀

岗

山岗　高岗　布岗　站岗　一班
岗　黄花岗　垃圾岗*　乱葬岗

刚

坚刚　金刚　志刚　血气方刚
四大金刚　以柔制刚　柔中有刚
至大至刚　无欲则刚

纲

政纲　党纲　纪纲　大纲　提纲
上纲　抓纲　反纲*　执掌朝纲
以正纪纲

缸

米缸　水缸　酒缸　染缸　浴缸
汽缸　顶缸　金鱼缸　太平缸
（消防用）

扛

肩上扛　众人扛　力能扛

江

大江　长江　春江　珠江　领江
沿江　渡江　投江　寒雨连江
倒海翻江　利达三江　滚滚长江

康

健康　安康　小康　寿而康

慷

慨而慷

糠

米糠　麦糠　糟糠　榨砦糠*　雨
糠糠*（毛毛雨）　借谷子还糠
居富贵不易糟糠

腔

口腔　炉腔　唱腔　新腔　昆腔
帮腔　高腔　搭腔　恨满腔　打
官腔　不开腔　作势装腔　热血
一腔

筐

箩筐　满筐　提筐　一大筐

眶

眼眶　热泪盈眶

光

日光　月光　辰光　灯光　阳光
星光　春光　风光　韶光　时光
流光　霞光　曙光　波光　电光
金光　容光　眼光　剑光　争光
增光　沾光　赏光　观光　开光
精光　激光　天光*　打耳光　一
扫光　两面光　眼光光*　卖面光*
天朦光*　满面红光　鼠目寸光
眼露凶光　面目无光　剑影刀光
水色山光　大好春光　旖旎风光
日月重光　天日无光　苦度时光
刮垢磨光　为国争光　养晦韬光

一分热发一分光

胱
膀胱

装
军装　武装　戎装　行装　盛装
轻装　时装　古装　春装　伪装
换装　化装　乔装　卸装　便装
包装　安装　精装　红装　新装
西装　油脂装*　冇耳装*　冇天装*
女扮男装　异服奇装　素裹红装

妆
靓妆　新妆　嫁妆　淡妆　盛妆
化妆　梳妆　催妆　时世妆　卸
残妆　洗红妆

庄
村庄　农庄　山庄　康庄　端庄
钱庄　原庄*　轮流坐庄　大道康
庄

桩
木桩　桥桩　打桩　拔桩　小事
一桩　梅花桩

赃
贼赃　分赃　栽赃　枉法贪赃
缉盗追赃　捉贼拿赃　坐地分赃

脏（另作下去声）
肮脏　手脏　弄脏

仓
粮仓　义仓　空仓　满仓　开仓
清仓　监仓*　爆仓*　谷满仓　大
有仓　暗度陈仓　积粟腐仓　颗
粒归仓

苍
上苍　穹苍　莽苍　夜色苍　天
苍苍　两鬓苍　白发苍苍　云山
苍苍　染于苍则苍

疮
恶疮　冻疮　金疮　暗疮　百孔
千疮　挖肉补疮

舱
船舱　机舱　货舱　房舱　官舱
坐舱*

桑
蚕桑　采桑　沧桑　扶桑　陌上
桑　蚕食桑*　饱历沧桑　世事沧
桑

丧（另作上去声）
吊丧　奔丧　报丧　出丧　治丧
国丧　惨过开丧*　牛死送牛丧*

汪
水汪*（不成器）　泪汪汪　水汪
汪

杧
香杧

旁
身旁　两旁　路旁　炉旁　偏旁
一旁

庞
面庞　脸庞

亡
灭亡　死亡　伤亡　身亡　消亡
衰亡　沦亡　阵亡　危亡　天亡

3

流亡　逃亡　救亡　悼亡　一命
亡　话兴亡　少年亡*　饮恨身亡
生死存亡　胜败存亡　名存实亡
国破家亡　家破人亡　物在人亡
路有流亡　花落人亡　自取灭亡
国土沦亡　抗敌救亡　顺我者
昌，逆我者亡

忘
遗忘　健忘　淡忘　相忘　备忘
难忘　不能忘　毋相忘　过目不
忘　念念不忘　没齿难忘　刻骨
难忘

芒
光芒　麦芒　锋芒　毫芒　小试
锋芒　初露锋芒　针尖对麦芒

茫
渺茫　苍茫　迷茫　白茫茫　夜
茫茫　野茫茫　大海茫茫　前路
茫茫　暮色苍茫　月色微茫　三
魂杳杳，七魄茫茫

忙
匆忙　奔忙　慌忙　帮忙　大忙
繁忙　农忙　工作忙　日夜忙
帮倒忙　无事忙　暗着忙　匆
匆忙忙　不慌不忙　贵人事忙

氓
流氓　群氓

房
楼房　平房　洋房　住房　门房
厢房　账房　伙房　书房　厨房
闺房　营房　新房　洞房　禅房

心房　蜂房　偏房　填房　坐班
房　闹新房　一子荫两房

妨
不妨　何妨　无妨

防
提防　预防　消防　严防　国防
边防　布防　驻防　设防　关防
联防　撤防　冷不防　防不胜防
暗箭难防

堂
天堂　公堂　礼堂　教堂　课堂
厅堂　华堂　食堂　朝堂　庵堂
灵堂　高堂　名堂　上堂　留堂*
过堂*　纪念堂　大会堂　礼拜
堂　一言堂　拜花堂　欢聚一堂
济济一堂　金玉满堂　金马玉堂
仪表堂堂　燕雀处堂　引福归堂

膛
胸膛　枪膛　炉膛　上膛

棠
海棠　甘棠

唐
荒唐　颓唐　高唐

糖
冰糖　砂糖　酥糖　蔗糖　榨糖
回糖*　葡萄糖　甜过糖

塘
池塘　禾塘　鱼塘　莲塘　荷塘
火塘　澡塘　地塘*　桑基鱼塘
大路官塘

郎

牛郎　新郎　情郎　玉郎　侍郎
檀郎　儿郎　女郎　绿衣郎　卖
花郎　少年郎　读书郎　负心郎
顾曲周郎　女怕嫁错郎

廊

走廊　画廊　长廊　游廊　九曲
回廊

榔

槟榔　桄榔　渔榔

螂

螳螂　蟑螂

琅

琳琅　珐琅　满目琳琅　书声琅
琅

狼

豺狼　虎狼　恶狼　饿狼　凶狼
色狼*　野心狼　中山狼　射天狼
虎豹豺狼　似虎如狼　势凶夹狼*

囊

书囊　行囊　私囊　锦囊　智囊
探囊　宦囊　臭皮囊　中饱私囊
慷慨解囊　大破悭囊

瓢

瓜瓢　内瓢　倒瓢

昂

高昂　激昂　气昂昂　斗志昂
慷慨激昂　器宇轩昂

狂

病狂　癫狂　猖狂　疏狂　风雨
狂　色情狂　喜欲狂　似醉如狂

欣喜若狂　丧心病狂　雨骤风狂
蝶浪蜂狂

航

起航　护航　通航　远航　领航
停航　试航　返航　夜航　宇航
万里航　不迷航　苦海慈航

杭

苏杭

行

发行　排行　诗行　雁行　本行
外行　商行　银行　冇行*（没
有希望）　一行行　泪两行　一
目十行　七十二行　男怕入错行*
三句不离本行　做个行，熟个行*

降（另作上去声）

投降　招降　诈降　归降　拱手
称降　不战而降　屈膝投降　宁
死不降

藏（另作下去声）

收藏　埋藏　隐藏　贮藏　窝藏
珍藏　冷藏　行藏　捉迷藏　内
心藏　把身藏　七尺昂藏　祸心
包藏　鸟尽弓藏　秋收冬藏

床

牙床　龙床　琴床　笔床　机床
温床　河床　病床　帆布床　选
车床　碌架床*　叠被铺床　风雨
联床　鸡骨支床　捉奸在床*

王

国王　君王　霸王　帝王　龙王
魔王　花王*　蛇王*　阎罗王　乌

龙王* 山大王* 混世魔王 独霸
称王 成则为王 擒贼先擒王

皇

天皇 玉皇 仓皇 张皇 太上
皇 冠冕堂皇 富丽堂皇

惶

惊惶 凄惶 人心惶惶 凄凄惶
惶

徨

彷徨

煌

辉煌 煌煌 金碧辉煌

蝗

飞蝗 灭蝗

隍

城隍 濠隍 小鬼升城隍*

篁

翠篁 幽篁 新篁

凰

凤凰 鸾凰 凤求凰 火凤凰
假凤虚凰 共效鸾凰

黄

牛黄 蛋黄 蟹黄 金黄 鹅黄
橙黄 杏黄 枯黄 苍黄 雄黄
韭黄 硫黄 菜花黄 鸡子黄
日昏黄 橘绿橙黄 人老珠黄
信口雌黄 术擅岐黄

簧

吹簧 笙簧 双簧 弹簧 巧舌
如簧

潢

装潢 天潢

仄声

上上声

榜

红榜 金榜 上榜 出榜 标榜
放榜 皇榜 光荣榜 英雄榜
龙虎榜 名题金榜 互相标榜

膀

肩膀 翅膀 臂膀 挨肩擦膀

绑

捆绑 松绑 脚绑 五花大绑

晃

摇晃 一晃 明晃晃 酒旗飘晃
东摇西晃

访

拜访 回访 寻访 采访 造访
走访 来访 夜访 明查暗访
专诚拜访

纺

棉纺 混纺

仿

模仿 相仿

舫

画舫 游舫 石舫 花舫

党

政党 朋党 死党 余党 贼党
入党 建党 叛党 篡党 整党
爱党 共产党 心向党 忠于党

狐群狗党　联群结党　营私结党
和穆乡党

挡

阻挡　抵挡　遮挡　拦挡　明枪
易挡　兵来将挡　势不可挡

档（另作上去声）

存档　归档

厂

工厂　进厂　离厂　护厂　建厂
出厂　纺织厂　兵工厂　造船厂

敞

宽敞　开敞

氅

大氅　雪氅

闯

敢闯　乱闯　向前闯　拼命闯
闯一闯　东奔西闯　横冲直闯

爽

清爽　凉爽　豪爽　直爽　风送
爽　精神爽　贪口爽*　英姿飒爽
秋高气爽　屡试不爽

枉

冤枉　虚枉　不枉　呼冤叫枉
蒙冤受枉　申冤雪枉

淌

流淌

躺

床上躺　躺一躺

搪

推搪　左推右搪

傥

倜傥　风流倜傥

巷

街巷　小巷　深巷　穷巷　陋巷
冷巷*　大街小巷　花街柳巷
穿街过巷　万人空巷　横街窄巷*
挨街凭巷*　赶狗入穷巷

讲

演讲　主讲　宣讲　听讲　高声
讲　空口讲　鸡同鸭讲*（语不相
通）　讲开又讲*　有倾有讲*　依
书直讲

港

海港　渔港　军港　商港　新港
香港　避风港

广

宽广　深广　推广　两广　天地
广　交游广　胸襟广　人多地广
兵多将广　见多识广　见闻不广
才高学广

下上、上去声

网

罗网　渔网　法网　情网　文网
结网　举网　撒网　抛网　落网
漏网　破网　通讯网　包围网
名利网　渔翁撒网　蜘蛛结网
天罗地网　难逃法网　自投罗网
尘封蛛网　三日打鱼，两日晒网

惘

迷惘　怅惘　迷迷惘惘

妄

狂妄　虚妄　谬妄

莽

草莽　林莽　鲁莽　沉沦草莽
云山莽莽

蟒

大蟒　毒蟒

往

向往　神往　来往　交往　已往
何往　前往　令人神往　心驰神
往　情深一往　一如既往　不
咎既往　常来常往　南来北往
迎来送往　人来客往　寒来暑往
明来暗往　熙来攘往

朗

开朗　爽朗　明朗　晴朗　硬朗
秋月朗　书声朗　风清月朗　豁
然开朗

蚌

河蚌　老蚌

放

开放　解放　豪放　怒放　释放
流放　发放　安放　饶放　齐放
竞放　百花齐放　一花独放
心花怒放　含苞待放　华灯初放
热情奔放　徇私卖放　大鸣大放
紧揪不放　权力下放　对外开放

况

情况　状况　景况　苦况　盛况
概况　近况

当（另作上平声）

正当　稳当　妥当　适当　恰当
顺当　便当　上当　失当　典当
大而无当　直截了当　措辞失当

档（另作上上声）

摊档　开档*　顶档*　收档*　拍硬
档*　大排档*　夫妻档*

趟

一趟　几趟　前趟

烫

滚烫　手烫　浆烫

杠

单杠　抬杠　轿杠　敲竹杠　抬
大杠　硬骨硬杠*

降（另作下平声）

下降　升降　霜降　空降　灾星
降　风雨降　圣旨降　从天而降
祸从天降

钢

炼钢　轧钢　纯钢　优质钢　不
锈钢　志如钢　坚如钢　百炼成
钢　铮铮似钢　恨铁不成钢

亢

高亢　不卑不亢

抗

对抗　反抗　抵抗　负隅顽抗
两军对抗

炕

睡炕　暖炕　拉炕

矿

煤矿　铁矿　开矿　采矿　厂矿

旷

空旷　宽旷　身心放旷

犷

粗犷

壮

雄壮　健壮　粗壮　精壮　苗壮
志壮　悲壮　少壮　禾苗壮　关
山壮　风雷壮　声威壮　战歌壮
情怀壮　理直气壮　老当益壮
年轻力壮　身强力壮　人强马壮
心红志壮　鱼肥蔗壮　师直为壮
艺高人胆壮　人怕出名猪怕壮

葬

埋葬　安葬　陪葬　殉葬　火葬
合葬　送葬　生养死葬　风光大
葬*

丧

气丧　命丧　胆丧　颓丧　沮丧
懊丧　魂魄丧　元气丧　天良尽
丧　意气沮丧　时日曷丧

创

开创　首创　独创　草创　双手
创　膺巨创

怆

悲怆　凄怆　惨怆

下去声

傍

依傍　倚傍　一空倚傍

磅

一磅　过磅

镑

金镑　英镑

谤

诽谤　毁谤　遭谤　自修止谤

荡

跳荡　动荡　摇荡　激荡　飘荡
游荡　扫荡　涤荡　震荡　放荡
板荡　批荡*（墙上抹灰）　胸
怀坦荡　风雷激荡　浩浩荡荡
皇恩浩荡　悠悠荡荡　闲游浪荡
春风骀荡　中原板荡

宕

跌宕　延宕

浪

波浪　大浪　急浪　激浪　巨浪
风浪　声浪　麦浪　绿浪　热浪
踏浪　劈浪　击浪　流浪　孟浪
千层浪　翻麦浪　浪打浪　万里
浪　大风大浪　惊涛骇浪　兴风
作浪　顶风踏浪　乘风破浪　饱
经风浪　腥风浊浪　无风起浪
后浪推前浪　无风三尺浪

望

希望　愿望　期望　厚望　热望
盼望　渴望　欲望　瞭望　眺望
探望　仰望　展望　遥望　张望
失望　声望　名望　威望　拜望
指望　奢望　举头望　放眼望
凭栏望　登高望　倚闾望　东张
西望　引领而望　大失所望　大
喜过望　一线希望　悲观失望

胜利在望　不负众望　意在观望
陷于绝望

旺

兴旺　畅旺　烧旺　更旺　斗志
旺　炉火旺　门庭旺　丁财两旺
六畜兴旺　神清气旺　三衰六旺

状

形状　症状　罪状　奖状　现状
怪状　惨状　供状　告状　作状*
军令状　告地状*　惊恐万状
出言无状　奇形怪状　安于现状
不可言状　告枕头状*　兴词告状
恶人先告状*

藏（另作下平声）

宝藏　经藏　地藏*（私蓄）

撞

冲撞　碰撞　顶撞　莽撞　相撞
乱撞　靠撞*　白撞*　横冲直撞
心如鹿撞

脏

心脏　五脏　肠脏　内脏　六腑
五脏

项

事项　款项　颈项　强项　说项
饷项　奖项

戆

傻戆*　诈傻扮戆*

2. 干寒韵（韵母on）

平声

上平声

安

晚安　问安　请安　苟安　平安
治安　公安　保安　招安　偷安
偏安　长安　梦魂安　居之安
坐立不安　惶恐不安　容膝易安
转危为安　苟且偷安　长治久安
随遇而安　国泰民安　出入平安
竹报平安　官清民自安

鞍

雕鞍　马鞍　征鞍　未下鞍　不
离鞍

干（另作上去声）

天干　阑干　阴干　风干　枯干
晒干　饼干　白干　若干　包干
菜干　冇相干*　荷包干*　外强中
干　乳臭未干　毫不相干　唾面
自干　口血未干

肝

心肝　猪肝　赤胆忠肝　的起心
肝*（下定决心）　生仔唔知仔心

肝*

玕

琅玕

杆

笔杆　枪杆　旗杆　栏杆　电线
杆

竿

竹竿　钓竿　滑竿　揭竿　日上
三竿　恶竹应须斩万竿

看（另作上去声）

带笑看　泪中看　布衣看　另眼
相看　刮目相看　几回看　着意
看

下平声

寒

大寒　小寒　苦寒　清寒　严寒
风寒　春寒　伤寒　胆寒　饥寒
贫寒　孤寒*　心胆寒　春夜寒
五更寒　不胜寒　发钱寒*　唇亡
齿寒　一曝十寒　尸骨未寒　啼
饥号寒　齿冷心寒　问暖嘘寒

鼾

鼻鼾　打鼾

仄声

上上声

赶

追赶　向前赶　你追我赶

秆

禾秆　麦秆

罕

稀罕　纳罕

刊

报刊　书刊　专刊　创刊　停刊
期刊

下上、上去声

旱

大旱　天旱　受旱　抗旱　十年
九旱　龙多乃旱

悍

强悍　凶悍　精悍　短小精悍

焊

电焊　烧焊　点焊

案

方案　答案　图案　草案　档案
香案　悬案　破案　翻案　断案
报案　备案　存案　惨案　血案
疑案　无头公案　捉拿归案　声
明在案

按

巡按　难按　怒不可按

干（另作上平声）

大干　苦干　巧干　肯干　猛干
单干　盲干　蛮干　骨干　才干
能干　枝干　躯干　事干*（事
情）　拼命干　动手干　齐心干
埋头苦干　说干就干　精明强干
躺倒不干　洗手不干　敢想敢干

看（另作上平声）

查看　察看　细看　照看　观看
试看　笑看　回头看　四下看

试试看　凝眸细看

汉

大汉　好汉　懒汉　老汉　罗汉
银汉　江汉　云汉　男子汉　门
外汉　单身汉　冲霄汉　渡河汉
庄稼汉　粗军汉　刚强铁汉　懦
夫懒汉　彪形大汉　十八罗汉

下去声

汗

大汗　热汗　冷汗　血汗　流汗
挥汗　一身汗　一额汗*（忙乱紧
张）　满头大汗　浑身冷汗　捏
一把汗　身水身汗*

翰

书翰　挥翰

瀚

浩瀚

岸

河岸　海岸　两岸　对岸　上岸
拍岸　裂岸　登岸　彼岸　靠岸
堤岸　傲岸　江南岸　杨柳岸　回
头是岸　惊涛裂岸　移船泊岸　同
登彼岸　两头唔到岸*　迟来先上
岸*

犴

狴犴

3. 商量韵（韵母êng）

平声

上平声

香

清香　芳香　幽香　馨香　飘香
焚香　松香　麝香　檀香　丁香
书香　心香　暗香　荷香　异香
五香　蚊香　吃香　扑鼻香　菜
根香　稻谷香　百花香　女儿香
上炷香　饭热菜香　鸟语花香
四季飘香　软玉温香　国色天香
奠酒焚香　古色古香　拜佛烧香
惜玉怜香　窃玉偷香　世代书香
齿颊留香　有麝自然香　卖花赞
花香*　穷算命，富烧香　新屎
坑，三日香*

乡

山乡　水乡　故乡　他乡　仙乡
家乡　异乡　醉乡　回乡　离乡
思乡　梦乡　温柔乡　黑甜乡
水云乡　鱼米之乡　衣锦还乡
背井离乡　告老还乡　上山下乡
漂泊异乡　自认敝乡*

僵

冻僵　手僵　闹僵　李代桃僵
百足之虫，死而不僵

缰

马缰　牧缰　脱缰　野马无缰

利锁名缰　牵马执缰

疆

边疆　海疆　南疆　守疆　封疆
万寿无疆　拓土开疆

姜

生姜　老姜　子姜　砂姜　本地
姜

浆

泥浆　豆浆　琼浆　糖浆　血浆
打浆　箪食壶浆　玉液琼浆　乞
奶求浆　罗列酒浆

张

主张　分张　开张　紧张　慌张
嚣张　扩张　铺张　夸张　伸张
声张　乖张　纲举目张　剑拔弩
张　一弛一张　慌慌张张　改弦
更张　气焰嚣张　自作主张　两
下分张　秀才人情纸半张

章

文章　辞章　乐章　篇章　徽章
证章　勋章　奖章　规章　新章
奏章　图章　报章　华章　宪章
急就章　纪念章　大有文章　大
做文章　官样文章　杂乱无章
约法三章　顺理成章　率由旧章
出口成章　说得人情透，便是好
文章

彰

表彰　昭彰　彰彰　罪恶昭彰
欲盖弥彰　相得益彰

璋

弄璋

獐

鹿獐　香獐

昌

国昌　寿昌　文昌　五世其昌
文运兴昌

倡

提倡　首倡　先倡

娼

暗娼　私娼　宿娼　男盗女娼
狎妓宿娼

枪

手枪　步枪　钢枪　长枪　猎枪
刀枪　鸟枪　标枪　投枪　开枪
缴枪　拿枪　机关枪　手中枪
红缨枪　放冷枪　耍花枪　回马
枪　匹马单枪　临阵磨枪　舌剑
唇枪　跃马横枪

锵

铿锵

窗

铁窗　芸窗　天窗　纱窗　橱窗
北窗　绿窗　同窗　隔窗　推窗
南风窗*　旭日临窗　十载寒窗
打开天窗　雪案萤窗　拉埋天窗*

商

富商　外商　厂商　客商　经商
通商　磋商　协商　洽商　会商
参商　弃农就商　士农工商　坐
贾行商　兄弟参商

伤

受伤　挫伤　损伤　创伤　悲伤
感伤　哀伤　中伤　误伤　杀伤
死伤　负伤　刀伤　裹伤　内伤
遍体鳞伤　两败俱伤　元气大伤
救死扶伤　恶语中伤　骨折筋伤
五劳七伤　视民如伤

觞

举觞　飞觞　交觞　滥觞　万寿
觞　共一觞　曲水流觞　上寿称
觞　醉月飞觞

殇

天殇　国殇

双

一双　双双　成双　好事成双
盖世无双　拿贼拿赃，捉奸捉双

箱

皮箱　木箱　药箱　冰箱　风箱
衣箱　书箱　拉箱*　百宝箱　工
具箱　扯风箱*（喘气）

厢

车厢　仓厢　西厢　两厢

湘

潇湘　三湘　抵冷贪潇湘*

霜

青霜　冰霜　寒霜　严霜　秋霜
晨霜　飞霜　砒霜　地上霜　万
里霜　鬓如霜　冷若冰霜　饱
历风霜　六月飞霜　雨雪风霜
雪上加霜　烈日严霜　几度星霜
傲雪凌霜　富贵草头霜　不管他

人瓦上霜

孀

孤孀　遗孀

襄

赞襄　共襄

镶

金镶　玉砌银镶

央

中央　未央　夜未央

泱

泱泱

殃

祸殃　灾殃　遭殃　回殃*　万民
殃

秧

禾秧　壮秧　育秧　插秧　断头
秧*　早禾秧

鸯

鸳鸯　棒打鸳鸯　乱点鸳鸯

下平声

良

优良　善良　贤良　忠良　纯良
精良　改良　从良　丧尽天良
居心不良　艺熟工良　除暴安良

娘

爷娘　亲娘　姑娘　奶娘　新娘
红娘　老娘　骂娘　老大娘　臭
婆娘　老板娘　新嫁娘　做红娘
管他娘　哭爹叫娘　夜仔寻娘*
有奶便是娘　打了梅香，丑了姑
娘

粮

米粮 杂粮 口粮 干粮 钱粮 粗粮 公粮 交粮 余粮 运粮 断粮 纳粮 出粮*（发薪） 超产粮 广积粮 多打粮 寅吃卯粮 兵马钱粮 计口授粮 当差吃粮

量（另作下去声）

商量 思量 测量 丈量 放眼量 志难量 车载斗量 费煞思量 有商有量 暗自思量

莨

薯莨

凉（另作上上声）

清凉 冰凉 阴凉 秋凉 夜凉 乘凉 受凉 微凉 凄凉 荒凉 冲凉* 晚风凉 透心凉 世态炎凉 枕簟生凉 一片荒凉 心静自然凉* 人一走茶就凉 喝得风来大家凉

梁

桥梁 栋梁 屋梁 脊梁 鼻梁 山梁 画梁 上梁 津梁 强梁 悬梁 绕梁 小丑跳梁 余音绕梁 画栋雕梁 刺股悬梁 初学津梁

粱

黄粱 高粱 膏粱 稻粱 一枕黄粱 日餍膏粱

强（另作上去声）

坚强 刚强 顽强 身强 高强 富强 豪强 自强 列强 逞强 加强 劲头强 强中强 繁荣富强 发愤图强 武艺高强 以弱胜强 扶弱锄强 好胜争强 英勇顽强 年富力强 转弱为强 先下手为强

常

平常 经常 正常 异常 反常 失常 非常 往常 家常 伦常 纲常 反复无常 喜怒无常 习以为常 不比寻常 三纲五常 好景不常 闲话家常 胜败兵家之常

裳

衣裳 罗裳 云裳 泪沾裳 舞霓裳 锦衣云裳 绿衣黄裳

尝

饱尝 尽尝 同尝 品尝 亲口尝 艰苦备尝 甘苦同尝

偿

清偿 赔偿 抵偿 无偿 罪难偿 愿能偿 血来偿 如愿以偿 难以补偿 血债血偿 冤狱赔偿

长（另作上声）

延长 漫长 深长 久长 冗长 专长 特长 短长 情长 波长 绵长 日月长 万年长 论短长 手尾长*（后续工作多） 来日方长 一技之长 寿命不长 地久天长 山高水长 水远山长 语重心长 意味深长 情深谊长

各有所长　一无所长　源远流长
舍短取长　说短论长　纸短情长
飞短流长　一匹布咁长*　尺有所
短，寸有所长　自小无娘，说来
话长

场

广场　会场　林场　市场　沙场
商场　操场　刑场　圩场　战场
疆场　农场　牧场　科场　登场
当场　捧场　立场　牧场　下场
演兵场　运动场　游乐场　打圆
场　讲排场　走过场　粉墨登场
大闹一场　驰骋疆场　可耻下场
十里洋场　站稳立场

肠（另作上上声）

心肠　肝肠　衷肠　愁肠　断肠
热肠　柔肠　回肠　痛断肝肠
挂肚牵肠　搜索枯肠　铁石心肠
菩萨心肠　侠骨柔肠　百结愁肠
热心快肠　古道热肠　荡气回肠

祥

吉祥　慈祥　不祥　如意吉祥
遇难呈祥　夜梦不祥　龙凤呈祥

详

安详　周详　端详　参详　费猜
详　共参详　语焉不详　不厌其
详　耳熟能详　细说端详

翔

飞翔　翱翔　高翔　滑翔　鳞潜
羽翔　天际翱翔

墙

城墙　围墙　粉墙　隔墙　出墙
骑墙　砌墙*　挡风墙　铁壁铜墙
狗急跳墙　迫虎跳墙　隔世高墙
祸起萧墙　红杏出墙　未水春墙*
（表示决心）　兄弟阋于墙

樯

帆樯　风樯　桅樯

羊

山羊　绵羊　牛羊　羔羊　放羊
牧羊　替罪羊　带头羊　顺手牵
羊　歧路亡羊　迷途羔羊

洋

海洋　大洋　汪洋　西洋　远洋
重洋　出洋　光洋　太平洋　乐
洋洋　懒洋洋　喜气洋洋　大海
汪洋　远涉重洋

徉

徜徉　彷徉

阳

太阳　朝阳　青阳　夕阳　斜阳
残阳　骄阳　艳阳　春阳　端阳
重阳　阴阳　薄雾骄阳　燮理阴
阳　不阴不阳　虎落平阳　一展
平阳　丹凤朝阳

扬

发扬　表扬　张扬　赞扬　传扬
宣扬　高扬　悠扬　飞扬　飘扬
昂扬　战旗扬　天下扬　美名扬
斗志昂扬　声韵悠扬　喜笑眉扬
趾高气扬　臭名远扬　其貌不扬

广州话分韵词林

得意扬扬　纷纷扬扬　大事张扬
四海名扬　神采飞扬　高低抑扬
家丑不可外扬

杨

垂杨　绿杨　黄杨　白杨　百步
穿杨

疡

溃疡

仄声

上上声

掌

手掌　巨掌　魔掌　孤掌　熊掌
鼓掌　合掌　执掌　一巴掌　仙
人掌　铁砂掌　人民巨掌　摩拳
擦掌　了如指掌　易如反掌　猛
击一掌　明珠在掌

长（另作下平声）

成长　生长　增长　滋长　首长
军长　厂长　家长　兄长　师长
一家之长　目无尊长　拔苗助长
土生土长　苗壮成长　教学相长
此消彼长　此风不可长　米为百
谷之长

奖

夸奖　褒奖　评奖　颁奖　领奖
获奖　过奖　金奖　头奖　中奖
有奖　传令嘉奖　立功受奖

桨

船桨　双桨　举桨　打桨　孤舟

独桨　轻舟快桨

两（另作上去声）

银两　斤两　半斤八两　掂斤簸
两　此地无银三百两

凉（另作下平声）

清补凉*（汤料）

享

分享　坐享　安享　有福同享

响

音响　声响　巨响　绝响　影响
反响　打响　播响　号角响　战
鼓响　风雷响　震天响　一声炮
响　一声不响　不同凡响　讲得
口响*

饷

军饷　粮饷　发饷

飨

哀哉尚飨

肠（另作下平声）

腊肠*　画公仔画出肠*

抢

哄抢　强抢　断抢　打砸抢　拦
途截抢

赏

奖赏　重赏　赞赏　欣赏　悬赏
封赏　观赏　有赏　孤芳自赏
雅俗共赏　好花供赏　论功行赏
报功请赏　奇文共欣赏

想

思想　感想　理想　设想　联想
遐想　梦想　回想　幻想　妄想

暗想　猜想　胡思乱想　朝思暮想　冥思苦想　左思右想　痴心妄想　心无异想　不堪设想　非分之想　徒劳梦想　出乎意想

尚（下去声变调）

和尚　打完斋唔要和尚*

下上、上去声

养

培养　抚养　赡养　教养　饲养　给养　奉养　豢养　休养　调养　疗养　静养　营养　修养　素养　补养　板與奉养　静心修养　娇生惯养　好生调养

痒

心痒　手痒　痛痒　挠痒　无关痛痒　不痛不痒　隔靴搔痒　不禁技痒

仰

信仰　敬仰　瞻仰　景仰　久仰　俯仰　素仰　钦仰　一方之仰　马翻人仰

两（另作上上声）

三三两两　一时无两　道三不着两

俩

伎俩

魉

魑魅魍魉

强（另作下平声）

勉强　倔强　牵强　相强

上（另作下去声）

写上　踏上　赶上　看上　献上　加上　用得上　说不上　顶硬上*　大上快上　迎头赶上　一拥而上　蒸蒸日上　高攀不上　青云直上　扶摇直上　打蛇随棍上*

向

方向　航向　风向　流向　去向　倾向　动向　偏向　志向　意向　转向　晕头转向　不知去向　人心所向　反颜相向　女生外向　移情别向　屙屎唔识风向*

相

长相　真相　丑相　凶相　照相　扮相　亮相　色相　宰相　首相　变相　异相*（难看）　狼狈相　可怜相　出洋相　帝王将相　封侯拜相　明君贤相　吉人天相　出将入相　不明真相　真人不露相

唱

歌唱　演唱　高唱　欢唱　齐唱　卖唱　说唱　酬唱　绝唱　清唱　表演唱　大合唱　雄鸡初唱　自弹自唱　吹弹打唱　浅斟低唱　识弹唔识唱*

畅

宽畅　酣畅　和畅　欢畅　舒畅　流畅　顺畅　惠风和畅　心情舒畅　文章流畅

怅

惆怅　怨怅　怅怅

帐

蚊帐　罗帐　帷帐　虎帐　营帐
升帐　青纱帐　罗伞帐

账

记账　算账　欠账　赖账　清账
结账　认账　混账　算细账　流
水账　阎王账　算总账　牛皮账
变天账　陈年旧账　加一小账
秋后算账　穷人思烂账*

胀

膨胀　肿胀　吹胀*（奈何，气
坏）肚子胀　荷包胀　生臌胀*
通货膨胀

涨

高涨　上涨　水涨　猛涨　春潮
涨　物价涨　潮落潮涨　头昏脑涨

障

保障　故障　屏障　孽障　魔障
板障　云遮雾障　一方屏障

幛

绸幛　喜幛　寿幛

嶂

列嶂　岚嶂　叠嶂　重峦叠嶂

瘴

毒瘴　发哑瘴*

仗（另作下去声）

打仗　胜仗　对仗　硬仗　翻身
仗　打乱仗　打败仗*（病的婉
词）

将

大将　部将　老将　良将　猛将
闯将　虎将　健将　勇将　战将
兵将　女将　调兵遣将　损兵折
将　破关斩将　搴旗斩将　文
官武将　登坛拜将　残兵败将
手下败将　天兵天将　虾兵蟹将
过五关斩六将　遣将不如激将

酱

豆酱　肉酱　虾酱　果酱　辣酱
芥酱　麻酱　加油添酱　剁为肉
酱

下去声

亮

天亮　明亮　光亮　月亮　闪亮
照亮　擦亮　点亮　雪亮　漂亮
豁亮　响亮　嘹亮　雄亮　东方
亮　天刚亮　红灯亮　心明眼亮
歌声嘹亮　风高节亮　眼睛雪亮
事后诸葛亮

谅

原谅　体谅　见谅　恕谅　其情
可谅

辆

车辆　一辆

量（另作下平声）

力量　分量　重量　质量　数量
产量　胆量　酒量　能量　容量
定量　尽量　大量　较量　气量
雅量　功德无量　前途无量　宽
宏大量　不知自量　新生力量

人不可量　容人之量

象

大象　气象　景象　现象　形象
印象　对象　想象　抽象　假象
幻象　找对象　新气象　包罗万
象　不可想象　太平景象　盲人
摸象　蚁多褛死象*　人心不足蛇
吞象

像

画像　肖像　图像　绣像　偶像
塑像　铜像　神像　石膏像　四
不像

丈

清丈　老丈　方丈　岳丈　光芒
万丈　雄心万丈　离题万丈　一
落千丈　道高一尺, 魔高一丈

杖

手杖　拐杖　挂杖

仗（另作上去声）

倚仗　仪仗　大阵仗*（声势大）
明火执仗

匠

工匠　木匠　铁匠　泥水匠　牛
皮匠　能工巧匠

上（另作上声）

手上　身上　心上　头上　天上
地上　路上　楼上　树上　床上
海上　枕上　马上　皇上　早上
心坎上　战场上　口头上　天天
向上　高高在上　蓬勃向上　自

下而上　至高无上　箭在弦上
甚嚣尘上　欺君冈上　后来居上

尚（另作上上声）

高尚　时尚　风尚　崇尚

让

退让　忍让　谦让　礼让　转让
推让　寸土不让　当仁不让　你
推我让　拱手相让　谦恭礼让

壤

土壤　沃壤　泉壤　穷乡僻壤
相隔天壤

攘

扰攘　抢攘　熙熙攘攘

嚷

叫嚷　喧嚷　大叫大嚷

酿

酝酿　美酿　家酿　醇醪佳酿

样

一样　同样　异样　照样　变样
好样　榜样　模样　图样　花样
像样　如火样　翻新样　耍花样
一模一样　似模似样*　多种多样
大模尸样*　装模作样　各式各样
识者鸳鸯, 唔识者两样*

恙

无恙　抱恙　别来无恙　安然无
恙

漾

荡漾　摇漾

4. 艰难韵（韵母 an）

平声

上平声

关

海关　边关　阳关　年关　机关
闯关　斩关　开关　把关　出关
守关　攻关　过关　无关　双关
交关*（程度深）　鬼门关　山
海关　过五关　息息相关　休戚
相关　性命交关　利害攸关　渡
过难关　力破重关　识破机关
袖里机关　金锁铜关　妙语双关
咬紧牙关　痛痒无关

鳏

老鳏　守鳏

山

高山　深山　云山　河山　关山
青山　火山　群山　江山　春山
巫山　金山　唐山　冰山　登山
靠山　西山　拜山*　收山*（不
干，退出）　开山*　三座山
几重山　雨后山　花果山　火烧山
开门见山　万水千山　愚公移山
倒海移山　恩重如山　铁案如山
执法如山　堆积如山　军令如山
名落孙山　日薄西山　日出东山

寿比南山　半壁江山　铁桶江山
一统江山　锦绣河山　稳如泰山
逼上梁山　调虎离山　放虎归山
剑树刀山　火海刀山　涉水登山
越岭翻山　古老石山*　隔行如隔
山　人隔万重山　有眼不识泰山

珊

阑珊　意兴阑珊

姗

姗姗　莲步姗姗

蹒

蹒跚　步履蹒跚

删

增删　手删　笔删　可删

潸

雨潸潸　泪暗潸

闩

门闩　上闩

滩

沙滩　海滩　险滩　浅滩　急水
滩　惶恐滩　黄鳝上沙滩*

摊

一摊　分摊　煞摊*　番摊*　顺摊*
杂架摊　书报摊　摆地摊

瘫（可读上声）

风瘫

坍

墙倒屋坍

餐

早餐　西餐　快餐　野餐　聚餐
饭餐　饱餐　劝餐　盘餐　同餐
自助餐　点心餐　揾两餐*　露
宿风餐　尸位素餐　废寝忘餐
渴饮饥餐　一宿两餐　努力加餐
秀色可餐　共进晚餐

弯

转弯　拐弯　月儿弯　路弯弯
急转弯　新月一弯　曲曲弯弯
宁折不弯

湾

海湾　沙湾　港湾　浅水湾　荔
枝湾　绿水一湾　入水随湾

丹

牡丹　仙丹　灵丹　金丹　流丹
炼丹　书丹　寸心丹　还魂丹
山丹丹　万应灵丹　救命仙丹
丸散膏丹　光杆牡丹　枫叶如丹
牛嚼牡丹*（品不出味道）

单

简单　孤单　衣单　名单　传单
药单　清单　打单*　一单*　埋
单*（结账）　白头单*　影只形单
力薄势单　头脑简单　身世孤单

郸

邯郸

箪

竹箪　饭箪　头大如箪

番

几番　前番　更番　轮番　西番
老番*　翻一番　半唐番*　细说一
番　两次三番　出塞和番　卖国
通番　密食当三番*

翻

推翻　闹翻　浪翻　掀翻　地覆
天翻　云涌波翻　马仰人翻　风
起云翻　包尾大翻*

幡

彩幡　长幡　锦幡　云幡　旗幡
扬幡　招魂幡　高树降幡　招展
旗幡　买水担幡*

班

一班　上班　早班　排班　跟班
接班　值班　交班　组班　科班
换班　戏班　埋班*　学习班　炊
事班　落乡班*　按部就班　加点
加班　身列朝班　洋行大班*

斑

一斑　泪斑　汗斑　雀斑　鹧鸪
斑　鬓毛斑　泪斑斑　血迹斑斑
时见一斑　染竹成斑

颁

下颁　令颁　荣颁

攀

高攀　登攀　仰攀　相攀　难攀
莫攀　共攀　奋勇登攀　高不可
攀

扳

难扳　齐扳　用力扳

悭

囊悭　财悭　缘悭　福薄缘悭
一面缘悭　守俭知悭　悭得就悭*
当用不须悭

奸

内奸　汉奸　巨奸　权奸　锄奸
除奸　强奸　防奸　狼狈为奸
朋比为奸　洞烛其奸　以售其奸
姑息养奸　暗里藏奸　面善心奸
不辨忠奸

艰

丁艰　险艰　时艰　多艰　共济
时艰　物力维艰

间（另作上去声）

人间　世间　空间　民间　阳间
阴间　日间　花间　田间　心间
中间　下间*（厨）　一阵间*　霎
时间　天地间　彩云间　酒吧间
开房间　春满人间　游戏人间
天上人间　字里行间　月下花间
地府阴间　彼此之间　俯仰之间

栏（另作下平声）

猪栏　鱼栏　出栏　真栏*（粤剧
小报）

下平声

凡

平凡　非凡　不凡　超凡　尘凡
仙凡　思凡　下凡　自命不凡
气宇不凡　本领非凡　脱俗超凡
仙女下凡　境隔仙凡

帆

一帆　片帆　征帆　孤帆　风帜
锦帆　云帆　客帆　机帆　扬帆
归帆　破浪扬帆　渔港归帆　顺
风驶帆　风送征帆　雾海孤帆

矾

明矾　白矾　青矾

烦

心烦　耐烦　麻烦　忧烦　劳烦
厌烦　絮烦　惹麻烦　不惮烦
不胜其烦　不厌其烦　百问不烦
要言不烦　意乱心烦　自找麻烦
力任艰烦　食少事烦

繁

事繁　频繁　枝繁　花繁　浩繁
星繁　纷繁　枝叶繁　草木繁
头绪纷繁　以简驭繁

蕃

草木蕃　五谷蕃　同姓为婚，其
生不蕃

藩

屏藩　边藩　外藩　篱藩　羝羊
触藩　为国屏藩

樊

篱樊　笼樊　护花樊　鸟入樊

闲

空闲　安闲　清闲　悠闲　余闲
有闲　等闲　农闲　消闲　得闲*
帮闲　赋闲　春意闲　白云闲
箫管闲　忙里偷闲　视若等闲
游手好闲　人闲心不闲　偷得浮

艰难韵

生半日闲

娴
心娴　静娴　弓马娴　词令娴

环
玉环　金环　指环　耳环　连环
回环　循环　一环　月半环　水
晶环　绿水环　天理循环　恶性
循环　结草衔环　水抱山环

还
往还　回还　归还　交还　偿还
奉还　生还　不还　衣锦还　奏
凯还　去复还　戴月还　鸟倦知
还　合浦珠还　一去不还　血债
血还　有借有还　壮士一去兮不
复还

鬟
云鬟　翠鬟　香鬟　花鬟　双鬟
丫鬟　雾鬟风鬟

寰
尘寰　瀛寰　仙寰　惨绝人寰
功在人寰

圜
破觚为圜　出力转圜

顽
冥顽　痴顽　凶顽　愚顽　警醒
痴顽　化及冥顽

颜
容颜　红颜　朱颜　花颜　芳颜
欢颜　玉颜　无颜　慈颜　强颜
开颜　厚颜　汗颜　犯颜　奴颜
少年颜　展笑颜　旧貌新颜　鹤

发童颜　白发苍颜　不禁汗颜
薄命红颜　玉貌花颜　床头金
尽，壮士无颜

漫（另作下去声）
夜漫漫　路漫漫　长夜漫漫

蛮
野蛮　番蛮*　刁蛮*（任性不讲
理）　强蛮　鸟语绵蛮

残
伤残　凋残　摧残　凶残　羹残
岁残　更残　月残　花残　春残
梦残　夜色残　夕阳残　一局残
月缺花残　骨肉相残　饱受摧残
老弱病残

孱
病孱　身孱　虚孱　唔死一身孱*

潺
雨潺潺　滑潺潺　水声潺潺

难（另作下去声）
困难　艰难　万难　为难　疑难
畏难　繁难　大难　行路难　蜀
道难　远征难　创业难　会面难
不怕难　有何难　左右为难　强
人所难　事在两难　勉为其难
冒险犯难　进退两难　步履艰难
稼穑艰难　质疑问难　排除万难
万事起头难　开口靠人难　见者
易，学者难　相见好，同住难
事非经过不知难　别时容易见时难

兰
芝兰　芳兰　玉兰　香兰　木兰

种兰　紫罗兰　素心兰　义结金
兰　吹气如兰　空谷幽兰　玉树
芝兰　秋菊春兰

栏（另作上平声）

朱栏　曲栏　雕栏　画栏　勾栏
栅栏　倚栏　凭栏　牛栏　清栏
下栏*　玉砌雕栏　独自凭栏　瓦
舍勾栏

拦

阻拦　遮拦　关拦　口没遮拦

阑

酒阑　更阑　烛阑　夜阑　月色
阑　夜已阑　梦已阑　兴未阑
夜静更阑

斓

斑斓　五色斑斓

澜

波澜　清澜　巨澜　翻澜　微澜
余澜　回澜　情澜　推波助澜
力挽狂澜　平地起波澜

弹

轻弹　褒弹　评弹　乱弹　泪暗
弹　马上弹　月下弹　冇得弹*
旧调重弹　古调不弹，有泪不轻弹

坛

诗坛　文坛　天坛　社坛　钓坛
讲坛　花坛　影坛　筑坛　登坛
酒坛　醋坛

檀

紫檀　沉檀　伐檀

仄声

上上声

反

相反　违反　正反　造反　谋反
策反　平反　官迫民反　秀才造
反　物极必反　适得其反　一正
一反　一隅三反

返

回返　往返　魂返　望返　去而
复返　迷途知返　徒劳往返　尽
兴而返　流连忘返　积重难返
一去不复返

简

竹简　书简　邮简　残简　繁简
精简　金简　因陋就简　删繁就
简　传书递简　刑清政简　残编
断简　一切从简

锏

锏锏　鞭锏　双锏　黄金锏　撒
手锏

柬

书柬　请柬　修柬　寄柬　折柬
传书递柬

拣

挑拣　选拣　细拣　任拣*　三挑
四拣　左拣右拣

茧

结茧　野茧　缫茧　春蚕作茧
抽丝剥茧

趼

手趼 老趼 重趼

碱

烧碱 纯碱

枧

番枧*

产

生产 出产 物产 土产 丰产
高产 特产 增产 财产 水产
家产 遗产 脱产 难产 破产
停产 不动产 再生产 增加生
产 倾家荡产 横生逆产* 家无
恒产 祖先遗产

铲

铁铲 饭铲 镬铲* 冚家铲*（骂
人语，全家死绝） 以兵相铲

板

木板 手板 门板 甲板 黑板
跳板 砧板 舢板 样板 老板
呆板 古板 刊板 拍板 撞板*
梗板* 天花板 洗衫板 跷跷板
长生板 死板板 过桥抽板 后
台老板 荒腔走板 冚起床板*
朝种树，晚界板* 未见官先打
四十板

版

出版 再版 书版 绝版 翻版
新版 碑版 石印版 刻蜡版

坂

长坂 山坂

栈

客栈 货栈 入栈 恋栈

盏

杯盏 灯盏 酒盏 一盏 把盏
举盏 冇走盏*（有把握） 三杯
两盏 传杯递盏 金杯玉盏 锅
头碗盏 千拣万拣，拣个烂灯盏*

散（另作上去声）

拆散 松散 懒散 闲散 止痛
散 合包散* 膏丹丸散 懒懒散
散 闲居萧散 投闲置散 雨零
星散 头披髻散*

镦

蛋镦

蛋

鸡蛋 咸蛋 皮蛋 生蛋 完蛋
滚蛋 坏蛋 笨蛋 王八蛋 荷
包蛋 穷光蛋 调皮捣蛋 派红
鸡蛋*（添丁）

旦（另作上去声）

花旦 彩旦 老旦

坦

平坦 舒坦 宽坦 眼坦坦* 直
坦坦 中怀坦坦

袒

偏袒 肉袒 臂袒 左袒 左右
袒

毯

地毯 绣毯 毛毯 壁毯 绿茵
如毯

下上、上去声

眼

慧眼　醉眼　冷眼　白眼　泉眼
龙眼　转眼　入眼　耀眼　抢眼
神眼　心眼　炮眼　字眼　老眼
睁眼　显眼　刺眼　榜眼　近视
眼　千里眼　小心眼　天有眼
抬望眼　火遮眼*　斗鸡眼*　白
鸽眼*　大王眼　金睛火眼　浓
眉大眼　睁眉突眼　慈眉善眼
横眉立眼　挤眉弄眼　蛇头鼠眼
有板有眼　独具慧眼　死不闭眼
皇天有眼　红须绿眼　昏花老眼
吹须睩眼*　杀人不眨眼　生蟛猫
入眼*（喻一见钟情）　财不可露
眼　见牙唔见眼*　各花入各眼*

懒

躲懒　疏懒　偷懒　意懒　人懒
贪懒　卖懒　大食懒*　偷闲躲懒
心灰意懒　奖勤罚懒　练精学懒*
越食越馋，越困越懒

晚

早晚　傍晚　岁晚　春晚　相逢
恨晚　为时未晚　悔之已晚　渔
舟唱晚　从朝到晚　挨年近晚*

挽

力挽　手挽　推挽　牵挽　敬挽
哀挽　一推一挽

泛

广泛　空泛　浮泛　虚泛　交情
泛泛　空空泛泛　鸥飞凫泛

贩

商贩　摊贩　小贩　行贩

晏

早晏　食晏*　天清日晏　河清海
晏　言笑晏晏

旦（另作上上声）

一旦　元旦　吉旦　枕戈待旦
通宵达旦　信誓旦旦

诞

怪诞　荒诞　虚诞　浮诞　寿诞
圣诞　宝诞　离奇怪诞　悬弧令诞

谏

劝谏　规谏　进谏　净谏　力谏
兵谏　纳谏　拒谏　招贤纳谏
能言极谏　犯颜直谏　叩马而谏
逆鳞强谏

间（另作上平声）

反间　时间　离间　相间　挑拨
离间　亲密无间

涧

山涧　溪涧　松涧　深涧

叹

可叹　慨叹　咏叹　嗟叹　长叹
惊叹　赞叹　哀叹　感叹　堪叹
长嗟短叹　望洋兴叹　仰天长叹
喟然长叹　自嗟自叹　不胜感叹
可发一叹　一唱三叹

炭

木炭　火炭　煤炭　焦炭　烧炭
薪炭　兽炭　涂炭　雪中送炭
势如冰炭　生灵涂炭　漆身吞炭

艰难韵

粲

玉粲　星粲　眉目粲　白石粲
聊博一粲　衾烂枕粲

璨

璀璨　璨璨

灿

星灿　光灿灿　金灿灿

赞

称赞　夸赞　齐赞　传赞　参赞
襄赞　一词莫赞　交口称赞

趱

把路趱　往前趱

撰

杜撰　编撰　修撰

馔

酒馔　肴馔　盛馔　佳肴美馔
有酒食，先生馔

散（另作上声）

分散　拆散　消散　解散　流散
失散　离散　扩散　聚散　客散
疏散　鸟兽散　黄金散　广陵散
不欢而散　一哄而散　风流云散
彩云易散　阴魂不散　雷打不散
魂飞魄散　烟消云散　妻离子散
人亡家散　曲终人散　阴消阳散
人心涣散　雨零星散　不见不散
一拍两散　闲言随风散　无粮兵
自散　树倒猢狲散

伞

雨伞　罗伞　纸伞　破伞　借伞
跳伞　大红伞　保护伞　降落伞

一把伞　万名伞　雨后送伞

篡

夺篡　防篡

讪

讥讪　谤讪　搭讪

惯

习惯　常惯　娇惯　宠惯　司空
见惯

掼

一掼*　将人掼*

盼

顾盼　回盼　流盼　远盼　久盼
至盼　左顾右盼　朝思暮盼　早
也盼晚也盼

下去声

万

一万　千万　亿万　巨万　成千
上万　挂一漏万　盈千累万　雄
师百万　来千去万　失匙夹万*

曼

柔曼　歌曼　轻曼

漫（另作下平声）

浪漫　烂漫　弥漫　散漫　天真
烂漫　自由散漫　硝烟弥漫　山
花烂漫

幔

帐幔　罗幔　纱幔　垂幔

慢

快慢　傲慢　懒慢　迟慢　疏慢
缓慢　怠慢　且慢　进度慢　声
声慢

谩

欺谩　面谩

蔓

条蔓　瓜蔓　藤蔓　枝蔓　剪除
枝蔓

难（另作下平声）

苦难　危难　灾难　患难　赴难
遇难　蒙难　落难　解难　殉难
非难　责难　发难　急难　避难
国难　千灾万难　多灾多难
无灾无难　消灾解难　救苦救难
毁家纾难　首先发难　政治避难

烂

破烂　腐烂　糜烂　打烂　灿烂
绚烂　花枝烂　稀巴烂　抵到烂*
（便宜极了）　光辉灿烂　海枯
石烂　群星灿烂　鱼死网烂　心
肝想烂*　天溶地烂*　贪多嚼不烂

患

祸患　隐患　忧患　大患　心腹
之患　人满为患　养虎为患　养
痈遗患　内忧外患　饱经忧患
有备无患　免留后患

幻

梦幻　虚幻　变幻　奇幻　风云
变幻　疑真疑幻　诪张为幻

宦

官宦　仕宦　阉宦　随宦

饭

茶饭　稀饭　冷饭　晚饭　吃饭
讨饭　客饭　现成饭　大镬饭
炒冷饭*　招牌饭*　盒仔饭*　一
旧（球）饭*（笨拙）　家常便饭
粗茶淡饭　残羹冷饭　穿衣吃饭
令人喷饭　粥粉面饭　餐粥餐饭
烧茶弄饭　三餐茶饭　靠天吃饭
睇餸食饭*　生米煮成熟饭

犯

侵犯　进犯　冒犯　触犯　误犯
重犯　窜犯　罪犯　囚犯　要犯
逃犯　钦犯　刑事犯　教唆犯
秋毫无犯　众怒难犯　明知故犯
倾巢而犯　念其初犯　真赃实犯
神圣不可侵犯

范

模范　规范　典范　示范　师范
闺范　遗范　懿范　风范　防范
就范

瓣

花瓣　瓜瓣　豆瓣　落瓣　心香
一瓣

办

开办　帮办　承办　主办　代办
包办　采办　筹办　举办　拿办
惩办　法办　公事公办　一手包
办　首恶必办　撤职查办　洋奴
买办　咄嗟立办

扮

打扮　装扮　假扮　乔装打扮
梳妆打扮

弹（另作下平声）

子弹　炸弹　金弹　飞弹　避弹

动弹　投弹　原子弹　手榴弹
枪支子弹　糖衣炮弹　荷枪实弹
定时炸弹

惮
惧惮　内惮　疑惮　肆无忌惮

疍
珠疍*（采珠的水上人）　蚝疍*

绽
破绽　衣绽　补绽　梅初绽　皮
开肉绽　露出破绽

赚
骗赚　计赚　受赚　蚀赚*

限
年限　期限　何限　无限　权限
局限　界限　极限　分清界限
前程无限　难逃大限　好人有限*

雁
塞雁　鸿雁　孤雁　落雁　回雁
宿雁　射雁　打雁　云中雁　南
飞雁　失群雁　千里雁　衡阳雁
沉鱼落雁　失群孤雁　来鸿去雁
礼行奠雁

5. 贪婪韵（韵母am）

平声

上平声

三
再三　瘖三　三月三　约法三
接二连三　举一反三　鼎足而三
对影成三　不孝有三　暮四朝三

衫
长衫　征衫　罗衫　花衫　春衫汗
衫　笠衫*　舞扇歌衫　泪湿青衫

参
拜参　朝参　同参　高参

骖
征骖　乘骖　停骖

监
坐监　探监　总监　学监　坐守
行监

缄
华缄　开缄

贪
心贪　戒贪　大贪　惩贪　虎狼
狼贪　吏恶官贪

啱
啱*（方言字）
讲得啱*

簪
玉簪　金簪　骨簪　发簪

眈
虎视眈眈

耽

酒色是耽　时日久耽

担（另作上去声）

同担　分担　肩担　思想负担
一力承担

下平声

函

书函　公函　经函　镜函　便函
修函　投函

涵

包涵　蕴涵　内涵　海涵　海量
汪涵　万象包涵　露泡香涵

咸

味咸　海咸　酸咸　甘咸

衔

名衔　头衔　挂衔　官衔　书衔
旧衔　职衔　鸟衔

潭

江潭　泥潭　寒潭　投潭　白鹅
潭　桃花潭　万丈深潭　无底深
潭　虎穴龙潭　虎不离穴，龙不
离潭

谭（同"谈"）

天方夜谭　老生常谭

谈

笑谈　戏谈　手谈　土谈　和谈
商谈　漫谈　畅谈　美谈　细谈
座谈　空谈　纵横谈　门外谈
一夕谈　不经之谈　无稽之谈
侃侃而谈　海外奇谈　巷议街谈
怪论奇谈　夸夸其谈　经验之谈

促膝长谈　混为一谈

痰

除痰　祛痰　化痰　吐痰

南

华南　岭南　江南　东南　指南
回南*（由冷转暖）　地北天南
塞北江南　名冠斗南

喃

呢喃　喃喃　燕语呢喃　自语喃
喃

楠

香楠　石楠　古楠

婪

贪婪　饥婪

男

丁男　童男　长男　奇男　绿如
红男　怨女痴男　公侯伯子男

蓝

蔚蓝　翠蓝　伽蓝　景泰蓝　孔
雀蓝　青出于蓝

篮

花篮　竹篮　鱼篮　菜篮　网篮
提篮　投篮

岚

山岚　层岚　翠岚　晴岚

谗

进谗　听谗　信谗　工谗

馋

嘴馋　老馋　贪馋　眼馋

搀

手搀　相搀

巉

岩巉　巉巉

惭

羞惭　自惭　空惭　大言不惭
衿影无惭

蚕

劝蚕　养蚕　僵蚕　桑蚕　作茧
春蚕

岩

山岩　石岩　云岩　层岩　灵岩
高岩　苍岩　巉岩

癌

生癌　防癌

仄声

上上声

胆

有胆　放胆　够胆　斗胆　孤胆
熊胆　破胆　地胆*　电灯胆
博大胆*　提心吊胆　忠肝赤胆
明目张胆　闻风丧胆　卧薪尝胆
撑腰壮胆　黄连苦胆　泼天大胆
浑身是胆　群威群胆　披肝沥胆
龙肝凤胆　钱壮人胆　十指连肝
胆　生人唔生胆*

斩

判斩　剑斩　候斩　监斩　陪斩
醉斩　错斩　腰斩　眼斩斩*　牙
斩斩*　千刀万斩　违令者斩　满
门抄斩　罪该问斩

惨

凄惨　悲惨　酸惨　风声惨　情
惨惨　阴风惨惨　花愁玉惨　烟
昏日惨

篸

竹篸　垃圾篸

减

增减　削减　缩减　精减　议减
损减　删减　有加无减　颜容瘦
减　声名顿减

榄

青榄　橄榄　大喉榄*　数白榄*

馅

饼馅　肉馅　露馅　棺材馅*（死
尸）

下上、上去声

担（另作上平声）

货郎担　云吞担*　千斤重担　勇
挑重担　有钱请得鬼挑担

喊

呼喊　叫喊　哭喊　摇旗呐喊
马嘶人喊　军声齐喊　大叫大喊

鉴

借鉴　印鉴　殷鉴　赏鉴　年鉴
史鉴　前车可鉴　以古为鉴　神
人共鉴

腩

鱼腩　牛白腩　大肚腩*（富商）

览

博览　观览　游览　披览　浏览
遍览　展览　江天一览

揽

招揽　包揽　总揽　延揽　大权
独揽

罱

鱼罱　油罱　一罱*（拇指、食指
的跨度）　大步罱*（迈大步）

忏

自忏　愧忏　拜忏

杉

松杉　银杉　古杉　电灯杉　一
碌杉*

湛

深湛　精湛　湛湛

蘸

轻蘸　薄蘸　用水蘸　用醋蘸

探

试探　侦探　刺探　坐探　勘探
密探　窥探　钻探

赧

羞赧　愧赧　颜赧

下去声

淡

平淡　清淡　雅淡　恬淡　冷淡
惨淡　浓淡　简淡　天高云淡

海咸河淡　冷冷淡淡　不咸不淡
有盐同咸，无盐同淡

啖

一啖　健啖　饱啖

站

车站　驿站　兵站　粮站　中转
站　打前站*　打马过站　船靠码
头车到站

暂

短暂

缆

铁缆　船缆　电缆　解缆　拉头
缆*（带头）

滥

泛滥　浮滥　穷而不滥　宁缺毋
滥

槛

门槛　石槛　曲槛　折槛

舰

战舰　兵舰　巨舰　炮舰

陷

缺陷　沦陷　失陷　诬陷　天倾
地陷　山崩地陷　泥足深陷　国
亡家陷

6. 撑棚韵（韵母ang）

平声

上平声

撑

支撑 力撑 独撑 充撑* 纵篙撑 把天撑

蟶*（铛）

水蟶* 瓦蟶* 饭蟶* 架蟶*（工具） 沙煲罂蟶*

罂

油罂 钱罂

耕

春耕 开耕 深耕 机耕 笔耕 牛耕

更

三更 寒更 当更 打更 巡更 趱更* 炒更* 打错更*（乱了套） 半夜三更 傻傻更更*（憨） 落手打三更*

坑

山坑 泥坑 矿坑 深坑 陷坑 火坑 老坑* 乱晒坑*（满谷满坑 临急开坑* 身堕火坑 狗上瓦坑*

踭*（肘，跟）

手踭* 脚踭* 托手踭*（拒人所求） 打包踭*

烹

煎烹 割烹 兔死狗烹

框

镜框 门框 打破框框

绷

床绷 藤绷 绣绷

生（音sang）

后生*（年轻人） 翻生*（复活） 执生*（随机应变，小心看着办）

下平声

鹏

大鹏 鲲鹏 苍鹏 云鹏 九霄鹏

棚

茅棚 草棚 牛棚 凉棚 天棚 搭棚 爆棚* 水瓜棚*

盲

眼盲 文盲 法盲 扫盲 黑盲盲* 发鸡盲* 问道于盲

横

纵横 舟横 眉横 专横 骄横 凶横 强横 大江横 远山横 老泪纵横 把心一横 一直一横

伥

为虎作伥

仄声

上上声

省
节省　减省　本省　多快好省

蠓
蚱蠓　草蠓　飞来蠓*

橙
甜橙　新橙　箩底橙*

朋（音pang）
老朋*（要好的朋友）

下上、上去声

猛
威猛　勇猛　凶猛　生猛*　威力
猛　风声猛　兵强将猛　风威雪猛
龙精虎猛　刚强勇猛　宽以济猛

棒
棍棒　哨棒　金刚棒　杀威棒

当头一棒　刀枪棍棒

冷
寒冷　冰冷　爆冷　生冷　心灰
意冷　令人齿冷　挨饥抵冷　风
凉水冷*

下去声

硬
坚硬　强硬　口硬　腰板硬　骨
头硬　脾性硬　过得硬　硬斗硬
手瓜硬*（实力雄厚）　欺软怕硬
软中有硬　功夫过硬　态度生硬
心红骨硬　服软不服硬

逛
闲逛　逛一逛　随街逛　游游逛
逛

噇*（音zang）
猛噇（拼命吃）

7. 亲人韵（韵母en）

〰〰〰〰〰（此韵与森林、登腾韵通用，也有与遵循韵合用）〰〰〰〰〰

平声

上平声

因
原因　何因　起因　远因　前因
内因　病因　事出有因　絮果兰
因　各有前因　相见无因　陈陈

相因　后果前因

茵
文茵　花茵　绿茵　芳草如茵
绣榻锦茵

恩
大恩　党恩　圣恩　深恩　天恩
开恩　报恩　忘恩　谢恩　殊恩

感恩　蒙恩　再造之恩　世受国恩　格外施恩　救命之恩　戴德感恩　叩谢深恩

姻
婚姻　求姻　联姻　买卖婚姻包办婚姻　两姓联姻

欣
同欣　含欣　欢欣　草木欣欣旨酒欣欣　鼓舞欢欣

殷
情殷　殷殷　意重情殷　期望甚殷

筋
钢筋　抽筋　面筋　伤脑筋　牛皮筋　跳橡筋　开动脑筋　剥骨抽筋　铁骨铜筋　医得头来脚反筋*（顾此失彼）

巾
毛巾　头巾　手巾　汗巾　罗巾围巾　香巾　餐巾　红领巾　绿头巾　羽扇纶巾　雨泪沾巾　纱包网巾

根
草根　树根　病根　扎根　生根祸根　挖根　命根　叶落归根　问底寻根　斩草除根　斩断穷根　挖底追根　错节盘根　水有源，树有根

跟
脚跟　鞋跟　死跟　紧跟

斤
斧斤　运斤　挥斤　公斤　月斧云斤　八两半斤　秤砣虽小压千斤

蚊
家蚊　疟蚊　灭蚊

吞
平吞　并吞　侵吞　云吞*　慢吞吞　一口吞　蚕食鲸吞　虎咽狼吞　细嚼慢吞　欲吐还吞

身
一身　此身　化身　终身　出身起身　安身　动身　立身　脱身挺身　奋身　洁身　卖身　修身失身　翻身　抽身　替身　投身栖身　藏身　缠身　过身*　明哲保身　引火烧身　无处藏身　清白之身　独善其身　私订终身　奋不顾身　为国献身　丈六金身　德可润身　义不辱身　惹祸上身　象以齿焚身　百艺好傍身　牵一发而动全身

娠
妊娠

新
革新　翻新　清新　崭新　刷新创新　从新　日新　景色新立意新　日月新　面目一新改过自新　推陈出新　破旧立新弃旧图新　气象一新　吐故纳新革故鼎新　咸与维新　万象更新

空气清新　技术革新　焕然一新
除旧布新　送旧迎新　花样翻新
温故知新　记忆犹新

薪

伐薪　束薪　采薪　高薪　釜底
抽薪　厝火积薪　曲突徙薪　杯
水车薪　落叶添薪　譬如积薪

申

引申　重申　申申　春申　三令
五申　福自天申　旧好重申

伸

屈伸　志伸　延伸　屈以求伸
士气一伸　能屈能伸　两腿一伸

绅

士绅　乡绅　官绅　书绅　土豪
劣绅　恶霸豪绅

辛

苦辛　悲辛　艰辛　茹苦含辛
历尽艰辛　语语酸辛

分（另作下去声）

满分　得分　工分　积分　区分
均分　平分　划分　评分　春分
处分　万分　难舍难分　皂白
不分　有口难分　敌我不分　豆
剖瓜分　入木三分　鼎足三分
五谷不分　人以群分　胜负未分
簪折钗分　真假难分

氛

尘氛　妖氛　气氛　俗氛

纷

纠纷　纷纷　五彩缤纷　排难解
纷　落英缤纷　议论纷纷　世乱
纷纷

勋

殊勋　建勋　策勋　树勋　旧勋
铭勋　受勋　开国元勋　屡建奇
勋　劳绩功勋

熏

烟熏　火熏　香熏　晴熏

薰

德薰　兰薰　南薰

醺

酒醺　微醺　半醺　酒气醺醺
醉意醺醺

曛

斜曛　残曛　薄曛　落日余曛
风悲日曛　归鸦带暮曛

荤

吃荤　开荤　断荤　五荤　戒酒
除荤　不嗜膻荤　冷荤热荤

昏

黄昏　灯昏　眼昏　昏昏　利令
智昏　头脑发昏　定省晨昏

婚

求婚　结婚　成婚　追婚　离婚
复婚　金婚　失婚　早婚　订婚
新婚　悔婚　指腹为婚　男大当
婚　秦晋联婚　哑嫁盲婚

阍

司阍　叩阍　帝阍

芬

芳芬　兰芬　清芬　扬芬　余芬

含芬

真

写真 传真 逼真 求真 情真
认真 率真 失真 纯真 当真
清真 信以为真 去伪存真
弄假成真 返璞归真 活泼天真
以假乱真 抱朴含真 学道修真
严肃认真 万确千真

嗔

生嗔 娇嗔 微嗔

珍

八珍 袖珍 席珍 珠珍 如数
家珍 敝帚自珍 海味山珍 异
宝奇珍 稀世之珍 儒为席上珍

亲

双亲 至亲 血亲 表亲 思亲
投亲 相亲 迎亲 成亲 招亲
探亲 省亲 裙带亲 骨肉亲
老乡亲 鱼水相亲 和蔼可亲
疏不间亲 事必躬亲 大义灭亲
举目无亲 授受不亲 任人唯亲
帮理不帮亲 人穷断六亲*
亲者不谢，谢者不亲

奔

飞奔 投奔 夜奔 逃奔 豕突
狼奔 有家难奔 万马齐奔 发
足狂奔 逐逐奔奔 红拂私奔

彬

文质彬彬

贲

虎贲

宾

上宾 嘉宾 外宾 国宾 礼宾
酬宾 迎宾 知宾 相敬如宾
入幕之宾 鸿雁来宾 如见大宾
截发留宾 敬迓嘉宾

滨

江滨 海滨 湖滨 水滨 率土
之滨 大海之滨

槟

香槟

军

陆军 三军 大军 建军 参军
督军 冠军 劳军 拥军 治军
孤军 充军 生力军 娘子军
解放军 飞将军 御林军 将一
军 同盟军 伙头军* 打真军*
犒赏三军 笔扫千军 勇冠三军
溃不成军 常胜将军 断头将军
万马千军 木兰从军

君

夫君 国君 储君 昏君 细君
思君 谏君 灶君 如意郎君
先到为君 亡国之君 有道明君
太上老君

均

成均 平均 陶均 苦乐不均
劳逸不均 雨露常均 收益平均

钧

大钧 洪钧 一发千钧 运转鸿
钧 雷霆万钧 语重千钧

坤

乾坤　旋转乾坤　地道成坤　袖里乾坤

昆

后昆　诸昆

温

春温　酒温　炉温　体温　高温　耐温　气温　保温　旧梦重温　意厚情温

瘟

发瘟　遭瘟　春瘟　鸡瘟

氲

氤氲　夕氲　花气氤氲　瑞霭氤氲

夽*

太夽*

下平声

人

好人　亲人　敌人　仇人　恩人　美人　忙人　能人　情人　爱人　罪人　艺人　古人　惊人　动人　可人　同人　伊人　客人　小人　凡人　道人　仙人　圣人　高人　伟人　名人　冰人　鄙人　走人*　松人*（溜走）　继承人　有心人　带头人　当家人　接班人　过来人　局外人　明眼人　未亡人　陌生人　意中人　老好人　知情人　人上人　知心人　出家人　代言人　糊涂人　舍己为人　旁若无人　先发制人　怨天尤人　暗箭伤人　含血喷人　以理服人　以貌取人　平易近人　百年树人　后继有人　形势迫人　治病救人　目中无人　息事宁人　睹物思人　一鸣惊人　先声夺人　一代新人　景色宜人　嫁祸于人　咄咄逼人　以己度人　仗势欺人　其不乏人　不甘后人　出口伤人　自欺欺人　盛气凌人　悲天悯人　醇酒妇人　才子佳人　从井救人　婢学夫人　达官贵人　俯仰由人　小鸟依人　光彩照人　肝胆照人　墨客骚人　岁月催人　判若两人　借刀杀人　孤家寡人　刀下留人　志士仁人　推己及人　富贵骄人　下里巴人　月下老人　失礼死人*　岁月不饶人　修行在个人　见物不见人　浅水浸死人*　解铃还须系铃人　一种米养百种人*　世上无难事，只怕有心人　莫道君行早，更有早行人

仁

行仁　守仁　成仁　不仁　果仁　瓜仁　虾仁　一视同仁　麻木不仁　为富不仁　以友辅仁　厚泽深仁　取义成仁　杀身成仁

寅

同寅　甲寅

神

入神　出神　心神　爽神　鬼神　芒神　财神　海神　伤神　费神　醒神　传神　衰神*　送瘟神　夜

游神* 撞手神* 料事如神 财可通神 牛鬼蛇神 龙马精神 聚精会神 阿Q精神 刀法如神 用兵如神 神乎其神 闭目养神 抖擞精神 炯炯有神 天地鬼神 贴错门神*　失惊无神*（冷不防）捉错用神*（揣度错了别人用意）打醒十二分精神*

辰

诞辰　生辰　寿辰　忌辰　日月星辰　吉日良辰　美景良辰　命生不辰　一日十二个时辰

臣

谋臣　忠臣　奸臣　功臣　权臣位极人臣　俯首称臣　圣主贤臣王公大臣　骨鲠之臣　钦差大臣一朝天子一朝臣

晨

早晨　清晨　霜晨　凌晨　月夕花晨　牝鸡司晨　一日之计在于晨

宸

紫宸　禁宸

云

浮云　白云　彤云　烟云　层云流云　碧云　彩云　寒云　暮云愁云　乌云　朝云　片云　浓云战云　风卷残云　叱咤风云　壮志凌云　平步青云　春树暮云流水行云　野鹤闲云　疑雨疑云际会风云　宾客如云　破雾穿云万里无云　响遏行云　甘露慈云淡月微云　落月停云　高唱入云义薄秋云　富贵浮云　人云亦云猛将如云　驾雾腾云

魂

国魂　灵魂　心魂　神魂　英魂芳魂　梦魂　惊魂　回魂　断魂失魂　销魂　摄魂　勾魂　无主孤魂　釜底游魂　荡魄迷魂　倩女离魂　剪纸招魂　借尸还魂

纭

聚讼纷纭　众说纷纭

耘

耕耘　复耘

芸

香芸　芸芸

匀

轻匀　均匀　平匀　停匀　一匀分匀

晕

头晕　眼晕

浑

雄浑　水浑　酒浑　浑浑

民

人民　公民　市民　农民　平民居民　移民　殖民　黎民　庶民细民　流民　顺民　遗民　灾民难民　土地人民　草野之民　祸国殃民　忧国忧民　富国利民保境安民　勤政爱民　无业游民拥军爱民　能官能民　罢职为民

忠顺良民　水上居民　失信于民

文

古文　诗文　檄文　条文　公文
论文　天文　戏文　奇文　雄文
祭文　语文　一纸空文　有失斯
文　尔雅温文　一表斯文　偃武
修文　满口虚文　能武能文　不
值分文　不名一文　出口成文

闻

见闻　新闻　风闻　异闻　惊闻
久闻　侧闻　传闻　孤陋寡闻
充耳不闻　鸡犬相闻　寂寂无闻
千古奇闻　博学多闻　街知巷闻
臭不堪闻　惨不忍闻　闻所未闻
湮没无闻　耸人听闻　道路传闻
置若罔闻

雯

秋雯　锦雯

纹

花纹　波纹　皱纹　指纹　扭纹*

痕

泪痕　裂痕　墨痕　血痕　伤痕
刀痕　鞭痕　啼痕　斧凿痕　花
月痕　发牙痕*　鸿爪留痕　春梦
无痕

贫

家贫　赤贫　清贫　食贫　恤老
怜贫　地瘠民贫　劫富济贫　守
道安贫　家道清贫　国弱民贫

频

低频　音频　频频　去来频　入

梦频　风雨频　笑语频　寄书频

蘋

浮蘋　绿蘋　采蘋

颦

笑颦　微颦　长颦　含颦　浅笑
轻颦　善笑工颦　东施效颦

陈

铺陈　缕陈　条陈　面陈　下陈
横陈　详陈　细陈　据理直陈
义结朱陈　乏善可陈　孔子在陈

尘

红尘　浮尘　征尘　烟尘　风尘
灰尘　拂尘　仆仆风尘　沦落风
尘　潇洒出尘　看破红尘　回首
前尘　不染纤尘　马足车尘　拍
手无尘　接风洗尘　甘步后尘
白霍沙尘*（轻浮跋扈）

勤

外勤　出勤　执勤　辛勤　后勤
殷勤　倦勤　考勤　四体不勤
年终考勤　业精于勤　民生在勤
大献殷勤　天道酬勤

芹

香芹　野芹　采芹　献芹

焚

火焚　自焚　玉石俱焚　玩火自
焚　心急如焚　怒火高焚

坟

荒坟　孤坟　祖坟　秋坟　上坟
哭坟　扫坟　筑坟　铁丘坟　岳
王坟　掘祖坟　筑土为坟　旧冢

新坟

银

金银　钱银　纹银　水银　真金
白银　穿金戴银　须发如银　月
色如银　论称分银

垠

一望无垠　平沙无垠

群

同群　合群　离群　失群　冠群
超群　机群　三五成群　结队联
群　鹤立鸡群　卓尔不群　鸟兽
成群　狗党狐群　武艺超群

裙

花裙　红裙　罗裙　钗裙　舞裙
围裙　鳖裙　石榴裙　连衣裙
迷你裙*

仄声

上上声

垦

开垦　围垦　农垦　军垦

恳

诚恳　敬恳　勤恳　勤勤恳恳
情真意恳

隐

归隐　藏隐　瞒隐　高隐　偕隐
恻隐　难言之隐　心存恻隐
直言无隐　欲言又隐　云遮雾隐
青山隐隐　弃官归隐　采赜索隐

忍

坚忍　容忍　残忍　居心何忍
恶气难忍　于心不忍　忍无可忍
是可忍，孰不可忍

粉

脂粉　花粉　面粉　奶粉　扑粉
搽粉　淀粉　斋粉　涂脂抹粉
调脂抹粉　胭脂水粉　庸脂俗粉
面如傅粉　搽脂荡粉*

诊

门诊　出诊　会诊　求诊　就诊
细诊　善诊　候诊

疹

麻疹　湿疹　斑疹

哂

不值一哂　聊博一哂

紧

风紧　水紧　要紧　赶紧　加紧
肉紧*（焦急，紧张）　手紧　风
声紧　移宽就紧　前松后紧

谨

严谨　拘谨　恭谨

馑

饥馑　凶馑　年馑

卺

合卺

品

产品　成品　出品　奖品　人品
物品　礼品　赠品　珍品　妙品
作品　废品　纪念品　牺牲品
附属品　官居极品　香花果品

人分几等，官分几品

狠

凶狠　心狠　负气斗狠　心辣手狠

很

好得很

滚

打滚　翻滚　火滚*　沙沙滚*（不认真）　波涛滚滚　连爬带滚　车轮滚滚　心潮翻滚

菌

细菌　真菌　病菌　杀菌　松菌　毒菌

稳

平稳　步稳　睡稳　梦稳　站稳　把稳　保稳　四平八稳　十拿九稳　句安字稳　布帆安稳　平平稳稳　局势不稳

揾*（俗字，意为"找"）

寻揾*

下上、上去声

困

穷困　贫困　愁困　兵困　围困　坐困　解困　春困　扶危济困　筋疲力困　愁侵病困　春蚕自困　内外交困

窘

穷窘　羞窘　受窘　迫窘

悃

心悃　谢悃　忠悃

闻

闺阃

喷

泉喷　雾喷　烟喷　血喷　香喷喷　含怒喷

愤

悲愤　怨愤　幽愤　孤愤　发愤　抒愤　泄愤　羞愤　同仇共愤　激于义愤　大动公愤　满腔积愤　神人共愤　以平民愤

奋

勤奋　志奋　感奋　激奋　精神振奋　人心兴奋

训

祖训　慈训　严训　庭训　整训　受训　轮训　培训　经验教训　不足为训　古有明训

瞓

眼瞓*　大觉瞓*　嗱心机，挨眼瞓*　有得震，冇得瞓*

粪

大粪　鸟粪　清粪　送粪　佛头着粪

殒

身殒　命殒

陨

星陨　石陨　霜陨

允

平允　公允　应允　答允　执法平允　以昭公允

尹

令尹　门尹　县尹

蕴

底蕴

引

吸引　援引　荐引　勾引　征引
称引　导引　指引　旁征博引
高飞远引　名牵利引　飘然远引
明灯指引

蚓

蚯蚓　紫蚓

印

烙印　排印　油印　翻印　大印
金印　掌印　用印　佩印　解印
脚印　指印　心心相印　一官两印
封金挂印　木刻水印　一步一个脚
印

瘾

烟瘾　酒瘾　戏瘾　官瘾　上瘾
过瘾　吊瘾

敏

灵敏　聪敏　机敏　心灵手敏
敬谢不敏　神经过敏

悯

怜悯　忧悯　悲悯　其情可悯

泯

精神不泯　英灵未泯

吻

口吻　虎吻　亲吻　接吻　飞吻

刎

自刎

紊

有条不紊

殡

殓殡　出殡　送殡

鬓

两鬓　云鬓　霜鬓　云鬟雾鬓

震

威震　惊震　怒震　地震　金鼓
震　搞搞震*（瞎闹，做小动作）
打冷震*　心惊胆震　声威大震
春雷震震　手腾脚震*

振

气振　志振　金声玉振　声名重振
一蹶不振　萎靡不振　精神为之一
振

赈

开仓散赈　以工代赈

镇

抚镇　藩镇　雄镇　威镇　城镇
市镇　古镇　坐镇　四乡八镇
名区重镇

圳

深圳

衬

陪衬　帮衬*　映衬　老衬*　揾老
衬*（使人上当受骗）

趁

寻趁

棍

夹棍　拐棍　军棍　冰棍　状棍
赌棍　恶棍　光棍　齐眉棍　蟠

龙棍　搅屎棍*

褪

花容褪　向后褪*　打倒褪*

下去声

阵

上阵　列阵　布阵　敌阵　临阵
破阵　入阵　观阵　稳阵*　背
水阵　风流阵　迷魂阵　长蛇阵
打头阵　八卦阵　交锋对阵　冲
锋陷阵　暗布疑阵　诗坛酒阵
排兵布阵　轻装上阵　阴风阵阵
挥戈上阵　赤膊上阵　奇兵异阵
勇当头阵　空谈一阵　久经战阵
落红成阵　有头威冇尾阵*

运

命运　幸运　走运　转运　起运
海运　空运　国运　搬运　驳运
贩运　鸿运　桃花运　行大运*
失时倒运　大走红运　匠心独运
遭逢厄运　安于命运　机谋暗运
好身好运　天开文运　奉天承运
六亲同一运*

韵

声韵　诗韵　音韵　神韵　风韵
押韵　流风余韵　箫声琴韵

混

含混　蒙混　胡混　鬼混　是非
淆混　把水搅混

恨

憎恨　含恨　可恨　愤恨　怨恨
宿恨　记恨　抱恨　悔恨　饮恨
解恨　家国恨　长怀恨　深仇大
恨　离愁别恨　报仇雪恨　新仇
旧恨　刻骨仇恨　切齿痛恨　死
无余恨　万年遗恨　心怀嫉恨
绵绵长恨　一失足成千古恨

近

附近　逼近　邻近　接近　靠近
就近　亲近　将近　亲疏远近
权豪贵近　生人勿近　日亲日近

慎

戒慎　失慎　审慎　小心谨慎
居官勤慎　谦虚谨慎　出言不慎

肾

固肾　鸡肾

问

学问　音问　责问　查问　质问
借问　询问　访问　慰问　请问
追问　顾问　每事问　无心问
不堪问　反躬自问　严词责问
不耻下问　钻研学问　明知故问
左盘右问　不闻不问　三推六问
答非所问　无人过问　不相闻问
毫无疑问　开堂审问　严刑拷问
扪心自问　赊借免问　国事访问

分（另作上平声）

部分　本分　应分　过分　辈分
名分　职分　情分　安守本分
各安其分　恰如其分　妄图非分
深更时分

份

年份　月份　身份　省份　股份

一人一份　一式两份

怂

不怂　怂怂　私怂

笨

粗笨　蠢笨　愚笨　嘴笨　揾笨*

韧

坚韧　强韧　柔韧

衅

挑衅　寻衅　启衅　寻仇启衅

孕

怀孕　身孕　受孕　避孕　身怀

有孕

刃

白刃　利刃　锋刃　手刃　兵不血刃　争先蹈刃　千刀万刃

仞

万仞　累仞

纫

缝纫　针纫

8. 森林韵（韵母em）

平声

上平声

心

热心　雄心　好心　苦心　细心
狠心　虚心　公心　痴心　疑心
戒心　耐心　决心　开心　诚心
黑心　童心　慈心　信心　偏心
担心　恶心　核心　中心　点心
重心　赏心　春心　痛心　甘心
散心　放心　齐心　用心　挂心
心连心　寻开心　动春心　做磨心*　一片冰心　一见倾心　万众一心　世道人心　口不应心
天地良心　白发红心　刻骨铭心
震撼人心　有口无心　赤胆忠心

人面兽心　苦口婆心　热血丹心
力不从心　大快人心　漫不经心
狼子野心　权欲熏心　恻隐之心
激励人心　将心比心　包藏祸心
别有用心　是何居心　煞费苦心
戮力同心　赤子之心　掉以轻心
披露腹心　深入人心　触目惊心
蛇蝎之心　促膝谈心　泣血椎心
漠不关心　独具匠心　低首下心
收买人心　携手连心　剑胆琴心
下定决心　吐胆倾心　万箭穿心
财帛动人心　十指痛归心　医者父母心　天下父母心　日久见人心　知人口面不知心

深

水深　云深　夜深　春深　思深

海深　功深　资深　草木深　造
诣深　谋略深　一往情深　苦
大仇深　感人至深　交浅言深
夜静更深　莫测高深　创巨痛深
讳莫如深　博大精深　由浅入深
骨肉情深　林密山深　庭院深深
伉俪情深

森

阴森　萧森　清森　松柏森森

参（音"深"）

人参　海参　标参*（绑票）

芯

烛芯　灯芯

金

黄金　赤金　掘金　镀金　冶金
淘金　挥金　吞金　五金　现金
千金　基金　奖金　佣金　酬金
资金　一掷千金　点铁成金　一
刻千金　一诺千金　白璧黄金
披沙拣金　璞玉浑金　沙里淘金
众口铄金　脸上贴金　吹角鸣金
惜墨如金　日进斗金　百炼成金
美玉真金　一字值千金　家书抵
万金　淘沙始见金　仁义值千金
半路杀出程咬金　二人同心，其
利断金

今

当今　古今　如今　近今　博古
通今　厚古薄今　以古喻今　引
古证今　中外古今　吊古伤今
借古讽今　说古道今　震古烁今

无古不成今　安知来者不如今

甘

分甘　味甘　酒甘　心甘　同甘
情甘　眼甘甘*　共苦同甘　淡泊
自甘　心有不甘　就苦辞甘

柑

甜柑　蜜柑　斗酒双柑　腊酒黄
柑　佛手香柑

箴

警箴　规箴　女箴　度世金箴
恪守宫箴　座右良箴

斟

浅斟　满斟　自斟　同斟　密斟*
（密谈）　对客斟　不停斟

砧

寒砧　暮砧　疏砧　捣衣砧　何
处砧　明月砧

针

指针　方针　拈针　艮针　别针
金针　织针　指南针　绣花针
预防针　玉尺金针　大海捞针
见缝插针　引线穿针　绵里藏针
服药打针　法灸神针　船不漏针
政策方针　磁石引针　铁杵磨成针

音

声音　口音　佳音　哀音　乡音
琴音　回音　八音　土音　南音
知音　福音　低音　发音　播音
余音　观世音　绕梁音　海潮音
女高音　最强音　话里有音　静
候佳音　弦外之音　空谷足音

靡靡之音　一去无音　近山识鸟音　山水有清音　家家如是观世音

喑

呜喑　喑喑　万马齐喑

阴

天阴　寸阴　花阴　光阴　树阴　绿阴　晴阴　春阴　槐阴　山阴　遮阴　一命归阴　夏木交阴　爱惜光阴　柳径花阴　绿叶成阴　无心插柳柳成阴

衾

罗衾　香衾　鸳衾　孤衾　共枕同衾　独拥寒衾

襟

衣襟　披襟　满襟　胸襟　盈襟　老襟*（连襟）　广阔胸襟　泪落沾襟　痛惜分襟

衿

青衿　绅衿

禁（音"衿"）

不禁　难禁　能禁　忍俊不禁

堪

那堪　谁堪　何堪　狼狈不堪　情何以堪　局促难堪

钦

仰钦　敬钦　心钦　举世同钦　道德可钦

龛

古龛　佛龛　神龛　燕子龛　门官龛

谙

熟谙　未谙　略谙　饱谙　百事谙　世味谙

庵

尼庵　草庵　荒庵

侵

入侵　相侵　强侵　频侵　岁月侵　病魔侵　白发侵　愁病相侵　雪压霜侵　百感交侵

下平声

沉

下沉　低沉　阴沉　深沉　浮沉　钩沉　消沉　夜深沉　病沉沉　月西沉　月落星沉　世道昏沉　日月升沉　宦海浮沉　暮气沉沉　意志消沉　雁杳鱼沉　神州陆沉　响寂声沉　稽古钩沉

寻

找寻　搜寻　访寻　难寻　细寻　遍寻　梦中寻　何处寻　苦乐相寻　无可追寻　疾病侵寻　世上难寻

忱

热忱　丹忱　微忱　衷忱　一片忠忱　满腔热忱　表达微忱

林

森林　树林　蕉林　园林　竹林　桂林　绿林　茂林　疏林　寒林　翰林　艺林　禅林　丛林　防风林　鸟投林　居士林　封山育林　钟鼎山林　深山老林　酒池肉林

刀枪如林　植树造林　弹雨枪林
木秀于林　遁迹山林　独木不成林

琳
碧琳　瑶琳

淋
雨淋　汗淋　露淋　照头淋　湿
淋淋　血淋淋

霖
甘霖　秋霖　成霖

临
来临　登临　光临　莅临　驾临
亲临　照临

吟
哀吟　醉吟　苦吟　高吟　狂吟
呻吟　白头吟　梁父吟　笑吟吟
无病呻吟　虎啸龙吟　独自沉吟
泽畔行吟　抱膝长吟　诗问会家吟

淫
浸淫　荒淫　诲淫　卖淫　福善祸
淫　乐而不淫　酒色荒淫　富贵不
能淫

禽
家禽　飞禽　鸣禽　水禽　珍禽
孤禽

擒
生擒　智擒　计擒　被擒　一网
成擒　束手就擒　七纵七擒

琴
调琴　抱琴　抚琴　横琴　奏琴
眠琴　瑶琴　钢琴　对牛弹琴
伯牙碎琴　煮鹤焚琴

含
包含　内含　口含

酣
酒酣　笔酣　宴酣　初酣　战犹
酣　酒半酣　梦方酣

岑
碧岑　高岑　云岑

涔
热泪涔涔

仄声

上上声

锦
美锦　素锦　绣锦　什锦　织锦
铺锦　回纹锦　铺地锦　花如锦
如花似锦　前途似锦　脱衣换锦
天孙织锦　夜行衣锦　赛龙夺锦

敢
勇敢　果敢　不敢　胆敢

感
情感　伤感　美感　好感　铭感
同感　敏感　灵感　正义感　责
任感　优越感　多愁善感　真情
实感　同类相感　浮沉百感殁存
均感

寝
安寝　就寝　寿终正寝　忘餐废
寝

饮
牛饮　狂饮　豪饮　酣饮　宴饮

聚饮　请饮　饥餐渴饮　自斟自饮　开怀畅饮　狂歌痛饮　长夜之饮　凿井而饮　酒逢知己饮

审

精审　详审　开审　观审　公审　提审　三司会审　三曹对审　公堂受审

婶

大婶　阿婶　叔婶

黲

神黲　色黲　黲黲

枕

衾枕　孤枕　安枕　高枕　伏枕　绣枕　鸳枕　绣花枕　后尾枕[*]　高床暖枕　槌床捣枕　同衾共枕

谂

细谂[*]　谂一谂[*]

砍

刀砍　斧砍　碗碟有相砍[*]

坎

心坎　田坎

冚

上得床来牵被冚[*]　天跌落嚟当被冚[*]（天塌下来也不在乎）

下上、上去声

暗

明暗　幽暗　阴暗　黑暗　天昏地暗　仕途黑暗　若明若暗　天低云暗　心情灰暗　无油灯自暗

禁

严禁　拘禁　违禁　监禁　门禁　软禁　宵禁　解禁　情不自禁　入国问禁　形格势禁　违条犯禁

荫

庇荫　护荫　祖先余荫

撼

震撼　摇撼

瞰

俯瞰　鸟瞰

浸

水浸　沉浸　凉浸浸[*]

勘

查勘　察勘　校勘

嵌

镶嵌

譖

诬譖　巧譖　进譖

荏

色厉内荏

渗

血渗　雨渗　淋渗

稔

丰稔　年稔　岁稔

颔

虎颔　燕颔　笑颔

凛

清凛　寒凛　威风凛凛　秋霜凛凛

下去声

任

重任　放任　信任　主任　大任　担任　委任　身肩重任　走马上

任 知人善任 力不胜任 勇担责任 引为己任 新官上任 一身二任

饪
烹饪

衽
敛衽 束衽

甚
幸甚 过甚 益甚 欺人太甚

彰彰明甚 不为己甚 一之为甚

憾
缺憾 终生抱憾 死而无憾 不胜遗憾 引以为憾

鸩（俗又读"沉"）
毒鸩 饮鸩

9. 登腾韵（韵母eng）

平声

上平声

生
人生 平生 残生 学生 卫生 寄生 诞生 新生 三生 后生 门生 谋生 陌生 浮生 滋生 降生 养生 狂生 长生 轻生 研究生 白发生 剥花生* 国计民生 民不聊生 自力更生 起死回生 虎口余生 九死一生 劫后余生 妙趣横生 好好先生 谈笑风生 素昧平生 普度众生 栩栩如生 奇正相生 忧患余生 应运而生 芸芸众生 了却此生 怕死贪生 绝处逢生 无以为生 虽死犹生 死里求生 颠倒众生 痛不欲生 百病丛生 情急智生 苟且偷生 虚度此生 安分营生 一介书生 髀肉复生 枝节横生 黄绿医生* 春风吹又生

牲
牺牲 畜牲 奉牲 三牲 壮烈牺牲 为国牺牲 自我牺牲 猪头三牲

甥
外甥 舅甥

笙
芦笙 风笙 调笙 鼓瑟吹笙

庚
长庚 年庚 同庚 贵庚

更（音"庚"）
变更

羹
调羹 和羹 匙羹 沸羹 闭门羹 莲子羹 豆腐羹 冷炙残羹

吹溋惩羹　分一杯羹

灯

电灯　壁灯　宫灯　纱灯　孤灯
寒灯　残灯　银灯　华灯　桅灯
书灯　花灯　观灯　提灯　传灯
点灯　霓虹灯　船标灯　红绿灯
上元灯　佛前灯　长明灯　走马
灯孔明灯　冲红灯　渔火村灯
指路明灯　黄卷青灯　结彩张灯
大开绿灯　蟹火渔灯　匣剑桅灯

登

攀登　跻登　勇登　独登　名登
摩登*　五谷丰登　捷足先登　觉
岸同登　年貌相登

争

纷争　竞争　战争　息争　寸
土必争　据理力争　与世无争
分秒必争　合法斗争　鹬蚌相争
口舌之争　以死相争　虎斗龙争

嶒

峻嶒

玎

玉声玎玎

筝

银筝　调筝　闻筝　鼓筝　断线
风筝　月夜弹筝

睁

怒眼圆睁

铮

亮铮铮　铁中铮铮

僧

高僧　诗僧　情僧　唐僧　行脚
僧　落发为僧　云水孤僧　入定
老僧

蹭

磨磨蹭蹭

憎

爱憎　生憎　嫌憎　犯众憎*　乞
人憎*　面目可憎　无爱无憎

增

倍增　猛增　递增　略增　与日俱
增

缯

丝缯　锦缯

罾

鱼罾　虾罾　网罾　投罾

崩

堤崩　崖崩　分崩　驾崩　地塌
天崩　瓦解土崩　坐食山崩*

蹦

跳跳蹦蹦

亨

大亨　咸亨　时亨

铿

敲铿　钟铿　响铿

莺

春莺　啼莺　听莺　迁莺　出谷
黄莺　花底流莺　柳浪闻莺　乳
燕雏莺　百啭娇莺

下平声

行（另作下去声）

推行　施行　远行　并行　送行
巡行　成行　盛行　步行　旅行
横行　流行　爬行　执行　发行
辞行　三人行　万里行　踏月行
衣食住行　相辅而行　信步而行
一纸风行　寸步难行　一意孤行
衣锦夜行　正道直行　恃势横行
鬼魅横行　大军启行　有令则行
雷厉风行　三思而行　令出必行
独断专行　祸不单行　身体力行
见机而行　势在必行　踽踽独行
与子偕行　戴发修行　蛇无头不
行　马死落地行*　三军未动，粮
草先行　同台食饭，各自修行

衡

常衡　平衡　抗衡　争衡　权衡
利害相衡　势力均衡

恒

永恒　如恒　有恒　持之以恒
如月之恒　人贵有恒

能

可能　难能　才能　效能　功能
逞能　全能　万能　各尽所能
一专多能　碌碌无能　腐败无能
软弱无能　欲罢不能　自炫其能
举贤与能

盟

订盟　结盟　同盟　旧盟　前盟
会盟　背盟　弃盟　歃血为盟
海誓山盟　攻守同盟　工农联盟
城下之盟

萌

方萌　未萌　初萌　故态复萌

甍

雕甍　飞甍　朱甍

腾

升腾　翻腾　折腾　图腾　士饱
马腾　虎跃龙腾　万马奔腾　热
血沸腾　热气腾腾　举国欢腾
众口喧腾　民怨沸腾　风起云腾
杀气腾腾　烈焰飞腾

藤

古藤　紫藤　长藤　瓜藤　附葛
攀藤　老树枯藤　斩断葛藤　瘦
到似条藤*

凭（另作下去声）

任凭　依凭　文凭　空口无凭
鼠伏狐凭　不足为凭　实据真凭
立字为凭

朋

亲朋　良朋　高朋　宾朋　同朋
交朋

层

云层　地层　基层　底层　更上一
层

曾

何曾　几曾　未曾　不曾

宏

宽宏　取精用宏

登腾韵

53

仄声

梗
阻梗　顽梗　作梗　强梗　花梗.
芋梗

哽
悲哽　咽哽　喉哽

埂
田埂　山埂

鲠
骨鲠　刚鲠　忠鲠

耿
忠心耿耿　性情刚耿

亘
横亘　连亘

等
上等　久等　高等　相等　高人
一等　男女平等　自由平等　诸
色人等　罪加一等　三六九等
大小不等　如此等等

戥
厘戥

肯
首肯　中肯　未肯

啃
猛啃　硬啃　死啃

甑
釜甑　瓦甑　破甑

凳
板凳　长凳　桥凳*　冷板凳　老
虎凳　三脚凳

劲（音"啃"略低）
真劲*（劲）　够劲*　酒劲*

楞
瓦楞　起楞　藤条楞*

幸
欣幸　庆幸　宠幸　荣幸　一时
侥幸　三生有幸　短情薄幸　邀
天之幸　不幸中之幸

杏
红杏　青杏　银杏　出墙红杏

行（另作下平声）
品行　操行　德行　嘉言懿行
一言一行　滔天罪行　邪说暴行
奇言异行　谨言慎行　言不顾行
敦品立行

赠
持赠　馈赠　奉赠　还赠　解囊
相赠　高官封赠

凭（另作下平声）
倚凭　挨挨凭凭*

10. 遵循韵（韵ên）

平声

春

初春　暮春　三春　残春　新春
迎春　游春　青春　阳春　报春
长春　万家春　四时春　玉堂春
鸟鸣春　满园春　一枝春　水蛇
春*（形容长）　桃李争春　丽
日阳春　大地回春　温暖如春
四季如春　永葆青春　枯木逢春
一室皆春　妙手回春　药到回春
着手成春　有脚阳春　一年之计
在于春

椿

松椿　香椿

鹑

鹌鹑

敦

情敦　厚敦

墩

高墩　烟墩　沙墩　绣墩

暾

朝暾　温暾

吨

公吨　英吨　一吨

津

知津　通津　江津　指点迷津

无人问津　不敢问津　位居要津
其味津津　渡口关津

樽

芳樽　金樽　酒樽　开樽　移樽
倾樽　有酒盈樽　共进一樽

遵

恪遵　谨遵

谆

言者谆谆

榛

荆榛　荒榛

臻

百福骈臻　佳境渐臻　无美不臻

殉

身殉　志殉　愿殉

徇

曲徇　私徇

峋

瘦骨嶙峋　怪石嶙峋

询

咨询　征询　查询　探询

恂

恂恂

悛

怙恶不悛

仑

昆仑

伦

人伦　天伦　群伦　乱伦　拟于
不伦　荒谬绝伦　乐叙天伦　多
见树木，少见人伦

沦

沉沦　隐沦　湮沦

轮

车轮　飞轮　齿轮　金轮　年轮
征轮　转轮　左轮*　红日一轮

纶

锦纶　丝纶　纷纶　满腹经纶
江畔垂纶

囵

囫囵

鳞

鱼鳞　锦鳞　批其逆鳞

辚

车辚辚

粼

碧波粼粼　白石粼粼

麟

麒麟　凤麟

邻

四邻　乡邻　芳邻　亲邻　择邻
睦邻　隔邻　与鬼为邻　右舍左
邻　天涯若比邻　远亲不如近邻
德不孤，必有邻　千金置屋，
八百买邻

唇

口唇　朱唇　反唇　鼓舌摇唇
敝舌焦唇

驯

桀骜不驯　野性难驯　名不雅驯

纯

温纯　忠纯　单纯　清纯

醇

香醇　芳醇　清醇　精醇　酒醇
味醇

淳

民淳　俗淳　风淳　其民淳淳
祸福淳淳

旬

一旬　初旬　经旬　由旬

巡

逡巡　出巡　夜巡　匀巡*（均
匀）　微服出巡　酒过三巡

循

因循　遵循　可循　循循　有章
可循　知所遵循

仄声

上上声

烬

余烬　烛烬　化为灰烬

准

批准　核准　瞄准　水准　标准
无凭无准　大声夹冇准*

隼

鹰隼　苍隼

榫

按榫　合榫　凿榫　卯榫

蠢

愚蠢 顽蠢 蠢蠢

卵

鸡卵 鱼卵 虫卵 伏卵 杀鸡取卵 危如累卵 覆巢之下无完卵

笋

蔬笋 玉笋 芦笋 新笋 雨后春笋 哭竹生笋 担杆也曾做过笋* 晤望今年竹，只望明年笋*

下上、上去声

进

先进 后进 行进 猛进 跃进 促进 挺进 奋进 改进 推进 引进 急进 齐头并进 稳步前进 急躁冒进 财源广进 突飞猛进 高歌猛进 长驱直进 以退为进 激流勇进 知难而进 文思大进 循序渐进 力图上进

俊

才俊 时俊 雄俊 年少英俊 一时称俊

浚

疏浚 深浚

骏

八骏 市骏 良骏

峻

险峻 严峻 高峻

竣

完竣 工竣 告竣

晋

结为秦晋 三家分晋

信

自信 相信 威信 喜信 失信 花信 手信 书信 鸡毛信 匿名信 打单信* 逼供信 平安信 潮有信 破除迷信 难以置信 杳无音信 毫不足信 通风报信 言而无信 无征不信 轻诺寡信 立威示信

逊

谦逊 稍逊 出言不逊 色恭言逊

汛

春汛 秋汛 鱼汛 潮汛

迅

快迅 奋迅 风烈雷迅

讯

通讯 喜讯 音讯 审讯 传讯 电讯

蕈

香蕈（俗作"香信"，菰类）

舜

尧舜 大舜 虞舜

瞬

一瞬 转瞬

盾

拥盾 持盾 银盾 矛盾 誓为后盾 自相矛盾 以子之矛，攻子之盾

遵循韵

下去声

尽

穷尽　力尽　情尽　春尽　言尽
命尽　论尽*（行动不灵）　博
到尽*　仁至义尽　筋疲力尽
民穷财尽　取之不尽　感激不尽
山穷水尽　悬梁自尽　江郎才尽
同归于尽　更阑夜尽　好话说尽
钟鸣漏尽　一网打尽　无穷无尽
一言难尽　床头金尽　除恶务尽

论

理论　议论　争论　辩论　定论
舆论　谬论　奇谈怪论　长篇大
论　格杀勿论　相提并论　一概
而论　诛心之论　作为罢论　平
心而论　高谈阔论　大发宏论

躏

蹂躏

润

滋润　柔润　丰润　利润　浸润
湿润　圆润　红润　珠圆玉润
家肥屋润　冰清玉润

闰

三年一闰（阴历）　三年两头闰*

顺

柔顺　通顺　归顺　理顺　顶得
顺*　风调雨顺　一帆风顺　官
清民顺　安常处顺　百依百顺
夫妻和顺　名正言顺　文从字顺
条气唔顺*

顿

安顿　停顿　舟车劳顿　饱餐一
顿

囤

谷囤　粮囤

钝

笨钝　呆钝　蠢钝　成败利钝
脑筋迟钝

遁

逃遁　夜遁　宵遁　飞遁　借水
遁　乘机而遁

11. 千年韵（韵母in）

（此韵与添甜、宣传韵通用）

平声

上平声

烟

云烟　炊烟　硝烟　烽烟　浓烟
轻烟　人烟　香烟　狼烟　冒烟
抽烟　牙烟*（危险）　一溜烟
起狼烟　一头烟*（忙得头昏
脑涨）　过眼云烟　七窍生烟
战火硝烟　往事如烟

偏

心偏　走偏　纠偏　相偏*　心眼
偏　日影偏　无枉无偏　救弊补偏

翩

联翩　风度翩翩　浮想联翩

编

改编　整编　新编　汇编　瞎编
合编　收编　随口编　人手一编

篇

诗篇　新篇　开篇　名篇　长篇
短篇　满篇　有遗篇　壮志篇
诗百篇　废话连篇　大论长篇
累牍连篇

边

天边　海边　山边　田边　岸边
路边　身边　旁边　腮边　耳边
花边　沾边　无边　走边　戍边
靠边　扳车边*（沾别人的光）
摆街边*　宽大无边　法力无边
风月无边　远在天边　知向谁边
口在路边*

鞭

马鞭　教鞭　挥鞭　执鞭　霸主
鞭　赶牛鞭　着先鞭　快马加鞭
跃马扬鞭

辫

留辫　剪辫　梳辫　孖辫　眼眉
毛长过辫*

颠

倒颠　东跑西颠

巅

山巅　峰巅

癫

疯癫　发癫*　发花癫*

天

青天　春天　苍天　长天　明天
一天　九天　云天　擎天　震天
变天　聊天　滔天　冲天　朝天
霜天　满天　连天　飞天　遮天
补天　呼天　问天　怨天　奉天
九重天　半边天　哭皇天　艳
阳天　梅雨天　杏花天　离恨天

不夜天　奈何天　上西天　换新天　浪拍天　闹翻天　冲云天　水连天　落九天　一步登天　只手遮天　干劲冲天　热火朝天　人定胜天　天外有天　罪恶滔天　不共戴天　无法无天　锣鼓喧天　叫苦连天　炮火连天　坐井观天　人命关天　古木参天　别有洞天　杞人忧天　雪地冰天　势大如天　换日偷天　日出西天　白浪滔天　怨气冲天　腊月寒天　臭气熏天　日月经天　洪福齐天　无力回天　鼓角连天　胆大包天　一柱擎天　鸡犬升天　一飞冲天　手眼通天　权势遮天　四脚朝天　民以食为天　鸡毛飞上天　王法大如天　谋事在人，成事在天

坚

心坚　贞坚　中坚　攻坚　金石坚　意志坚　比钢坚　气壮心坚　炮利船坚

肩

铁肩　承肩　披肩　肩并肩　不歇肩　口水肩*　重任在肩　击毂摩肩　难卸仔肩

愆

前愆　罪愆

牵

情牵　挂牵　拘牵　把手牵　心相牵　梦魂牵　意惹情牵　千里姻缘一线牵

掀

波掀　巨浪掀　热潮掀

锹

铁锹

煎（另作上去声）

熬煎　心煎　忧煎　逼煎　如釜自煎　急似油煎　无钱君子受熬煎

毡

毛毡　地毡　如坐针毡

笺

信笺　花笺　锦笺　泣笺

千

大千　几千　万千　秋千　出老千*　气象万千　万万千千　一万八千　杀人一万，自损三千

迁

变迁　搬迁　乔迁　升迁　岁月迁　见异思迁　事过境迁　安土重迁　孟母三迁

钎

钢钎　打钎

芊

草芊芊

跹

翩跹

仙

神仙　天仙　成仙　求仙　修仙　升仙　狐仙　八仙　水中仙　酒中仙　瘦骨仙*　羽化登仙　貌似天仙　飘飘欲仙　做到皇帝想升仙　过得海就系神仙*

广州话分韵词林

鲜（另作上声）

新鲜　海鲜　尝鲜　光鲜*　百花鲜　景色鲜

先

领先　争先　占先　抢先　优先　祖先　一马当先　有言在先　奋勇当先　着着占先

下平声

言

语言　怨言　豪言　誓言　名言　格言　谎言　谣言　宣言　遗言　流言　寓言　闲言　谗言　谰言　戏言　诺言　忠言　失言　赠言　直言　大言　预言　食言　断言　口中言　进一言　对人言　有口难言　万语千言　金石良言　哑口无言　至理名言　沉默寡言　口出狂言　畅所欲言　仗义执言　巧语花言　啧有烦言　临别赠言　旧套陈言　口不择言　决不食言　苦不堪言　酒后失言　默默无言　妙不可言　知无不言　自食其言　一家之言　媒妁之言　毋庸讳言　徒托空言　一派胡言　下笔千言　敢怒不敢言　酒后吐真言

弦

心弦　弓弦　管弦　琴弦　断弦　续弦　三弦　弓上弦　箭离弦　弹三弦*　扣人心弦　急管繁弦　丝竹管弦　如箭在弦

舷

船舷　登舷

贤

圣贤　大贤　求贤　让贤　退位让贤　任人唯贤　敬老尊贤　月下追贤　人皆可以为圣贤

延

拖延　迟延　绵延　蔓延

涎

垂涎　龙涎　口角流涎

筵

酒筵　华筵　盛筵　琼筵　喜筵　开筵　置酒张筵

蜒

蜿蜒

然

自然　安然　泰然　坦然　巍然　天然　凄然　怅然　惘然　恍然　枉然　杳然　必然　果然　突然　偶然　哗然　悄然　茫然　飘飘然　想当然　一目了然　不以为然　理所当然　春意盎然　大义凛然　道貌岸然　毛骨悚然　防患未然　大谬不然　听其自然　兴味索然　秩序井然　处之泰然　习惯成自然　知其然，不知其所以然

燃

烧燃　点燃　高燃　怒火燃　胸中燃　死灰复燃

妍

鲜妍　娇妍　争妍　春色妍　分外妍
百花争妍　斗丽争妍　尽态极妍

研

科研　钻研　攻研　精研

棉

木棉　红棉　石棉　种棉　药棉
丝棉

绵

连绵　海绵　缠绵　乐绵绵　软
绵绵　抱恨绵绵　瓜瓞连绵

眠

睡眠　安眠　失眠　催眠　蚕眠
冬眠　彻夜不眠　猫鼠同眠　长
夜难眠　地下长眠

田

良田　梯田　稻田　盐田　油田
心田　井田　耕田　造田　大沙
田　万顷田　试验田　沧海桑田
告老归田　问舍求田　解甲归田
耕者有其田　事急马行田*　肥水
不流别人田

填

补填　抵填　欲壑难填　恨海难
填

怜

可怜　堪怜　见怜　相怜　爱怜
哀怜　自怜　有谁怜　同病相怜
顾影自怜　摇尾乞怜　乞哀告怜

年

青年　壮年　幼年　成年　晚年
暮年　童年　新年　早年　荒年
丰年　百年　多年　贺年　团年
拜年　流年　华年　开年　周年
丰收年　庆丰年　度流年　正当
年　不记年　度日如年　一别经
年　遗臭万年　好合百年　不减
当年　亿万斯年　风烛残年　急
景残年　益寿延年

连

相连　牵连　串连　接连　株连
毗连　黄连　流连　颠连勾连
血脉相连　骨肉相连　山水相连
藕断丝连　哑仔食黄连　苦水泡
黄连

涟

漪涟　泪涟涟

莲

白莲　睡莲　湖莲　采莲　并蒂
莲　出水莲　水浮莲　火坑莲
君子莲　宝鸭穿莲　三寸金莲

前

面前　眼前　胸前　跟前　门前
宙前　村前　妆前　马前　空前
支前　雨前　停滞不前　盛况空
前　一往无前　勇往直前　畏缩
不前　裹足不前　酒席筵前　大
敌当前　旗鼓在前　月下花前
吃苦在前　大不如前　远在天
边，近在眼前

钱

工钱　利钱　力钱　黑钱　金钱

价钱　赠钱　花钱　本钱　臭钱
赏钱　赌钱　辛苦钱　血汗钱
米饭钱　印子钱　冤枉钱　压岁
钱　欠债还钱　大撒金钱　漫天
开价，就地还钱

缠

纠缠　蛮缠　痴缠　盘缠

仄声

上上声

演

表演　上演　公演　排演　预演
调演　重演　操演　导演　主演
扮演　将戏演　历史重演　落力
拍演

堰

堤堰

偃

旗偃

衍

敷衍　繁衍

贬

褒贬　被贬　一字褒贬

砭

针砭

扁

压扁　看扁　嘴扁

匾

题匾　红匾　牌匾　上匾　绣金
匾　光荣匾

片（另作上去声）

影片　唱片　照片　卡片　底片
药片　明信片　贺年片

典

字典　经典　法典　大典　盛典
恩典　古典　用典　三坟五典
引经据典

腆

腼腆

链

铁链　锁链　金链　拉链　项链

件（另作下去声）

文件　案件　零件　事件　信件
密件　条件　证件　构件　配件
邮件　机件

显

明显　浅显　贵显　荣显　官显
声名显　身手显　官高爵显

遣

派遣　调遣　差遣　消遣　排遣
尽遣　先遣　愁难遣　胸怀遣

蚬

黄沙大蚬

展

开展　发展　进展　伸展　铺展
招展　舒展　扩展　施展　画展
红旗展　宏图展　愁眉不展　一
筹莫展　花枝招展　迎风招展
眉舒目展　宏图大展

碾

石碾　汽碾　细碾

千年韵

剪
刀剪　裁剪　利剪　反剪　铰剪*

腱
肌腱　牛腱　有钱有面，手胍起腱*

蹇
时乖命蹇

浅
深浅　水浅　搁浅　粗浅　肤浅
显浅　眼浅　工夫浅　见识浅
语言浅　目光短浅　害人不浅
不知深浅　年轻识浅　才疏学浅
眼福不浅　一字咁浅*

面*（另作下去声）
反面*　界面*（给面子）　有钱有面*

鲜（另作上平声）
数见不鲜

燹
兵燹

下上、上去声

免
避免　幸免　减免　任免　罢免
赦免　在所难免　酌情减免　可免则免　亲家两免*

勉
劝勉　嘉勉　共勉　勤勉　有则改之，无则加勉

娩
分娩

湎
沉湎

冕
冠冕　加冕　堂皇冠冕

践
实践　糟践　躬行实践

饯
蜜饯　祖饯

煎（另作上平声）
蜜煎　糖煎　先煎

鳝
黄鳝　风鳝　死蛇烂鳝*

燕
春燕　飞燕　海燕　家燕　归来燕　双飞燕　堂前燕　呢喃燕
失巢燕　伯劳飞燕　来鸿去燕

咽（音"燕"）
狼吞虎咽　食难下咽

宴
酒宴　欢宴　饮宴　家宴　国宴
盛宴　设宴　摆宴　赴宴　罢宴
夜宴　庆功宴　琼林宴

片（另作上声）
云片　雪片　鸦片　冰片　鳞片
簸片　拉洋片　连成片　打成一片　杀声一片　雪花片片

骗
欺骗　蒙骗　哄骗　局骗　诈骗拐骗　诱骗　招摇撞骗　偷呃拐骗*

遍
走遍　飞遍　用遍　插遍　找遍

踏遍　开遍　吹遍　红遍　普遍
万山红遍

变

改变　转变　演变　政变　兵变
激变　叛变　事变　巨变　剧变
突变　骤变　蜕变　量变　质变
惊变　思想变　面貌变　脸色变
山河变　人间变　形势变　风雷
变　遭祸变　一成不变　摇身一
变　随机应变　风云突变　谈
虎色变　通权达变　和平演变
至死不变　静观其变　旦夕之变
穷则思变　瞬息万变　女大十八
变　五时花，六时变*　以不变应
万变　孙悟空七十二变

建

兴建　创建　基建　扩建　新建
改建　重建　封建

见

高见　浅见　相见　再见　接见
会见　梦见　主见　晋见　创见
预见　成见　卓见　罕见　常见
短见　远见　偏见　睇见*　未
尝见　闹意见　推诚相见　各抒
己见　一孔之见　视而不见　固
执己见　喜闻乐见　自寻短见
显而易见　成效初见　真知灼见
兵戎相见　一得之见　瑕瑜互见
心无定见　水清石见　门户之见
百闻不如一见　司马昭之心路人
皆见

献

贡献　捐献　奉献　敬献　呈献
文献

宪

立宪　君宪

芡

打芡*（北方叫"勾芡"）

箭

弓箭　火箭　暗箭　射箭　中箭
飞箭　毒箭　冷箭　鬼羽箭　穿
心箭　光阴似箭　归心似箭　明
枪暗箭　风刀雨箭　开弓没有回
头箭　抓着鸡毛当令箭

颤

打颤　惊颤

战

作战　开战　决战　大战　参战
会战　请战　应战　挑战　抗战
备战　迎战　苦战　激战　鏖战
血战　论战　笔战　奋战　冷战
停战　宣战　交战　罢战　持久
战　殊死战　游击战　背水一战
决一死战　身经百战　骁勇善战
南征北战　心惊胆战　浴血奋战
沉着应战　能征惯战　明耻教战
不宣而战　扩军备战　并肩作战

荐

推荐　引荐　自荐　保荐　举荐
附荐　毛遂自荐　大力推荐

扇

纸扇　葵扇　电扇　挥扇　纨扇

团扇　折扇　门扇　秋后扇　檀
香扇　桃花扇　芭蕉扇　天热扇*
袍帽巾扇　歌衫舞扇　揸大葵扇*
（做媒）　小把戏不离一把扇

线

路线　战线　前线　阵线　防线
针线　火线　红线　界线　内线
光线　视线　曲线　航线　长线
纛线*　生命线　封锁线　海岸线
第一线　导火线　单行线　走内
线　搭错线*　穿针引线　一针
一线　飞针走线　生机一线　统
一战线　分清界线　无针不引线
单丝不成线

下去声

唁

吊唁　电唁　慰唁

现

出现　呈现　表现　闪现　涌现
活现　重现　显现　发现　实现
体现　兑现　原形现　活灵活现
昙花一现　时隐时现　若隐若现
水清鱼现　图穷匕首现　千赊不
如八百现

砚

端砚　墨砚　磨穿铁砚

苋

马齿苋

谚

古谚　农谚

便

方便　不便　轻便　利便　随便
顺便　简便　请便　自便　粪便
大便　诸多不便　因利乘便　与
人方便　两得其便　客随主便
公私两便

弁

马弁　易钗而弁

忭

欢忭　欣忭

辨

分辨　明辨　细辨　立辨　是非
不辨　真伪莫辨

辩

争辩　申辩　论辩　答辩　狡辩
诡辩　强辩　无可争辩　能言善辩
百词莫辩　诸多狡辩　事实胜于雄
辩

奠

祭奠　致奠

淀

沉淀

靛

蓝靛

佃

租佃　承佃　退佃

甸

芳甸　缅甸　沉甸甸

殿

宝殿　宫殿　金殿　月殿　佛殿
上殿　金銮殿　长生殿　阎罗殿

无事不登三宝殿

电

发电　用电　雷电　闪电　通电
供电　停电　邮电　回电　触电
急电　无线电　追风逐电　目光
如电　风云雷电　行雷闪电

面（另作上声）

见面　会面　表面　外面　侧面
上面　局面　全面　体面　露面
扑面　拂面　情面　正面　反面
片面　门面　画面　版面　封面
汤面　煮面　见世面　撑场面
装门面　春风面　庐山面　云吞
面*　独当一面　有失体面　红
光满面　蓬头垢面　别开生面
春风满面　笑容满面　洗心革面
抛头露面　庐山真面　改头换面
油头粉面　网开一面　打破情面
威风八面　四方八面　打开局面
牛头马面　由点到面　千人一面
苦口苦面*　黑口黑面*　撞口撞面*
熟口熟面*　闻名不如见面　不看僧
面看佛面

练

训练　操练　排练　教练　熟练
老练　彩练　凝练　精练　洗练
勤学苦练　澄江如练

炼

锻炼　锤炼　修炼　提炼　熔炼

千锤百炼

件（另作上声）

一件　桩桩件件

健

康健　强健　壮健　稳健　矫健
保健　雄健　身壮力健

键

关键　琴键　电键

贱

下贱　卑贱　贫贱　贵贱　低贱
微贱　命同蚁贱　自轻自贱

溅

飞溅　四溅　血溅　钢花溅

羡

赞羡　欣羡　争羡　啧啧称羡

禅（音"善"）

封禅

擅

专擅

膳

开膳　传膳

缮

修缮

善

和善　慈善　伪善　改善　完善
妥善　良善　多多益善　来者不
善　隐恶扬善　与人为善　改恶
从善

12. 添甜韵（韵母im）

平声

上平声

尖

刀尖　笔尖　眉尖　山尖　冒尖
拔尖　腌尖*（爱挑剔）　顶尖*
高精尖　喜上眉尖　风口浪尖
嘴利牙尖　钻牛角尖

添

增添　新添　平添　倍添　白发
添　力气添　志更添

粘

油粘*　泥粘

沾

不沾　油沾　把光沾　利益均沾
水米不沾

拈

手拈　细拈　笑拈

瞻

高瞻　远瞩高瞻　马首是瞻　有
失观瞻

签

竹签　标签　书签　抽签　牙签
求签　题签　中签　上上签　把
名签　鱼尾签

歼

围歼　痛歼　全歼　尽歼　把敌
歼　一鼓聚歼

掂

掂一掂

恹

病恹恹

奄

气息奄奄

兼

并兼　难兼　一身兼

谦

恭谦　自谦　过谦　谦谦　十能九
谦

下平声

严

庄严　森严　威严　尊严　宽严
戒严　家严　军令严　义正词严
抗拒从严　壁垒森严　从难从严
门禁森严　求实求严

髯

虬髯　美髯

盐

精盐　椒盐　食盐　柴米油盐
白米红盐

炎

发炎　肝炎　消炎　赤日炎炎
夏日炎炎　附势趋炎

嫌

猜嫌　避嫌　生嫌　涉嫌　见嫌
受嫌　挟嫌　捐弃前嫌　冰释前

嫌　瓜李之嫌

甜
心甜　香甜　甘甜　清甜　蜜甜
嘴甜　日子甜　比糖甜　心更甜
先苦后甜　忆苦思甜　虽苦犹甜

廉
清廉　低廉　物美价廉　俭以养
廉

镰
禾镰　银镰　挥镰　开镰　月如
镰

帘
窗帘　门帘　酒帘　竹帘　珠帘
翠帘　绣帘　画帘　眼帘　卷帘
垂帘　倒卷珠帘　高挂青帘

奁
妆奁　粉奁　镜奁

檐
屋檐　画檐　飞檐

蝉
秋蝉　鸣蝉　螳螂捕蝉　落叶哀
蝉　噤若寒蝉

禅
参禅　逃禅　口头禅　野狐禅

钳
铁钳　蟹钳　火钳　口钳*

潜
深潜　龙潜　沉潜

仄声

上上声

点
观点　论点　据点　焦点　装点
鼓点　重点　弱点　缺点　优点
疑点　试点　蹲点　雨点　起点
顶点　误点　地点　特点　沸点
污点　要点　钟点　标点　打点
指点　评点　检点　出发点　着
眼点　立足点　五更三点　可圈
可点　加班加点　一星半点

掩
遮掩　虚掩　半掩　水来土掩
云遮雾掩　遮遮掩掩

冉
冉冉　红旗冉冉

苒
荏苒　光阴荏苒

闪
电闪　打闪　万里闪　金光闪
寒光闪　躲躲闪闪　刀光闪闪

险
危险　艰险　风险　阴险　凶险
奸险　惊险　冒险　探险　抢险
保险　脱险　风波险　形势险
雄关险　千难万险　山高水险
铤而走险　重关天险　临危履险
经风冒险　行船跑马三分险

检

点检　失检　自检　体检　行为
不检　出言失检

淹

水淹　浪激水淹

下上、上去声

染

感染　污染　传染　血染　渲染
习染　沾染　点染　春色染　将
病染　耳濡目染　一尘不染　春
山如染　出污泥而不染

脸

嘴脸　红脸　笑脸　丢脸　洗脸
赏脸　翻脸　露脸　装鬼脸　不
要脸　大花脸　嬉皮笑脸　神头
鬼脸　死皮赖脸　愁眉苦脸　哭
丧着脸

敛

收敛　聚敛　横征暴敛

殓

殡殓　入殓　收殓

厌

讨厌　憎厌　百厌*（淘气）
学而不厌　百看不厌　令人生厌
贪得无厌　神憎鬼厌

剑

宝剑　利剑　刀剑　短剑　佩剑
舞剑　挂剑　铸剑　磨剑　赠剑
故剑　鱼肠剑　倚天剑　三尺剑
口蜜腹剑　唇枪舌剑　目光如剑
刻舟求剑　项庄舞剑　上方宝剑

欠

拖欠　赊欠　短欠　亏欠　呵欠
尾欠　有拖有欠*

占

侵占　霸占　强占　独占　多吃
多占　鹊巢鸠占

店

商店　旅店　酒店　饭店　书店
开店　投店　黑店　零售店　夫
妻店　鸡毛店　荒村野店　招商
客店　前不靠村，后不靠店　只
此一家，别无分店　人无笑脸不
开店

玷

污玷　青圭玷　白圭之玷

堑

天堑　壕堑　云堑　长江天堑

下去声

验

考验　检验　试验　化验　实验
经验　测验　体验　灵验　应验
久经考验

焰

火焰　光焰　气焰　凶焰　狂飙烈
焰

艳

鲜艳　吐艳　争艳　红艳　浓艳
娇艳　香艳　冶艳　百花艳　红
艳艳　春色艳　桃李艳　花更艳
争奇斗艳　哀感顽艳　惊才绝艳

念

思念　想念　挂念　怀念　留念
纪念　观念　信念　私念　悼念
悬念　概念　惦念　贪念　私心
杂念　国家观念　留为纪念

俭

节俭　勤俭　丰俭　克勤克俭
年荒岁俭　由奢入俭　知悭识俭*

渐

渐渐　逐渐　防微杜渐

滟

波光潋滟

咶

搞咶*（办妥）

13. 宣传韵（韵母ün）

平声

上平声

冤

仇冤　奇冤　沉冤　含冤　呼冤
鸣冤　申冤　报冤　雪冤　诉冤
遭冤　眼冤*　不白之冤　负屈含
冤　千古奇冤　诉屈鸣冤　覆盆
之冤

渊

深渊　重渊　天渊　如临深渊
万丈深渊　鱼跃于渊

鸳

文鸳　情鸳　打鸭惊鸳

端

尖端　肇端　先端　开端　极端
云端　笔端　事端　异端　争端
弊端　变化多端　诡计多端　作
恶多端　感慨万端　品行不端

平白无端　首鼠两端　荦荦大端
邪说异端　多生事端

圈

圆圈　花圈　光圈　眼圈　包围
圈　救生圈　火力圈　满肚密圈*
跳出是非圈

喧

笑语喧　鸟惊喧　车马喧　鼓角声
喧

暄

寒暄

宣

心照不宣　秘而不宣

孙

子孙　乖孙　公孙　祖孙　孝子
贤孙　徒子徒孙　断子绝孙　百
子千孙　含饴弄孙　公子王孙

猻

猢猻

酸

心酸　辛酸　悲酸　凄酸　寒酸
甜酸　肉酸*（肉麻、难看）　咸
酸*　家世寒酸　闻者心酸　骨痛
腰酸　吃醋拈酸

飧

盘飧

涓

泪涓涓　泉涓涓　流水涓涓

捐

募捐　劝捐　苛捐　秋扇见捐
细大不捐　性命可捐　酒税花捐

娟

婵娟　明娟　娟娟　秋月正娟娟
千里共婵娟

鹃

杜鹃　啼鹃

尊

太尊　县尊　令尊　自尊　老行
尊*　唯我独尊　降贵纡尊　九五
之尊　为老不尊*

专

心专　情专　自专　又红又专
情爱不专　未可擅专　进止自专

砖

泥砖　青砖　打砖　砌砖　阶砖*
敲门砖　大泥砖*　引玉之砖　石
脚青砖*

川

山川　冰川　河川　逝川　长川
盘川　名山大川　一马平川　防

口如防川

钏

金钏　钗钏　手钏

穿

揭穿　拆穿　识穿　戳穿　贯穿
说穿　万箭穿　一线穿　一眼看
穿　望眼将穿　水滴石穿　铁砚
磨穿　秋水望穿

村

农村　渔村　山村　乡村　又一
村　杏花村　三家村　万户千村
前无宿店后无村

下平声

员

成员　党员　社员　学员　伤员
队员　委员　教员　职员　学员
演员　船员　店员　官员　动员
复员　指挥员　服务员　售货员
司令员　运动员　通讯员　反面
教员

元

纪元　公元　单元　银元　行行
出状元

完

做完　讲完　未完　玩完*　说不
完

圆

团圆　月圆　汤圆　银圆　方圆
椭圆　桂圆　破镜重圆　月缺难
圆　字正腔圆　去方就圆　面面
俱圆　花好月圆　玉润珠圆　内

方外圆　无规矩不能成方圆

园

田园　桑园　家园　花园　菜园
果园　庄园　校园　乐园　公园
大观园　百花园　幼儿园　春色
满园　目不窥园　屋顶花园　烈
士陵园

原

平原　高原　草原　荒原　中原
还原　复原　病原　星火燎原
情有可原　九九归原　林海雪原

源

来源　根源　货源　资源　财源
水源　能源　病源　泉源　起源
渊源　桃花源　饮水思源　追
根寻源　世外桃源　左右逢源
正本清源　广进财源　木本水源
树有根，水有源

缘

姻缘　良缘　机缘　边缘　因缘
无缘　绝缘　血缘　化缘　结缘
善缘　不了缘　文字缘　一面之
缘　天赐良缘　金玉良缘　不解
之缘　与佛有缘　人结人缘*

援

支援　增援　求援　声援　救援
外援　孤立无援　有例可援

媛

淑媛　婵媛

悬

高悬　倒悬　虚悬　明镜高悬

解民倒悬　风正一帆悬

猿

人猿　啼猿　愁猿　长臂猿　意
马心猿

辕

车辕　行辕　轩辕

垣

墙垣　城垣　断井颓垣

鸢

纸鸢　飞鸢

玄

太玄　玄玄　玄之又玄

沿

前沿　边沿　有例可沿

屯

民屯　驻屯　蚁聚蜂屯　万马云
屯

团

集团　剧团　兵团　社团　一团
疑团　参观团　代表团　面团团
漆黑一团　锦簇花团　满腹疑团

豚

海豚　河豚　拼死食河豚*

峦

峰峦　山峦　重峦　孤峦

联

对联　关联　春联　蝉联　璧合珠
联

銮

金銮　迎銮

鸾

凤鸾　彩鸾　别鹄离鸾

权

政权　兵权　法权　职权　主权
特权　专权　威权　掌权　弃权
夺权　版权　霸权　强权　弄权
选举权　发言权　公民权　宗主
权　所有权　滥用职权　有职无
权　篡党夺权　夺利争权　生杀
之权

拳

双拳　铁拳　打拳　猜拳　握成
拳　太极拳　赤手空拳　盛意拳
拳　吃酒猜拳　飨以老拳　力士
挥拳

传 （另作上上声）

宣传　流传　相传　谣传　遗传
虚传　祖传　师传　四海传　天
下传　雁书传　鼓角传　美名传
万里传　代代传　凯歌传　身教
言传　名不虚传　捷报频传　世
代相传　谬种流传　衣钵真传
一脉相传　薪尽火传

全

安全　齐全　完全　周全　顾全
健全　成全　苟全　智勇双全
文武双全　才貌双全　残缺不全
委曲求全　一应俱全　计出万全

以策万全　宁为玉碎，不作瓦全
麻雀虽小，肝胆俱全

诠

真诠

痊

病痊

筌

渔筌　得鱼忘筌

存

保存　生存　留存　温存　手中
存　天理何存　硕果仅存　片瓦
无存　万古长存　一息尚存　浩
气长存

泉

山泉　清泉　甘泉　源泉　温泉
流泉　喷泉　飞泉　黄泉　九泉
矿泉　百丈泉　饮马泉　幸福泉
飞瀑流泉　含笑九泉

船

航船　帆船　渡船　轮船　行船
划船　开船　撑船　火船　渔船
打鱼船　顶风船　夜航船　采菱
船　渡客船　扒龙船*　稳坐钓
鱼船　专扒逆水船　脚踏两条船
力大驶翻船　小心驶得万年船

旋

回旋　盘旋　归旋　凯旋　周旋
螺旋　斡旋　地转天旋

广州话分韵词林

仄声

上上声

县
本县　外县　州县　知县　山州草县

院
医院　学院　戏院　书院　法院　寺院　庭院　深院　大院　后院　贡院　翰林院　谁家院　疯人院　疗养院　修道院　深宅大院

苑
宫苑　芳苑　艺苑　禁苑

婉
委婉　和婉　凄婉

丸
药丸　汤丸　弹丸　肉丸

恋
留恋　依恋　眷恋　迷恋　爱恋　热恋　初恋　失恋　无可恋　山河恋

短
长短　简短　护短　露短　时间短　目光短　三长两短　取长补短　问长问短　英雄气短　心长力短　扬长避短　人穷志短　说长道短　心灰气短　取长补短　十只手指有长短　寸有所长，尺有所短

卷
翻卷　飞卷　漫卷　舒卷　案卷　画卷　试卷　经卷　胶卷　花卷　蛋卷　春卷　诗卷　书卷　宝卷　席卷　随风卷　交白卷　手不释卷　读书万卷　红旗漫卷

转
扭转　好转　旋转　运转　周转　辗转　倒转　逆转　天地转　乾坤转　磨磨转　车轮转　团团转　心回意转　峰回路转　货如轮转　天旋地转　星移斗转　时来运转　千回百转　去而复转　世界轮流转

传（另作下平声）
自传　外传　小传　书归正传　树碑立传　不见经传　圣经贤传

喘
气喘　哮喘　苟延残喘　气呵气喘*

忖
思忖　自忖

窜
流窜　逃窜　乱窜　点窜　抱头鼠窜　东奔西窜

选
挑选　入选　合选　竞选　推选　候选　当选　落选　精选　普选　遴选　青钱万选

损
破损　缺损　压损　亏损　满招损

犬
黄犬　猎犬　鹰犬　警犬　丧家之犬　神仙鸡犬

下上、上去声

远

遥远　深远　长远　久远　永远
疏远　路远　悠远　久远　偏远
望远　征帆远　沧海远　差得远
宁静致远　任重道远　登高望远
好高骛远　为期不远　山长水远
舍近求远　山遥路远　言近旨远
殷鉴不远　离题太远　山高皇帝
远　人隔天涯远　冇雷公咁远*

软

心软　手软　香软　柔软　口软
轻软　细软　耳朵软　莺声软
心慈手软　鸡髀打人牙铰软*

暖

温暖　饱暖　春暖　取暖　心底
暖　阳光暖　春风暖　花枝暖
东风送暖　风和日暖　嘘寒问暖
人情冷暖　山温水暖　吃饱穿暖
席不暇暖　围炉取暖

串

一串　客串　贯串　连串

寸

尺寸　分寸　方寸　头寸　缩龙
成寸

劝

规劝　奉劝　苦劝　解劝　好言
相劝

怨

埋怨　抱怨　嗟怨　宿怨　结怨
积怨　私怨　劳而不怨　以直报
怨　个人恩怨　任劳任怨　以德
报怨　死而无怨　天怒人怨　旧
仇宿怨

券

胜券　奖券　债券　入场券　招
待券　稳操胜券

绢

手绢　素绢

眷

家眷　亲眷　女眷　眷眷　如花
美眷

缱

缱绻

算

打算　盘算　计算　清算　推算
暗算　运算　失算　说了算
操胜算　屈指一算　精打细算
神机妙算　反攻倒算　老谋深算
能写会算　摇头不算点头算

蒜

大蒜　香蒜　装蒜　生葱熟蒜

篆

大篆　秦篆　鸟篆

钻

火钻*　金刚钻　无缝可钻　无孔
不钻

纂

编纂　修纂

下去声

愿

志愿　心愿　意愿　夙愿　宏愿

广州话分韵词林

遗愿　甘愿　如愿　自愿　祝愿
请愿　心甘情愿　自觉自愿
一厢情愿　封官许愿　天从人愿
称心如愿　烧香许愿　酬神还愿

断

切断　斩断　折断　打断　截断
中断　横断　垄断　决断　果断
武断　判断　诊断　魂断　痛
断　肝肠断　音信断　一刀两断
当机立断　源源不断　优柔寡断
柔肠寸断　接连不断　独裁专断
多谋善断　情丝难断　香销梦断
鸡叮唔断*（说话啰唆）

段

阶段　地段　手段　身段　分段
片段　波段　不择手段　碎尸万
段

缎

绸缎　锦缎　软缎　绫罗绸缎

锻

锤锻　冶锻

乱

混乱　捣乱　暴乱　叛乱　忙乱
杂乱　凌乱　扰乱　动乱　离乱
内乱　博乱*　人声乱　花影乱
思绪乱　临危不乱　天下大乱
兵荒马乱　神经错乱　心慌意乱
花多眼乱　手忙脚乱　眼花缭乱
心如麻乱　鸦飞雀乱　犯上作乱
七国咁乱*　前不算，后要乱

嫩

娇嫩　幼嫩　尊卑老嫩　花脸要
钝，花旦要嫩

倦

疲倦　困倦　厌倦　诲人不倦
孜孜不倦　筋疲力倦

14. 依时韵（韵母i）

〔此韵与曦微、猪鱼、追随韵通用，也有与西堤韵合用〕

平声

上平声

诗

赋诗　新诗　律诗　吟诗　史诗
赠诗　写诗　打油诗　定场诗
抒情诗　红叶题诗　七步成诗
酌酒谈诗　画中有诗　横槊赋诗
作对吟诗　即景题诗　戎服传诗

尸

死尸　陈尸　验尸　收尸　僵尸
浮尸　摊尸*　马革裹尸　五马分
尸　嫁祸移尸　死不全尸　挖墓
鞭尸

狮

雄狮　醒狮　舞狮　石狮

师

法师　牧师　禅师　巫师　医师
讲师　严师　导师　学师　求师
会师　拜师　琴师　老师　厨师
一字师　百世师　王者师　工程
师　张天师　好为人师　开山祖
师　百万雄师　问罪兴师　仁义
之师　重道尊师　狗头军师　辱
国丧师　三人行必有我师

思（另作上去声）

苦思　巧思　凝思　哀思　追思
沉思　幽思　构思　心思思*
独自寻思　挖空心思　匪夷所思
白费心思　茶饭不思　劳心焦思
刻骨相思　事要三思　暮想朝思

施

设施　措施　实施　布施　倒行
逆施　无计可施　乐善好施　软
硬兼施　情人眼里出西施

私

自私　公私　走私　缉私　隐私
家私　阴私　偏私　公而忘私
损公肥私　大公无私　假公济私
先公后私　一己之私　正直无私
铁面无私　舞弊徇私　结党营私
以权谋私

斯

如斯　瓦斯　法西斯

丝

柳丝　钓丝　青丝　蚕丝　牵丝
垂丝　雨丝　螺丝　走钢丝　马
迹蛛丝　品竹弹丝　剥茧抽丝
万缕千丝　须鬓成丝　风片雨丝
飞絮游丝

司

上司　专司　公司　阴司　打官
司　顶头上司　各有职司

支

分支　地支　开支　收支　乐不可
支　入不敷支　力不能支　独木难
支

枝

插枝　折枝　荔枝　花枝　新枝
杨枝　高枝　疏枝　酸枝*（制
家具的硬木）　连理枝　岁寒枝
水横枝　同气连枝　不蔓不枝
节外生枝　败叶枯枝　玉叶金枝
新花发故枝　花开蝶满枝　树大
有枯枝　花开两朵，各表一枝

资

天资　年资　师资　川资　物资
投资　集资　外资　计件工资
战略物资　谈笑之资

缁

禅缁　尘缁　染缁　涅而不缁

滋

蕃滋　丰滋　雨露滋　乐滋滋

之

爱之　害之　卒之　兼之　总之

求之　信有之　且听之　一问之　欲何之　歼灭之　不了了之　久而久之　古已有之　好自为之　总而言之　等而下之　偶一为之　取而代之　敬而远之　姑妄言之　等闲视之　无以名之　一笑置之　淡然处之　交臂失之　感慨系之　一言以蔽之　鸣鼓而攻之　既来之，则安之　反其道而行之　人人得而诛之

知

相知　明知　良知　新知　故知　求知　心知　须知　闻知　通知　真知　殊不知　不可知　有谁知　尽人皆知　一概不知　未卜先知　一无所知　众所周知　心到神知　愚昧无知　年幼无知　格物致知　可想而知　冷暖自知　不得而知　自有天知　天道无知　一问三不知　司马昭之心，路人皆知

姿

仙姿　雄姿　风姿　丰姿　娇姿　幽姿　舞姿　多彩多姿　搔首弄姿　丽质英姿　飒爽英姿　婀娜多姿　蒲柳之姿　国色天姿　摇曳生姿

芝

兰芝　紫芝　瑞芝　仙草灵芝　仙鹿含芝

脂

胭脂　油脂　琼脂　松脂　抹粉涂脂　民膏民脂　白玉羊脂　肤若凝脂

孳

繁孳　孳孳

兹

华尔兹　念兹在兹　以励来兹

肢

胳肢　四肢　腰肢

咨

怨咨　嗟咨　博访周咨

差（音“蚩”）

参差　等差

嗤

自嗤　见嗤　乞嗤*　受人所嗤

訾

诋訾　诽訾　相訾

媸

不辨妍媸

黐

粘黐　胶黐

疵

瑕疵　微疵　吹毛求疵　完美无疵　大醇小疵

髭

霜髭　拈髭　雪染髭

痴

发痴　娇痴　书痴　情痴　心痴　白痴　似醉如痴　迷迷痴痴　饶人不算痴

雌

雄雌　守雌　伏雌

笿

鞭笿　榜笿　痛笿

医

中医　西医　兽医　巫医　庸医
神医　行医　就医　久病成医
讳疾忌医　心病难医　济世行医
有病早求医　病向浅中医　病急
乱投医　能医不自医　懒人有药
医*　死马当活马医　惯撮药,懂
行医　三折肱,成良医　心病还
须心药医　翻话难说,翻病难医

衣

布衣　便衣　戎衣　襄衣　罗衣
雨衣　外衣　缝衣　青衣　寒衣
牵衣　添衣　寿衣　更衣　糖衣
烧衣*　泪沾衣　嫁时衣　百衲衣
弱不胜衣　量体裁衣　饥不择
食,寒不择衣

依

归依　皈依　凭依　偎依　鱼水相
依　唇齿相依　惜别依依　患难相
依　失靠无依　杨柳依依

撕

手撕　提撕

嘶

马嘶　悲嘶　力竭声嘶　人喊马
嘶

伊

木乃伊

时

四时　有时　昔时　平时　何时
趋时　旧时　当时　匡时　及时
登时　片时　行时　随时　工时
暂时　别离时　未嫁时　断肠时
梦醒时　一霎时　正当时　时不
时*　行乐及时　生不逢时　盛
极一时　不违农时　吉日良时
千载一时　爱日惜时　曾几何时
风靡一时　此一时,彼一时　生
有日,死有时　人不趋时便背时
困龙也有上天时　聪明一世,懵
懂一时*　养兵千日,用在一时
虽有智慧,不如乘时　早知灯是
火,饭熟已多时

埘

鸡栖于埘

匙

金匙　银匙　钥匙　汤匙

宜

相宜　便宜　适宜　得宜　最宜
合宜　事宜　讨便宜　占便宜
面授机宜　不合时宜　因地制宜
老少咸宜　处置失宜　事属权宜
诸事不宜

儿

健儿　婴儿　娇儿　侍儿　哺儿
育儿　孩儿　幸运儿　轻薄儿
弄潮儿　宁馨儿　混血儿　安
琪儿　公子哥儿　乳臭小儿

黄口小儿　无义男儿　膝下无儿
血性男儿　天赐麟儿　寡妇孤儿
虎毒不伤儿　慈母多败儿　大眼
乞儿*（比喻人贪多务得）　高窦
猫儿*

移

迁移　推移　挪移　转移　神移
游移　云移　月移　坚定不移
秉性难移　物换星移　斗转星移
矢志不移　寸步难移　贫贱不能
移　人心齐，泰山移

疑

生疑　迟疑　狐疑　怀疑　存疑
质疑　释疑　深信不疑　将信将
疑　事避嫌疑　形迹可疑　失
物多疑　暗自猜疑　确凿无疑
解释群疑　无可置疑　不禁狐疑
疑人勿用，用人勿疑

怡

养怡　目怡　心怡　心旷神怡
兄弟怡怡　乐也怡怡

贻

馈贻　见贻　相贻

饴

含饴　蔗饴　高粱饴　甘之如饴

仪

贺仪　礼仪　司仪　行礼如仪
凤凰来仪　赫赫威仪　天下母仪

颐

两颐　丰颐　大快朵颐　涕泗交
颐　妙语解颐　寿至期颐

夷

四夷　外夷　鄙夷　屈险如夷
化险为夷

姨（又读上平声）

大姨　阿姨　娘姨

痍

满目疮痍

蛇（音"移"）

虚与委蛇

迤（音"移"）

山路逶迤

而

从而　反而　忽而　因而

辞

措辞　遁辞　修辞　推辞　告辞
绝妙好辞　利口辩辞　义不容辞
万死不辞　与世长辞　罪大难
辞　欲加之罪，何患无辞

词

宋词　弹词　歌词　填词　砌词
供词　状词　判词　褒词　贬词
悼词　贺词　祝词　微词　严词
托词　献词　题词　竹枝词　新
名词　潜台词　断肠词　一面之
词　过甚其词　众口一词　大放
厥词　念念有词　振振有词　闪
烁其词　夸大其词　情见乎词
慷慨陈词　丽句清词　欲辩无词
不对口词　各执一词　不赞一词
唐诗宋词

祠

古祠　神祠　宗祠　荒祠　土地祠　先贤祠　社庙神祠

持

主持　保持　坚持　把持　挟持　操持　僵持　劫持　胁持　住持　矜持　鹬蚌相持　太阿倒持　左右扶持　出面维持　以礼自持　大力支持　独力撑持　两下争持　水土保持　牡丹虽好，也须绿叶扶持

迟

栖迟　稽迟　推迟　延迟　夜漏迟　见机迟　步迟迟　姗姗来迟　事不宜迟　春日迟迟　碎剐凌迟　心急马行迟　船到江心补漏迟

池

城池　砚池　电池　乐池　舞池　天池　荷池　差池　临池　浴池　雷池　凤凰池　游泳池　金鱼池　金城汤池　城郭沟池　驾返瑶池　盲人骑瞎马，夜半临深池

驰

驱驰　名驰　争驰　飞驰　背道而驰　心往神驰　岁月如驰　为口奔驰　电掣风驰　函电交驰

弛

肌肉松弛　纪律废弛　一张一弛　张而不弛

慈

仁慈　孝慈　敬慈　大慈　手软心慈　子孝亲慈

墀

丹墀　阶墀　玉墀

瓷

陶瓷　青瓷　搪瓷

磁

电磁　地磁　充磁

糍

糯米糍

脐

肚脐　噬脐

荠

荸荠　其甘如荠

仄声

上上声

子

天子　才子　赤子　处子　举子　靶子　稚子　儿子　种子　游子　骗子　弟子　电子　原子　毫子*　骨子*　碰钉子　卖关子　爬格子　伪君子　烂摊子　印把子　混日子　扣帽子　钻空子　摆架子　书呆子　老夫子　遗腹子　登徒子　私生子　烂摊子　抓辫子　土包子　一辈子　两下子　兜圈子　谦谦君子　天之骄子　乱臣贼子　中坚分子　花花公子　正人君子　须眉男子　梁上君子　凡夫俗子　过河卒子　人情面子

爱民如子　孤臣孽子　入室弟子
王孙公子　妇人孺子　抛妻别子
寄妻托子　后生小子　开花结子
打肿嘴巴装胖子　不入虎穴，焉
得虎子　虎父无犬子　舍命陪君
子　有其父必有其子

籽
花籽　菜籽　棉籽

止
行止　终止　阻止　制止　停止
静止　防止　休止　适可而止
出示禁止　请示进止　野心不止
叹为观止　言谈举止　浅尝辄止
欲言又止　高山仰止　有令则
行，有禁则止

址
地址　住址　废址　遗址　故址
厂址　居无定址

趾
脚趾　圆颅方趾

旨
懿旨　主旨　要旨　大旨　甘旨
假传圣旨　煌煌圣旨　立定宗旨
无关宏旨　敬供甘旨

指
染指　屈指　十指　遥指　弹指
食指　戒指　首屈一指　千夫所
指　令人发指　十手所指　如手
使臂，如臂使指　伸手不见五指

纸
报纸　草纸　纱纸　状纸　白纸
宣纸　稿纸　图纸　剪纸　烧纸
银纸*　公仔纸*　新闻纸*　出世纸*
搬字过纸　烧钱化纸　一张白纸
放言落纸　人情薄过纸*

梓
桑梓　乔梓

滓
泥滓　渣滓

寺
山寺　野寺　僧寺　萧寺　少林寺
谋人寺*　名山古寺　出家入寺

紫
衣紫　佩紫　金紫　披朱紫　拾
青紫　千红万紫　腰金衣紫　大
红大紫　红到发紫*

姊
姊姊　阿姊　月姊

黹
针黹

此
如此　故此　乐此　至此　无分
彼此　等因奉此　彼此彼此　志
不在此　言尽于此

耻
可耻　羞耻　国耻　奇耻　报仇
雪耻　荒淫无耻　恬不知耻　厚
颜无耻　不以为耻　礼义廉耻
包羞忍耻　寡廉鲜耻

齿
牙齿　锯齿　唇齿　没齿　冇口
齿*　伶牙俐齿　咬牙切齿　何足

挂齿　龇牙裂齿　摧肝切齿　明眸皓齿　难于启齿　人所不齿　朝廷论爵，乡党尚齿

始
创始　原始　虑始　周而复始　一元复始　从今开始　下车伊始　与民更始　追原祸始

矢
弓矢　流矢　遗矢　无的放矢　桑弧蓬矢　出言如矢　曲如钩，直如矢　不加一兵，不发一矢

侈
奢侈　骄侈　穷奢极侈　放辟邪侈

豕
牧豕　封豕　蠢如鹿豕　鲁鱼亥豕

雉
山雉　野雉

柿
红柿　水柿

史
历史　文史　正史　通史　艳史　惨史　外史　刺史　伤心史　说家史　血泪史　稗官野史　名留青史　二十四史　左图右史　谈经论史　铁面御史　盛世修史

使（另作上去声）
驱使　信使　唆使　指使　神差鬼使　颐指气使

士（另作下去声）
的士*　巴士*　贴士*

屎
屙屎*　眼屎*　鼻屎*　石屎*　飞天火屎*　饿狗抢屎*　一脚牛屎*　连毛夹屎*　反转猪肚就系屎*

倚
依倚　斜倚　笑倚　醉倚　不偏不倚　祸兮福所倚

椅
交椅　桌椅　摇椅　轮椅　太师椅　梳化椅　酸枝椅*

绮
绿绮　霞绮　罗绮　余霞散成绮

漪
涟漪

二（另作下去声）
店小二　大天二*

下上、上去声

志
标志　方志　杂志　同志　述志　素志　奇志　励志　地志　墓志　碑志　平生志　凌霄志　鸿鹄志　钢铁意志　淡泊明志　玩物丧志　专心致志　胸怀大志　踌躇满志　士无斗志　雄心壮志　人各有志　心怀二志　少年得志　成人长志　诗以言志　郁郁不得志

智
机智　大智　神智　明智　理智　民智　睿智　聪明才智　急中生

广州话分韵词林

智　见仁见智　竭忠尽智　重施
故智　隔江斗智　经一事，长一
智　吃一堑，长一智　一人不敌
众人智

置
布置　处置　弃置　搁置　购置
配置　装置　添置　本末倒置
轻重倒置　高自位置　另行安置

至
夏至　冬至　周至　直至　关怀
备至　无微不至　无所不至　福
无双至　忽然而至　朝发夕
至　推崇备至　闻风而至　口惠
而实不至　祸不单行，福无二至

致
景致　笔致　高致　情致　精致
兴致　细致　别致　招致　罗致
团结一致　风流标致　步调一致
淋漓尽致　闲情逸致　雅人深致
毫无二致　多方罗致

痣
红痣　黑痣

挚
真挚　诚挚　情挚　恳挚

刺
行刺　暗刺　讥刺　话中带刺
出言讽刺　玫瑰多刺　眼中钉，
肉中刺　烂涩须防有刺*　怕痛挑
不了刺

次
人次　名次　旅次　层次　造次

场次　位次　军次　分清主次
语无伦次　废长立次　有层有次
三番四次　不得已，思求其次

恣
放恣　横恣　自恣

恃
倚恃　凭恃　可恃　自恃　幼失
怙恃　无母何恃　冰山不可恃
人横有所恃*

峙
鼎峙　对峙

帜
旗帜　张帜　拔帜　独树一帜
高张艳帜　拔赵旗，立汉帜

翅
鱼翅　鼓翅　垂翅　折翅　凌云
翅　排空翅　摩天翅　雄鹰展翅
红烧大翅*

赐
天赐　厚赐　蒙赐　拜赐　赏赐
惠赐　恩赐

似
相似　形似　酷似　貌似　类似
疑似　人生到处知何似

啻
不啻　何啻

厕
茅厕　公厕

市
城市　街市　村市　夜市　门市
开市　罢市　闹市　断市　发市*

渴市*（供不应求） 烂市 日中为市 有行无市 门庭若市 招摇过市 迎春花市 农村集市 成行成市 六街三市

肆

酒肆 书肆 茶肆 大肆 放肆 恣肆

试

比试 尝试 应试 求试 考试 口试 笔试 会试 牛刀小试 跃跃欲试 轻于尝试 铅刀一试

使（另作上声）

大使 公使 奉使 出使

思（另作上平声）

春思 乡思 旅思

泗

洙泗 涕泗

意

如意 任意 注意 垂意 适意 雅意 快意 厚意 情意 诚意 满意 敌意 会意 介意 失意 留意 中意 合意 生意 诗意 蓄意 天意 民意 小玩意 不在意 不介意 真写意 抓主意 会错意* 唔觉意* 贪得意* 回心转意 诗情画意 洋洋得意 万事胜意 称心如意 三心二意 出其不意 粗心大意 不怀好意 词不达意 全心全意 春风得意 差强人意 真心实意 安心乐意 虚情假意 自鸣得意 言不尽意

醉翁之意 诚心诚意 麻痹大意 顺得哥情失嫂意 一人难称百人意 言者无心，听者有意 流水无情，落花有意

议

争议 公议 聚议 异议 会议 决议 商议 参议 倡议 抗议 建议 无可非议 从长计议 力排众议 街谈巷议 窃窃私议 圆桌会议

耳

附耳 侧耳 洗耳 吵耳 刺耳 悦耳 雪耳 木耳 执牛耳 顺风耳 如雷贯耳 言犹在耳 属垣有耳 俯首帖耳 交头接耳 忠言逆耳 秋风过耳 不堪入耳 临嫁锥耳* 肥头耷耳* 东风吹马耳 迅雷不及掩耳

尔

偶尔 率尔 莞尔 新婚燕尔 出尔反尔 相似乃尔

迩

闻名遐迩 不可向迩 行远必自迩

以

可以 给以 何以 忘乎所以

拟

草拟 摹拟 无可比拟

已

久已 早已 而已 迫不得已 有加无已 诛求不已 实非得已

不能自已　鲁难未已

矣

足矣　甚矣　人老矣　时去矣
俱往矣　亦云幸矣　悔之晚矣
叹观止矣　垂垂老矣

懿

淑懿　三国归为司马懿

下去声

士（另作上声）

爵士　绅士　女士　壮士　烈士
侠士　勇士　奇士　方士　护士
寒士　高士　进士　居士　处士
相士　大力士　传教士　茶博士
忠臣义士　英雄志士　斗方名士
幽人雅士　礼贤下士　江湖术士
饱学之士　开科取士　忠贞之士
仁人志士　文人学士　白衣战士
开明人士　美人名士　高人隐士
知名人士　济济多士

仕

出仕　致仕

示

昭示　启示　明示　暗示　垂示
揭示　展示　表示　批示　提示
安民告示　无头告示　发纵指示

视

俯视　透视　雄视　藐视　正视
高视　近视　仇视　鄙视　敌视
电视　珍视　眈眈虎视　一瞑不
视　侧目而视　唯利是视　目不
斜视　非礼勿视　十目所视　种

族歧视

是

于是　凡是　如是　利是*（利
市）　莫不是　赔不是　有的是
实事求是　自以为是　比比皆是
百无一是　莫衷一是　触目皆是
习非成是　各行其是　俯拾即是
共商国是

侍

随侍　奉侍　服侍　妾侍

事

人事　心事　故事　私事　费事
误事　惹事　闹事　丑事　美事
能事　往事　俗事　婚事　时事
启事　话事*（做主）　两回事
不顶事　好人事　胆小怕事　干
卿何事　新人新事　例行公事
感情用事　便宜行事　奉行故事
多管闲事　终身大事　无济于事
造谣生事　草草了事　意气用事
郑重其事　煞有介事　少不更事
不省人事　废时失事　赏心乐事
因循误事　前尘往事　就事论事
无所事事　若无其事　无端生事
咄咄怪事　人浮于事　见机行事
敷衍了事　因人成事　平安无事
风流韵事　奇闻逸事　无端白事*
吃粮不管事　天下无难事　明人
不做暗事　胜败兵家常事　清官
难断家务事　今日不知明日事
一勤天下无难事　多一事不如少

一事　秀才不出门，能知天下事

氏

姓氏　舅氏　人氏　无名氏

豉

豆豉　姜豉　蚝豉

伺

窥伺　密伺　潜伺

莳

把田莳

二（另作上声）

二分二*（旧时蔑称世代为奴的"家生娣"）　数一数二　独一无二　忠贞不二　得一想二　实价不二　略知一二　说一不二　一分为二　美言一二　小心一二　许一不许二　三下五落二　一就一，二就二　赊三不如现二　只知其一，不知其二

易

难易　简易　平易　轻易　来之不易　非轻容易　避难就易　谈何容易

异

新异　奇异　变异　神异　骇异　诧异　惊异　灵异　求同存异　标新立异　党同伐异　日新月异　大同小异　神色有异　成绩优异

义

仁义　古义　精义　公义　名义　高义　讲义　举义　赴义　起义　结义　情义　侠义　信义　仗义　爱国主义　金兰结义　成仁取义　假仁假义　顾名思义　微言大义　望文生义　忘恩负义　言不及义　背信弃义　急功好义　深明大义　伸张正义　见利忘义　天经地义　开宗明义　从容就义　断章取义　因财失义　疏财仗义　揭竿起义　主持正义

谊（又读下平声）

血谊　世谊　乡谊　友谊　深情厚谊　云天高谊　血肉情谊　袍泽之谊　战斗友谊　地主之谊

治

文治　法治　根治　惩治　防治　医治　整治　无为而治　励精图治　血腥统治　垂拱而治　人心思治　贞观之治　澄清吏治　地方自治

字

文字　名字　签字　认字　题字　许字　赤字　数字　相思字　蝇头字　走之字　识文断字　咬文嚼字　白纸黑字　片纸只字　执笔忘字　雁行成字　年庚八字　闺中待字

祀

祭祀　血祀　奉祀

自

独自

鸷

虎鸷　鹰鸷

饲

供饲　喂饲　饮饲

嗣

后嗣　继嗣　绝嗣

稚

幼稚　娇稚　童稚

痔

吮痈舐痔

15. 曦微韵（韵母ei）

平声

上平声

悲

可悲　独悲　伤悲　声悲　含悲
堪悲　暗悲　兔死狐悲　乐极生
悲　大发慈悲　弦断心悲　风木
衔悲　天地同悲　笳角声悲　猫
哭老鼠假慈悲

卑

谦卑　自卑　位卑　官卑　老幼
尊卑　不亢不卑　天尊地卑　登
高必自卑

碑

口碑　丰碑　墓碑　界碑　立碑
旧碑　拓碑　题碑　里程碑　指
路碑　纪念碑　纪功碑　神道碑
没字碑　有口皆碑　立传树碑
断碣残碑　运去雷轰荐福碑　路
上行人口似碑

陂

塘陂　堤陂　绿陂　筑陂

罴（文读下平声）

熊罴　虎罴

披

离披　纷披　横披　身披

眯

笑眯眯

飞

云飞　鹏飞　奋飞　雄飞　翻飞
于飞　阿飞*　孭飞*（负起一切
责任）　扑飞*（到处奔走找票）
蝶双飞　惜分飞　满天飞　战
火纷飞　血肉横飞　劳燕分飞
远走高飞　莺老花飞　不翼而飞
魄散魂飞　月缺花飞　蛋打鸡飞
笨鸟先飞　健步如飞　泪雨纷飞
插翅难飞　北雁南飞　好食懒飞*
水净鹅飞*　天高任鸟飞　落霞与
孤鹜齐飞

非

觉非　知非　无非　啼笑皆非
颠倒是非　想入非非　口是心非
文过饰非　似是而非　面目全非
痛改前非　无事生非　未可厚非

物是人非　国事日非　惹事招非
搬弄是非　大是大非　撩是斗非*
江山依旧，人事全非

菲
桃李芳菲　红粉花菲*

霏
晨霏　纷霏　霏霏

扉
竹扉　柴扉　荆扉　心扉　启扉
掩扉　双扉　关门闭户掩柴扉

妃
后妃　贵妃　嫔妃

基
地基　台基　奠基　树基　始基
根基　帝基　登基　固本培基
创业开基　百世之基　蔗地桑基

几（另作上上声）
茶几　竹几　小几　明窗净几

机
事机　军机　兵机　杀机　祸机
危机　禅机　灵机　动机　见机
乘机　飞机　电视机　拖拉机
冇心机*　一线生机　日理万机
把握时机　捕捉战机　可乘之机
坐失良机　贻误戎机　买卖投机
话不投机　鸥鹭忘机　泄漏天机
白费心机　千载一时之机

讥
可讥　贻讥　交讥　反唇相讥

玑
宝玑　玉玑　明玑　口吐珠玑

字字珠玑　织锦璇玑

矶
石矶　渔矶　钓矶

肌
雪肌　丰肌　玉肌　琼肌　玉骨
冰肌　浃髓沦肌

饥
肚饥　忍饥　忘饥　啼饥　同饥
救饥　画饼充饥　积谷防饥　煮
字疗饥　忍饿挨饥　马困人饥
果腹充饥　饱者不知饿者饥

羁
尘羁　俗羁　身羁　受羁　客羁
脱羁　放荡不羁　浪漫不羁　野
马无羁　利绊名羁

萁
豆萁　煮豆燃萁

箕
斗箕　筲箕　簸箕　北斗南箕

姬
歌姬　丽姬　名姬　绝代妖姬

畿
帝畿　王畿　京畿　邦畿

奇（另作下平声）
命奇　数奇　一百有奇

蹊
蹊跷　事有蹊跷

欺
相欺　凌欺　诈欺　面欺　软弱
可欺　童叟无欺　信实不欺　暗
室不欺　雪侮霜欺　欺人自欺

虎落平阳被犬欺

嬉

儿嬉　相嬉　笑嬉　群嬉　文恬
武嬉　迹近儿嬉　业精于勤荒于
嬉

嘻

噫嘻　笑嘻嘻

禧

年禧　恭贺新禧

希

可希　妄希

稀

车马稀　知音稀　漏声稀　月明
星稀　地广人稀　绿暗红稀　路
断人稀　往事依稀　年届古稀
人生七十古来稀

晞

朝晞　露晞

曦

晨曦　春曦　朝曦

熙

光熙　纯熙　熙熙

喱

咖喱*（调味品）　咕喱*（苦力）

痢（另作下去声）

痢痢*

下平声

离

分离　别离　游离　距离　流离
飘离　脱离　隔离　扑朔迷离
貌合神离　众叛亲离　寸步不离
死别生离　光怪陆离　若即若离
颠沛流离　形影不离　魄散魂离
骨肉乖离　破碎支离　病骨支离
中道仳离　熟土难离　七支八离*

漓

淋漓　淳漓　浇漓　血肉淋漓
痛快淋漓　世道浇漓

篱

竹篱　菊篱　棘篱　疏篱　樊篱
隔篱*（旁边）

缡

结缡

璃

玻璃　琉璃

梨

雪梨　沙梨　寒梨　让枣推梨

鹂

黄鹂　鸣鹂　听鹂

狸

狐狸　果狸　豺狼当道，安问狐
狸

厘

毫厘

皮

薄皮　草皮　橡皮　陈皮　扯皮
赖皮　泼皮　俏皮　调皮　顽皮
韧皮*　悭皮*　水皮*（水平低）
吹牛皮　铲地皮　耍嘴皮　光棍
皮　打草皮*　差一皮*　鸡毛蒜皮
鹤发鸡皮　与虎谋皮　羊质虎皮
食肉寝皮　驴蒙虎皮　硬着头皮

拆骨掀皮　厚着面皮　笑破肚皮
搂错人皮*　人心隔肚皮　拉大
旗作虎皮　人怕伤心，树怕剥皮
人死留名，豹死留皮

疲

目疲　形疲　神疲　力尽筋疲
乐此不疲　心动神疲　马乏人疲

脾

肝脾　沁人心脾

鼙

鼓鼙

微

低微　细微　式微　几微　卑微
轻微　衰微　翠微　笑微微
酒力微　微乎其微　谨小慎微
体贴入微　具体而微　刻画入微
杜渐防微　观人以微　本小利微
家道寒微　晨光熹微　将寡兵微

薇

蔷薇　蕨薇　采薇

弥

沙弥　僧弥　阿弥

弭

消弭

眉

须眉　柳眉　长眉　寿眉　白眉
翠眉　蛾眉　画眉　展眉　扫眉
敛眉　皱眉　远山眉　懒画眉
剃眼眉*　举案齐眉　冷眼横眉
凤眼蛾眉　怒目睁眉　吐气扬眉
白发齐眉　菩萨低眉　泪眼愁眉

喜笑扬眉　暂解燃眉　弄眼挤眉
水浸眼眉*（事情紧急）

嵋

峨嵋

楣

云楣　绣楣　檐楣　光大门楣
剃刀门楣*

湄

江湄　海湄　水湄

糜

饭糜　肉糜　沸糜

縻

羁縻　拘縻

肥

绿肥　施肥　堆肥　自肥　脑满
肠肥　坐地分肥　独食难肥　食
言而肥　燕瘦环肥　拣精拣肥
养猪积肥　秋高蟹正肥　马无夜
草不肥　人怕出名猪怕肥

奇（另作上平声）

新奇　稀奇　出奇　神奇　珍奇
惊奇　传奇　好奇　平淡无奇
不足为奇　曲折离奇　探胜搜奇
囤积居奇　斗艳争奇　拍案惊奇
百怪千奇　化腐朽为神奇

琦

瑰琦

骑（又读上去声）

轻骑　铁骑　倒骑　飞骑　独骑
并骑　骁骑　坐骑　拉倒黄牛当马
骑

旗

国旗　党旗　锦旗　花旗　升旗
降旗　献旗　酒旗　顺风旗　帅
字旗　担大旗*　斩将搴旗　拜盟
树旗　猎猎旌旗　共举义旗　高
举红旗　裂帛为旗

祺

时祺　台祺

期

初期　定期　长期　限期　缓期
改期　延期　展期　假期　刑期
预期　幽期　百年期　话襟期
卜归期　后会有期　遥遥无期
密约偷期　非常时期　精彩可期

棋

下棋　观棋　赌棋　残棋　盲棋
屎棋*　书画琴棋　对局围棋　世
事如棋　一着难棋　全国一盘棋

蜞

黄蜞　马蜞　蟛蜞

祈

仰祈　敬祈　千祈*（千万）

歧

路歧　意见分歧

祇

地祇　灵祇　天地神祇

芪

北芪　参芪

耆

绅耆　英耆

鳍

鱼鳍　鼓鳍　振鳍

其

极其　尤其　求其*（马虎，随
便）

仄声

上上声

起

一起　发起　兴起　奋起　引起
唤起　掀起　崛起　蜂起　梳起*
（女子不嫁）　了不起　对不起
异军突起　揭竿而起　东山复起
云飞风起　闻风而起　一病不起
谣言四起　从何说起　风生水起
狼烟四起　拍案而起　心头火起
从头做起　高高举起　声誉鹊起
奇峰突起　早睡早起　树从根脚
起　万丈高楼从地起　一波未
平，一波又起

喜

欣喜　贺喜　恭喜　幸喜　惊喜
狂喜　冲喜　有喜　可喜　报喜
双喜　皆大欢喜　闻过则喜　沾
沾自喜　见猎心喜　灯花报喜
开门见喜　同悲共喜　抬头见喜
乔迁之喜　转悲为喜　又惊又喜

死

生死　誓死　效死　敢死　送死
垂死　该死　寻死　替死　抵死*

恶死* 作死* 出生入死 贪生
怕死 醉生梦死 罪该万死 养
生送死 朝生暮死 野心不死
同生共死 精神不死 生老病死
大难不死 诈生赖死* 罪生不罪
死 一棍子打死 哀莫大于心死
鬓虽残，心未死 不到黄河心不死

己

自己 舍己 异己 克己 安分
守己 损人利己 先人后己 引
为知己 严于律己 身不由己
诛锄异己 瞒心昧己 将心比己
风尘知己 反求诸己 害人终害
己 求人不如求己

杞

枸杞 荆杞

纪

风纪 军纪 党纪 世纪 年纪
经纪 违法乱纪 目无法纪 整
饬纲纪

几（另作上平声）

第几 初几 有几 算老几 寥
寥无几 所差无几 不知凡几
光阴有几 无三不成几 畏首畏
尾，身其余几

比

评比 类比 无比 不比 正比
反比 今昔对比 今非昔比 无
与伦比 回忆对比 好有一比

秕

糠秕 扬秕

姒

如丧考妣

彼

知己知彼 厚此薄彼 顾此失彼

畀

付畀 投畀 倚畀

髀

大髀* 股髀* 鸡髀*

鄙

边鄙 卑鄙 粗鄙 贪鄙

痞

地痞 兵痞 文痞

匪

盗匪 土匪 股匪 剿匪

诽

腹诽 怨诽

莉

茉莉

企（另作上去声）

屋企*

下上、上去声

美

肥美 甘美 华美 精美 优美
壮美 鲜美 完美 审美 赞美
媲美 两全其美 尽善尽美 十
全十美 反为不美 成人之美
价廉物美 天不作美 不敢掠美

尾

结尾 末尾 收尾 押尾 跟尾
扫尾 断尾 扯猫尾* 口水尾*
风水尾* 执手尾* 拉鸡尾*（得

意状） 街头巷尾 藏头露尾
虎头蛇尾 摇头摆尾 畏首畏尾
彻头彻尾 龙头凤尾 话头醒尾*
（悟性高） 掐头去尾 踩着条
尾* 好头不如好尾* 神龙见首不
见尾

靡

委靡 奢靡 望风披靡 辙乱旗
靡

气

空气 电气 脾气 勇气 名气
福气 正气 骨气 节气 神气
傲气 豪气 骄气 赌气 争气
晦气 朝气 嗳气* 通气* 长气*
索气* 不景气 牛脾气 一肚
气 书生气 透大气* 冇声气*
斗负气* 平心静气 扬眉吐气
唉声叹气 一团和气 乌烟瘴气
垂头丧气 吞声忍气 一鼓作气
酒色财气 歪风邪气 回肠荡气
低声下气 珠光宝气 山岚瘴气
粗声大气 阴阳怪气 阴声细气*
好声好气* 嗤声坏气* 冇厘神气*
上气不接下气

汽

蒸汽 化汽

戏

游戏 演戏 看戏 嬉戏 把戏
调戏 唱戏 戏上戏 压轴戏
逢场作戏 视同儿戏 唱对台戏
唱独角戏 拿手好戏 残灯尾

戏 班主赞好戏 各打锣鼓各
唱戏 变个名堂，换套把戏

器

兵器 暗器 机器 电器 乐器
响器 陶器 仪器 投鼠忌器
杀人利器 国家之器 思想武器
薰莸不同器 玉不琢不成器

弃

抛弃 扬弃 放弃 遗弃 嫌弃
背弃 自暴自弃 前功尽弃 有
就置，冇就弃*

憩

休憩 小憩

里

公里 华里 故里 大乡里*
左邻右里 一日千里 晴空万里
鹏程万里 一泻千里 赤地千里
明见万里 横行乡里 乡亲邻里
辞官归里 由表及里 鱼肉乡里
歇斯底里 蒙在鼓里 十万八千
里 好事不出门，坏事传千里

理

经理 料理 整理 管理 办理
评理 定理 哲理 总理 说理
连理 企理*（整齐、有条理）
打理*（管理） 有条有理 服
从真理 伤天害理 强词夺理
读书明理 通情达理 天文地理
人情物理 蛮不讲理 相应不理
岂有此理 置之不理 言之成理
公平合理 审情度理 各安生理

慢条斯理　阔佬懒理*　有强权，无公理　人同此心，心同此理
公说公有理，婆说婆有理

鲤
河鲤　鲂鲤　锦鲤

娌
妯娌

俚
鄙俚　俗俚

悝*（方言字，即"帆"）
看风使悝*

你
我你

李
桃李　行李　铁拐李　投桃报李
一肩行李

寄
邮寄　投寄　遥寄　聊寄　身膺
重寄　腹心之寄　心无所寄　人
生如寄　有书难寄　此身无寄

记
日记　笔记　书记　传记　速记
铭记　登记　忘记　游记　切记
伙记*　西游记　老友记*　摩顶受
记　博闻强记

企（另作上上声）
翘企　瞻企　罚企*　眉精眼企*

冀
希冀　窃冀　妄冀　别无所冀

骥
展骥　附骥　老骥　千里骥　人

中骥　按图索骥

四
当臭四*（蔑视）　颠三倒四
言三语四　低三下四　推三阻四
不三不四　朝三暮四　噏三噏四*
板板六十四　张三当李四

臂
手臂　振臂　奋臂　把臂　三头
六臂　失之交臂　铜头铁臂　袒
胸露臂　如手使臂　助他一臂

辔
鞍辔　执辔　井辔

泌
分泌

秘
神秘　隐秘　奥秘　独得之秘
行踪诡秘　搜奇探秘

痹
麻痹　骨痹*（肉麻）

滗
将汤滗*

庇
包庇　护庇　萌庇　托庇

被
棉被　锦被　花被　盖被　讲来
讲去三幅被*

婢
奴婢　妾婢　使婢　灶下婢　大
家婢　为奴作婢　呼奴喝婢

譬
就近取譬　隐喻曲譬

屁

拍马屁　放狗屁　一面屁*　脱裤屙屁*

下去声

地

本地　当地　道地　心地　工地　场地　耕地　田地　园地　坟地　荒地　战地　营地　阵地　基地　处女地　发祥地　根据地　自留地　走白地*　拜天地*（拜堂）　好地地*（好端端）　顶天立地　经天纬地　惊天动地　欢天喜地　开天辟地　飞天遁地　呼天抢地　改天换地　战天斗地　谈天说地　荆天棘地　花天酒地　翻天覆地　冰天雪地　昏天黑地　谢天谢地　洞天福地　一败涂地　干戈遍地　威风扫地　斯文扫地　肝脑涂地　死心塌地　五体投地　脚踏实地　攻城略地　别有天地　开荒种地　设身处地　出人头地　春回大地　留有余地　霸田夺地　神州大地　差天共地*（差距太远）　死无葬身之地　立于不败之地　凤凰不落无宝地　英雄无用武之地　上不到天，下不到地

味

口味　品味　五味　野味　腊味　意味　趣味　余味　体味　玩味　回味　和味*　人情味　津津有味　耐人寻味　山珍海味　分甘同味　珍馐百味　家乡风味　语言无味　枯燥无味　铁窗风味　个中滋味　独沽一味*　无闻无味*　食过翻寻味*

寐

梦寐　寤寐　假寐　愁无寐

媚

娇媚　狐媚　献媚　春光明媚　千娇百媚　阿谀谄媚　花娇柳媚

妓

娼妓　官妓　歌妓　嫖妓　青楼名妓

技

科技　特技　口技　杂技　绝技　武技　竞技　身怀绝技　神乎其技　雕虫小技　略施小技　黔驴之技　重施故技　狐谋狗技　江湖惯技

忌

妒忌　畏忌　避忌　悼忌*　童言无忌　百无禁忌　毫无顾忌　横行无忌　互相猜忌　生辰死忌

利

权利　福利　顺利　便利　名利　势利　纯利　暴利　锋利　麻利　吉利　犀利*　天时地利　交通便利　一本万利　急功近利　争权夺利　孜孜为利　将本求利　无本生利　坐收渔利　精神爽利*　牙尖嘴利*　节节胜利　自私自利　船坚炮利　劳资两利　微中取利

针无两头利* 周身刀，有张利*
鹬蚌相争，渔人得利

俐
精乖伶俐　口齿伶俐　眼不见为
伶俐*

猁
猞猁

痢（另作上平声）
赤痢　白痢　泻痢

吏
官吏　循吏　良吏　酷吏　刀笔
吏　清白吏　风尘吏　贪官污吏
一行作吏　封疆大吏

詈
诟詈　申申其詈

腻
肥腻　油腻　细腻　脂香粉腻
肥肥腻腻

饵
钓饵　诱饵　香饵

泥（音"利"）
拘泥　执泥

旎
风光旖旎

备
预备　后备　防备　筹备　军备
警备　战备　守备　配备　贮备
宪备　武备　德才兼备　求全责
备　攻其无备　精神准备　心存
戒备　全副装备

避
逃避　躲避　闪避　规避　回避
退避　走避　艰危不避　知所趋
避　肃静回避

鼻
针鼻　象鼻　掩鼻　嗤之以鼻
异香扑鼻　牵毛钩鼻*　唔埋得鼻*
（不可走近）　狮子咁大个鼻*

16. 猪鱼韵（韵母ü）

平声

上平声

朱
金朱　施朱　点朱　涂朱　富比
陶朱　弄粉调朱

珠
珍珠　露珠　泪珠　汗珠　眼珠
荷珠　明珠　跳珠　穿珠　串珠
龙珠　一斛珠　龙吐珠　走盘珠
夜明珠　暗投珠　鱼目混珠　掌
上明珠　沧海遗珠　瓦砾明珠

买椟还珠　老蚌生珠　有眼无珠
合浦还珠　咳唾成珠　荷叶擎珠
二龙争珠　目如悬珠　禾秆盖珍
珠　缕缕如贯珠　不下大海，不
得明珠

株

根株　枯株　守株　植株　花满
株　傲霜株　枯木朽株

诛

口诛　剑诛　天诛　滥诛　罪不
容诛　不教而诛　窃钩者诛　斧
钺之诛

蛛

蜘蛛　网蛛　垂蛛　檐蛛

铢

锱铢　五铢　取之尽锱铢

姝

名姝　仙姝　丽姝　淑媛名姝
静女其姝

猪

肥猪　生猪　蠢猪　喂猪　养猪
烧猪　乳猪　剥光猪*　阿婆猪*
大养其猪　老鱼嫩猪

书

图书　文书　家书　情书　兵书
证书　血书　医书　史书　草书
通书　宝书　支书　秘书　读书
著书　线装书　一纸书　绝命书
圣贤书　木鱼书　读死书　公仔书
*大书特书　罄竹难书　万宝全书
学剑攻书　雁札鱼书　鸿雁传书

河图洛书　满腹诗书　博览群书
闭户攻书　百科全书　无字天书
无巧不成书　陪太子读书*　尽信
书不如无书

舒

卷舒　展舒　体舒　眉舒　筋骨
舒　志未舒　心畅神舒

抒

发抒　力抒　倾抒　悲愤难抒

枢

户枢　中枢　机枢　瓮牖绳枢

输

运输　转输　灌输　执输*（吃
亏，比人差）　不服输　气力输
满盘皆输　长赌必输　贪胜不知
输

于

敢于　属于　乐于　甘于

竽

笙竽　吹竽　滥竽

下平声

愚

贤愚　古愚　迂愚　大智若愚
不辨贤愚　一得之愚　学以愈愚
上智下愚

隅

海隅　城隅　向隅　局处一隅
山陬海隅　砥砺廉隅　失之东
隅，收之桑隅

濡

沾濡　煦濡　相濡　雨露濡　沫相濡

襦

绣襦　罗襦　解襦

孺

妇孺　童孺

嚅

嗫嚅

儒

通儒　大儒　腐儒　俗儒　侏儒
鸿儒　名儒　焚书坑儒　舌战群
儒

渝

始终不渝　忠贞不渝

愉

欢愉　心愉

榆

桑榆

瑜

瑕瑜　佩瑜　瑕不掩瑜

觎

觊觎

鮽

虪鮽

鱼（另作上声）

金鱼　游鱼　锦鱼　鲨鱼　养鱼
观鱼　打鱼　捕鱼　烹鱼　钓鱼
鲜鱼　木鱼　沙丁鱼　食无鱼
热带鱼　浑水摸鱼　釜底游鱼
缘木求鱼　漏网之鱼　临渊羡鱼
为渊驱鱼　花鸟虫鱼　玉带金鱼
网内之鱼　春酒黄鱼　姜太公钓
鱼　大鱼吃小鱼　放长线钓大鱼
鱼傍水，水傍鱼　水至清则无鱼
城门失火，殃及池鱼

渔

竭泽而渔　苦海贫渔　农林牧副
渔

如

假如　何如　不如　阙如　运用
自如　挥洒自如　应付自如　狗
彘不如　意欲何如　自愧不如

茹

蔬茹　可茹　拔茅连茹

余

盈余　剩余　多余　残余　节余
兴余　工余　业余　一览无余
酒后茶余　游刃有余　绰绰有余
成事不足，败事有余　比上不
足，比下有余

予

赐予　给予　授予　准予

盂

痰盂　唾盂　钵盂

舆

权舆　舟舆　肩舆　銮舆　乘舆
堪舆

虞

唐虞　不虞　疏虞　后患堪虞
可保无虞

娱

文娱　欢娱　相娱　聊以自娱
声色之娱

广州话分韵词林

臾

须臾

谀

阿谀　面谀　谄谀

腴

丰腴　膏腴

殊

特殊　悬殊　世界殊　众寡悬殊
贫富悬殊　言人人殊　风景不殊

仄声

上上声

主

公主　宾主　霸主　地主　盟主
财主　债主　苦主　事主　雇主
店主　君主　真主　民主　神主
东道主　救世主　当家做主　一
家之主　反客为主　物归原主
先入为主　六神无主　不由自主
喧宾夺主　独立自主　名花有主
江山易主　各为其主　米饭班主*
同屋共主*　强宾不压主　一客不
烦二主　冤有头债有主　千年田，
八百主　山有山神，庙有庙主

拄

拐拄　撑拄

煮

烹煮　蒸煮　一锅煮　无米煮

渚

江渚　洲渚

处（另作上去声）

相处　独处　难处　惩处　五方
杂处　穴居野处　和平共处

鱼（另作下平声）

失魂鱼*　炒鱿鱼*　土鲮鱼*　大肉
咸鱼*　咸企水鱼*（喻人，谑词）

鼠

老鼠　家鼠　田鼠　松鼠　饥鼠
鬼鼠*　捕鼠　治鼠　城狐社鼠
过街老鼠　胆小如鼠　猫哭老鼠
一窝蛇鼠　鬼鬼鼠鼠*

暑

大暑　盛暑　消暑　避暑　中暑
寒暑　大小二暑　纳凉避暑　严
寒酷暑　争秋夺暑*

薯（又读下平声）

番薯　红薯　煨薯　马铃薯

黍

禾黍　鸡黍　玉蜀黍

下上、上去声

雨

春雨　风雨　雷雨　霖雨　阵雨
微雨　阴雨　喜雨　泪雨　梅雨
云雨　谷雨　暴风雨　拦门雨
毛毛雨　及时雨　白撞雨*　过
云雨*　倾盆大雨　暴风骤雨
凄风苦雨　春风化雨　和风细雨
狂风暴雨　挥汗成雨　枪林弹雨
呼风唤雨　密云不雨　翻云覆雨
满城风雨　栉风沐雨　躲风避雨
三晴两雨　兴云布雨　腥风血雨

一川烟雨　梨花带雨　风风雨雨
横风横雨*　久旱逢甘雨　听风就
当雨　要风得风，要雨得雨

语

言语　汉语　外语　鸟语　笑语
耳语　寄语　俗语　私语　呓语
标语　口头语　花解语　歇后语
甜言蜜语　豪言壮语　胡言乱语
沉吟不语　流言蜚语　闲言冷语
自言自语　千言万语　三言两语
花言巧语　方言土语　片言只语
风言风语　粗言恶语　喁喁细语
花香鸟语　街谈巷语　深情苦语
你一言我一语　前言不对后语
不可同日而语

与

相与　付与　参与　好相与*　时
不我与　小舟容与

禹

夏禹　大禹

宇

天宇　寰宇　杜宇　眉宇　新宇
庙宇　器宇　琼楼玉宇　仙宫梵
宇　日无宁宇

羽

毛羽　鸟羽　党羽　没羽　吉光
片羽

乳

牛乳　炼乳　腐乳　哺乳　石钟
乳

龉

龃龉

圄

囹圄

柱

支柱　台柱　脊柱　梁柱　擎天
一柱　偷梁换柱　金梁玉柱　中
流砥柱

杼

机杼

贮

积贮　存贮　广贮

储

积储　岁储　仓储

署

公署　行署　专署　官署　签署
部署

曙

天曙　欲曙　向曙

杵

铁杵　臼杵　砧杵　血流漂杵

注

关注　倾注　赌注　孤注　贯注
附注　尾注　血流如注　大雨如
注　全神贯注　用情专注

蛀

虫蛀　蠹蛀

炷

一炷　香炷　残炷

驻

进驻　暂驻　久驻　青春常驻

翥

鸾翔风翥

著

名著　新著　显著　土著　见微知
著　臭名昭著　彰明较著　声名大
著

铸

熔铸　模铸　陶铸　铜浇铁铸

处（另作上声）

长处　短处　好处　坏处　苦处
痛处　佳处　妙处　出处　用处
住处　去处　办事处　安身处
奥妙处　难言之处　一无是处
恰到好处　搔着痒处　春归何处
出处不如聚处*

庶

众庶　富庶

戍

远戍　边戍　卫戍

恕

饶恕　宽恕　忠恕　可恕

下去声

遇

待遇　境遇　相遇　遭遇　巧遇
际遇　奇遇　礼遇　机遇　外遇
深思厚遇　怀才不遇　百年不遇
不期而遇　非人待遇　相请不如偶
遇*

寓

公寓　寄寓　客寓

预

干预　勿谓言之不预

御

防御　抵御　驾御　抗御

裕

富裕　充裕　丰裕　优裕

豫

犹豫

驭

驾驭　统驭　控驭

吁

呼吁

誉

名誉　声誉　荣誉　信誉　毁誉
称誉　虚誉　沽名钓誉　不虞之
誉　无咎无誉　损名败誉

愈

病愈　痊愈　小愈

喻

比喻　借喻　暗喻　讽喻　不可
理喻　不言而喻

谕

上谕　晓谕　圣谕　奉谕　劝谕
面谕　手谕　口谕

住

居住　同住　借住　小住　暂住
且住　守住　稳住　关不住　靠
不住　禁不住　何处住　衣食住
对唔住*　团团围住　同屋共住
立足不住　心无所住

猪鱼韵

箸

下箸　一箸*

竖

横竖　高竖　村童牧竖

树

果树　绿树　烟树　远树　栽树
植树　砍树　建树　相思树　摇
钱树　连理树　蚍蜉撼树　因风
倒树

17. 追随韵（韵母êu）

平声

上平声

车

舟车　兵车　香车　下车　闭门
造车　螳臂挡车　安步当车　舍
卒保车　跃马飞车　驷马高车
熟道轻车　宝马香车　食人只车*

居

独居　隐居　起居　退居　侨居
闲居　幽居　故居　新居　同居
分居　迁居　邻居　自居　茶居*
懿居*　奇货可居　离群索居
乐业安居　其意何居　岁月不居
识性同居*　长安不易居

据（另作上去声）

拮据

裾

长裾　曳裾　衣裾

虚

空虚　盈虚　碧虚　务虚　心虚
谦虚　步虚　故弄玄虚　作假
弄虚　胆怯心虚　做贼心虚
深藏若虚　避实击虚　好梦成虚
梦游太虚　眼见为实，耳听是虚

嘘

吹嘘　长嘘　唏嘘　自我吹嘘
短叹长嘘

墟

废墟　故墟　村墟　殷墟　庐舍
为墟　国为丘墟

圩（通"墟"）

趁圩*（赶集）　散圩*　一节淡三
圩*　三个女人成个圩*

觑

面面相觑

吁（音"虚"）

感吁　叹吁　仰天长吁　气喘吁
吁

追

穷追　猛追　力追　向前追　急
起直追　穷寇莫追　猛打穷追
驷马难追　悔不可追　来者可追
来者不拒，去者不追

疽

附骨之疽　瘰疬痈疽

趄

趑趄　趔趄

雎

关雎　诗咏关雎

锥

毛锥　刀锥　立锥　利锥　囊中
之锥　利口如锥　商贾竟刀锥

椎

脊椎　扬椎　博浪椎　力士椎

驺

鸟驺　神驺

蛆

生蛆　粪蛆　随口喷蛆

趋

步趋　前趋　竟趋　疾趋　大势
所趋　亦步亦趋

炊

晨炊　晚炊　新炊　断炊　无米
之炊　无以为炊　巧妇难为无米
之炊

吹

鼓吹　歌吹　横吹　乱吹*　画
角吹　玉笛吹　晓风吹　号角吹
一风吹　坐堂吹　雨打风吹　嫖
赌饮吹　大吹特吹　瞎捧胡吹

摧

不摧　频摧　不可摧　肝肠摧
蕙折兰摧　栋折梁摧　无坚不摧

催

函催　面催　坐催　更鼓声催
乏价催　一催再催　战鼓频催

衰

早衰　盛衰　当衰*（该倒霉）
时运衰　颜色衰　鬓毛衰　未老
先衰　历久不衰　年老力衰　成
败兴衰　拯弱扶衰　晤衰捋嘹衰*

需

军需　供需　急需　必需　各取
所需　不时之需

胥

吏胥　里胥　梦入华胥

须

何须　无须　必须　磨砺以须
埙篪相须

区

战区　军区　防区　边区　禁区
山区　市区　牧区　自治区　风
景区　何必区区　首善之区

躯

身躯　微躯　金躯　血肉之躯
七尺之躯　为国捐躯　赶义忘躯
清白之躯

驱

驰驱　疾驱　争驱　前驱　先驱
奋勇先驱　日月驰驱　并驾齐驱
直进长驱

岖

崎岖

俱

生死与俱

拘

自拘　被拘　不拘　形迹不拘
多多益善，少少无拘*

驹

白驹　龙驹　名驹　神驹　千里
驹　伏枥驹　局促如辕下驹

堆

土堆　沙堆　坟堆　书堆　垃圾
堆　问题成堆　年晚煎堆*　冷手
执个热煎堆*（得到意外的便宜）

推

手推　首推　相推　类推　一致公
推　由此类推　其理可推　罪责难
推

下平声

雷

春雷　惊雷　迅雷　奔雷　闷雷
风雷　霹雷　轰雷　地雷　鱼雷
打雷　沉雷　旱天雷　动春雷
暴跳如雷　喊声如雷　火性如雷
细雨轻雷　闪电行雷　鼻鼾如雷

擂

打擂　拳擂　战鼓擂　自吹自擂
大吹大擂

蕾

花蕾　蓓蕾　破蕾　新花绽蕾

闾

门闾　里闾　倚闾　光大门闾

桐

棕桐

累（另作下去声）

白骨累累　血债累累　罪恶累累
果实累累

衢

云衢　康衢　通衢　大道通衢

癯

清癯　病癯　骨瘦人癯　干老枝
癯

劬

勤劬　劳劬

渠

河渠　沟渠　水渠　凿井开渠

蕖

芙蕖

谁

阿谁　有谁　凭谁　问谁　是谁
为谁　舍我其谁　姓甚名谁　谁
养活谁

垂

下垂　低垂　泪垂　柳枝垂　日
西垂　泪双垂　夜幕低垂　青史
名垂

陲

边陲

颓

衰颓　玉山颓　夕阳颓　泰山崩
颓

嵬

崔嵬

除

开除 排除 清除 破除 解除
扫除 根除 废除 铲除 切除
大扫除 药到病除 时序乘除
加减乘除 百病消除 洒扫庭除
日月其除 青阳逼岁除

徐

疾徐 徐徐 不急不徐

蕖（口语音"渠"）

蟾蕖

随

追随 伴随 尾随 长随 夫唱
妇随 生死相随 衔尾跟随 言
出法随 萧规曹随

槌

鼓槌 木槌 棒槌

锤

铜锤 铁锤 气锤 百炼千锤
万剐千锤 响锣不用重锤

厨

入厨 帮厨 下厨 庖厨

橱

书橱 衣橱 纱橱 窗橱

蹰

踟蹰

躇

踌躇 大费踌躇

仄声

上上声

水

雨水 泉水 洪水 云水 烟水
苦水 死水 泪水 汗水 汲水
喷水 放水 涉水 游水* 睇水* 油
水* 薪水* 威水* 通水* 醒水* 吹
水*（夸夸其谈） 抽水*（收取
利润） 自来水 淡如水 睇风
水* 半桶水* 流口水* 捞剩水*
倒汗水* 冻过水*（没指望）
拖泥带水 落花流水 如鱼得水
鸳鸯戏水 穷山恶水 高山流水
残山剩水 名山胜水 青山绿水
月光如水 盈盈秋水 登山涉水
游山玩水 一衣带水 一江春水
一腔苦水 寄情山水 开渠引水
治山治水 望穿秋水 心如止水
怕风忌水 顺风顺水 夜凉如水
柔情似水 污泥浊水 蜻蜓点水
依山傍水 一潭死水 失足落水
劈柴担水 付诸流水 猪笼入水*
叠埋心水* 唔汤唔水* 整色整水*
担幡买水* 一头雾水* 阿威阿水*
欺山莫欺水 井水不犯河水 倒
吊有滴墨水* 干姜也要捏出水

取

夺取 争取 进取 记取 采取
贪取 听取 一无可取 咎由自
取 人弃我取 分文不取

追随韵

娶

迎娶　嫁娶　明媒正娶

举

选举　推举　创举　中举　荐举　壮举　轻举　鹏举　老举*（妓女）　不识抬举　不智之举　不胜枚举　多此一举　众擎易举　百废待举　轻而易举　雄飞高举　同时并举　飘飘举举

矩

规矩　方矩　合矩　不逾矩　规规矩矩　循规蹈矩　中规中矩

踽

独行踽踽

许

容许　允许　默许　赞许　自许　几许　不许　未许　死生相许　芳心暗许　目挑心许　春光如许

栩

栩栩

诩

自诩　夸诩　扬诩

煦

和煦　春煦　春风拂煦　相濡相煦

腿

大腿　双腿　火腿　跑腿　拖后腿　花拳绣腿

嘴

多嘴　顶嘴　吵嘴　插嘴　牛奶嘴*（幼稚）　加把嘴*　一张利嘴　鸡一嘴鸭一嘴　牛头不对马嘴　偷食唔会抹嘴*

下上、上去声

女

妇女　子女　儿女　闺女　歌女　舞女　龙女　神女　织女　村女　处女　仙女　弱女　美女　当垆女　卖花女　浣纱女　白毛女　油脂女*　自梳女*　红男绿女　孤男寡女　拖男带女　重男轻女　善男信女　一男半女　痴男怨女　牛郎织女　生儿育女　卖儿卖女　孤儿弱女　名门淑女　黄花闺女　怀春少女　贞夫烈女　金童玉女　散花天女　窈窕淑女　串仔串女*

吕

律吕　黄钟大吕

侣

伴侣　情侣　游侣　诗侣　莺俦燕侣　朋酒诗侣　神仙伴侣

垒

堡垒　营垒　军垒　炮垒　战垒　对垒　深沟高垒　森严壁垒　胸中块垒　交锋对垒

屡

屡屡

履

革履　草履　践履　步履　削足适履　芒鞋草履　瓜田莫纳履

缕

金缕　麻缕　寸缕　长命缕　同

广州话分韵词林

心缕 一丝一缕 千丝万缕 细
针密缕 不绝如缕 命悬一缕

褛

衣衫褴褛

旅

军旅 行旅 义旅 提师振旅
飘零羁旅

里（音"旅"）

心里 家里 梦里 夜里 暗里
长街里 课堂里 蒙在鼓里

傀

傀儡 木偶

馁

气馁 冻馁 自馁

絮

花絮 柳絮 败絮 轻絮 身如
漂絮 落花飞絮 话休烦絮

绪

心绪 情绪 思绪 头绪 千头万
绪 茫无头绪 离情别绪 满怀愁
绪

墅

别墅 村墅 荒墅

髓

骨髓 精髓 脑髓 恨入骨髓
敲骨吸髓

拒

抗拒 迎拒 敢拒 力拒 来者不
拒

距

差距 鸡距

去

来去 过去 回去 下去 失去
死去 飞去 何去 花落去 春
归去 天涯去 风来雨去 摇来
摆去 挑来拣去 颠来倒去 眉
来眼去 翻来覆去 大势已去
仓皇遁去 过意不去 不辞而去
不如归去 拂袖而去 大江东去
飘然远去 左手来右手去 好来
不如好去 直来直去 风里来雨
里去

醉

酒醉 陶醉 心醉 麻醉 沉醉
令人醉 酩酊大醉 陶然大醉
自我陶醉 青楼买醉 霜林晚醉
如痴如醉 酒不醉人人自醉 角
饮不解，必同沉醉

最

为最

岁

年岁 周岁 新岁 来岁 早岁
守岁 度岁 长命百岁 千秋万
岁 山呼万岁 花花太岁 逢人
减岁 凶年歉岁 聊以卒岁 爆
竹一声除旧岁

帅

元帅 统帅 挂帅 将帅 登坛
拜帅 政治挂帅 弃车保帅 三
易其帅 三军不可一日无帅

说（音"岁"）

游说 劝说

嗦

鸡嗦　鸟嗦

税

关税　赋税　租税　征税　抽税
交税　苛捐杂税　走私漏税　纳
粮上税　衣租食税

碎

粉碎　破碎　零碎　杂碎　心碎
打碎　湿湿碎*　宁为玉碎　鸡零
狗碎　支离破碎　山河破碎　琐
琐碎碎　马蹄声碎

对

一对　反对　敌对　核对　绝对
坐对　应对　相对　配对　登对*
存心作对　吟诗作对　从容应对
针锋相对　门当户对　无言以对
成双成对　出双入对

怼

怨怼

兑

汇兑　商兑

碓

水碓　溪碓　踏碓

退

进退　后退　倒退　衰退　撤退
辞退　引退　告退　屏退　打退
击退　急流勇退　功成身退　知
难而退　有进无退　不知进退
时衰运退

蜕

蝉蜕　蛇蜕

翠

翡翠　珠翠　青翠　苍翠　滴翠
叠翠　浮翠　挹翠

脆

干脆　清脆　爽脆　香脆　松脆
快脆*（迅速，利索）　歌喉脆
莺声脆　彩云易散琉璃脆

趣

兴趣　情趣　乐趣　谐趣　妙趣
风趣　旨趣　真趣　知情识趣
自讨没趣　相映成趣　别饶佳趣
一场没趣　肉麻当有趣

句

文句　词句　警句　佳句　一字
一句　清词丽句　寻章摘句

据

凭据　根据　证据　单据　契据
论据　依据　占据　割据　考据
窃据　无所依据　进退失据　真
凭实据　查无实据　有根有据
立字为据　手头拮据　群雄割据

倨

倨倨　骄倨

踞

盘踞　箕踞　醉踞　龙盘虎踞

下去声

虑

思虑　考虑　顾虑　忧虑　过虑
远虑　焦虑　全盘考虑　千思万
虑　无忧无虑　心无俗虑　处心
积虑　深思熟虑　深谋远虑

滤

过滤　沙滤

泪

眼泪　珠泪　血泪　热泪　酸泪
涕泪　流泪　含泪　挥泪　洒泪
堕泪　忍泪　千滴泪　花溅泪
鳄鱼泪　同情泪　辛酸泪　凄惶
泪　一字一泪　欲哭无泪　伤心
落泪　临风洒泪　含悲忍泪　哭
天抹泪　唔见棺材唔流眼泪*

戾

乖戾　暴戾　罪戾　性情狼戾

唳

清唳　孤唳　雁唳　风声鹤唳
猿啼鹤唳

类

分类　种类　门类　人类　归类
败类　异类　一类　分门别类
呼朋引类　有教无类　不伦不类
诸如此类　民无噍类　兔死狐
悲，物伤其类

累

劳累　亏累　拖累　积累　不胜
负累　身为物累　日积月累

罪

犯罪　受罪　定罪　问罪　治罪
服罪　判罪　谢罪　将功赎罪
低头认罪　吊民伐罪　作揖赔罪
负荆请罪　兴师问罪　弥天大罪
一行大罪　罪上加罪　该当何罪
轻枷重罪　不知者不罪　王子犯

法，与民同罪

屿

岛屿　沙屿

赘

招赘　入赘　不赘　累赘

序

次序　顺序　程序　秩序　时序
工序　循序　长幼有序　四时之序

叙

小叙　一叙　品叙　畅叙　记叙
申叙　倒叙　平铺直叙

聚

团聚　欢聚　共聚　积聚　宴聚
完聚　物以类聚　十年生聚　山
林啸聚　蜂屯蚁聚

坠

飘坠　下坠　星坠　陨坠　天花
乱坠　摇摇欲坠　声名不坠　夕
阳西坠

缀

点缀　连缀　补缀　略加点缀
落红难缀

具

工具　用具　家具　文具　茶具
玩具　道具　农具　假面具　廊
庙具

惧

恐惧　畏惧　疑惧　戒惧　临危不惧
无所畏惧　死而何惧　勇者不惧

巨

艰巨　功巨　作始也简，将毕也巨

炬

火炬 蜡炬 列炬 束炬 目光
如炬 付之一炬

睡

安睡 酣睡 熟睡 沉睡 午睡
贪睡 打瞌睡 昏昏欲睡 海棠
春睡 乌眉瞌睡*

穗

禾穗 麦穗 嘉穗 双穗 吐穗
拾穗 扬花吐穗 一禾九穗

悴

憔悴

粹

纯粹 精粹 国粹

萃

荟萃 文萃 出类拔萃

瘁

劳瘁 鞠躬尽瘁 心力交瘁

遂

顺遂 计遂 未遂 有情不遂
企图得遂 径情直遂

邃

深邃 幽邃 精邃

祟

鬼祟 作祟 狐祟 鬼鬼祟祟

瑞

祥瑞 呈瑞 百年人瑞

锐

尖锐 锋锐 敏锐 精锐 披坚
执锐 养精蓄锐

睿

聪睿 圣睿 明睿

蕊

花蕊 嫩蕊 含蕊 含苞吐蕊
浮花浪蕊

裔

后裔 苗裔 圣裔 华裔

队（又读上上声）

军队 部队 乐队 歌队 球队
舰队 站队 排队 归队 掉队
先锋队 工作队 啦啦队 三群五
队 分行列队 联群结队 落伍掉队

18. 西堤韵（韵母ei）

（此韵有与乖孩韵合用）

平声

上平声

鸡

公鸡 野鸡 金鸡 晨鸡 荒鸡

割鸡 斗鸡 杀鸡 走鸡* 银鸡*
偷鸡* 枨鸡*（蛮不讲理） 落汤
鸡 二撇鸡* 执死鸡* 无情鸡*
铁嘴鸡* 大种鸡* 春瘟鸡* 三脚
鸡*（机动三轮车） 静鸡鸡*（静

广州话分韵词林

悄悄） 呆若木鸡 嫁鸡随鸡
捉黄脚鸡 问客刲鸡 斗米养斤鸡
败翎鹦鹉不如鸡

笄

及笄 未笄

溪

山溪 清溪 流溪

稽

滑稽 会稽 大话无稽 荒诞无
稽 有案可稽

挥

手挥 笔挥 戈挥 横挥 瞎指
挥 大笔一挥 借题发挥 一笔
高挥 幕后指挥

晖

夕晖 落晖 春晖 朝晖 余晖
清晖 斜晖

辉

光辉 蓬荜生辉

徽

金徽 清徽 国徽

威

立威 示威 施威 发威 权威
声威 助威 淫威 下马威 美
人威 认低威* 狐假虎威 耀
武扬威 雨势风威 共奋神威
雷霆之威 群胆群威 示以兵威
傍虎作威 大发淫威 西子南威

低

贬低 减低 降低 眉眼高低
山高水低 寸高尺低 见个高低

眼高手低 狗眼看人低 举手见
高低 山中树木有高低

梯

阶梯 天梯 人梯 电梯 滑梯
爬梯 盘梯 太平梯 上云梯
上楼去梯 矮仔上楼梯 你有牢
笼计，我有上墙梯

挤

排挤 拥挤

剂

药剂 方剂 调剂

跻

攀跻 登跻 升跻

妻

娶妻 发妻 出妻 荆妻 贤妻
良母 柴米夫妻 结发夫妻 一
夫一妻 好汉不打妻 捆绑不成
夫妻

凄

孤凄 惨凄 悲凄 凄凄

萋

芳草萋萋

栖

同栖 两栖 孤栖 一枝栖 燕
双栖 把身栖 良禽择木而栖

西

辽西 平西 向西 坏东西 声
东击西 学贯中西 撒手归西
各散东西 送佛送到西 山分南
北，路别东西 三十年河东，
三十年河西

筛

竹筛 米筛 药筛

犀

木犀 燃犀 兕犀 心有灵犀

嘶

马嘶 蝉嘶 力竭声嘶

米（另作上去声）

一米 厘米 毫米

批

大批 分批 一批 眉批

归

思归 怀归 来归 梦归 言归
终归 九归 当归 胡不归 片
帆归 戴月归 旅雁归 视死如
归 宾至如归 朝出晚归 天与
人归 众望所归 全师而归 满
载而归 衣锦荣归 殊途同归
胜利而归 败兴而归 之子于归
血本无归 实至名归 无家可归

闺

深闺 兰闺 春闺

龟

灵龟 海龟 藏龟 老鼠拉龟*

亏

吃亏 成亏 全亏 渐亏 幸亏
多亏 理亏 自负盈亏 大败输
亏 两不相亏 大吃其亏 理曲
情亏 衣食无亏 血气两亏 有
利不为亏 好汉不吃眼前亏

规

陋规 陈规 清规 法规 正规
良规 前规 循规 行规 例规
打破常规 一定之规 墨守成规
俗例常规 国有国法，家有家规

窥

暗窥 管窥 仰窥 偷窥 静中
窥 冷眼窥 隔帘窥

盔

头盔 钢盔 瓦盔 弃甲丢盔

跛

脚跛 殴跛*

下平声

啼

悲啼 鸡啼 乌夜啼 鹧鸪啼
杜鹃啼 含泪悲啼 鹤唳猿啼
燕语莺啼 花落鸟啼 宛转哀啼
哭哭啼啼

蹄

铁蹄 兽蹄 马蹄 发软蹄* 马
不停蹄 马失前蹄 人有错手，
马有失蹄*

堤

河堤 大堤 长堤 柳堤 筑堤
修堤 决堤

提

手提 孩提 菩提 前提 把话提
只字不提 旧事重提 苦向谁提
闲话休提 值得一提 肩不能挑，
手不能提

题

标题 品题 命题 话题 课题
切题 离题 主题 试题 问题

难题　无题　文不对题

黎
黔黎　蒸黎　群黎

藜
蒺藜　蓬藜　铁蒺藜

犁
耕犁　步犁　铧犁　扶犁

尼
女尼　僧尼　仲尼　释迦牟尼
削发为尼

怩
忸怩

泥
胶泥　烂泥　水泥　蒜泥　淤泥
枣泥　哑泥*（差劲）　和稀泥
鬼食泥*　红毛泥*　判若云泥
花落成泥　飞絮沾泥　烂醉如泥
削铁如泥　浊水污泥　肉化清风
骨化泥

倪
端倪

霓
虹霓　大旱望云霓

巍
崔巍　巍巍

齐
一齐　看齐　归齐　人顺心齐
良莠不齐　参差不齐　见贤思齐
时运不齐　寿与天齐　步伐整齐

围
包围　氛围　合围　突围　外围

周围　四围　基围　腰围　入围*
身陷重围　水绕山围　射猎打围
势力范围　说项解围　杀出重围
退敌解围

闱
春闱　秋闱　入闱　宫闱　空闱

帏
绣帏　翠帏　罗帏　慈帏

惟
思惟　深惟

帷
屏帷　窗帷　重帷

维
恭维　思维　纤维　口诵心维
不敢恭维

唯
唯唯

桅
船桅　灯桅

危
拯危　倾危　濒危　解危　艰危
病危　济困扶危　居安思危　事
急势危　位高势危　拯弱扶危
乘人之危　岌岌可危　社稷安危
一命垂危　人人自危　事到临危

违
久违　暌违　故违　依违　事与愿
违　阳奉阴违　官命难违　言行相
违

遗
馈遗　赠遗　拾遗　补遗　路不

拾遗　暴露无遗　在远不遗　弃之如遗　一览无遗　乱噏无遗*

为（又作下去声）

施为　行为　勉为　难为　所为　认为　以为　冇数为*（不合算）

事在人为　何乐不为　见义勇为　敢作敢为　亲力亲为　为所欲为　尽力而为　无所不为　胆大妄为　侠义行为　大有可为　禽兽行为　胡作非为　意欲何为　年轻有为　清静无为　无所作为　自把自为*　若要人不知，除非己莫为

葵

蒲葵　锦葵　园葵　向日葵

睽

众目睽睽

揆

道揆　总揆

畦

菜畦　花畦　灌畦

携

提携　招携　分携　如取如携　大力提携

逵

九逵　通逵

馗

钟馗

迷

入迷　昏迷　沉迷　财迷　戏迷　棋迷　球迷　痴迷　着鬼迷*　纸醉金迷　意乱心迷　当局者迷

风雨凄迷　五色令人目迷　色不迷人人自迷

谜

猜谜　灯谜　哑谜　不解之谜

噬

笑口噬噬*

仄声

上上声

底

心底　谜底　笔底　眼底　地底　海底　摸底*　蚀底*（吃亏）　甩底*（失面子）　二仔底*　揭老底　数家底　寻根究底　归根到底　奉陪到底　一篙到底　心中无底　冤沉海底　一清见底　为人为到底　好物沉归底*　食碗面反碗底*　一条肠通到底*

抵

大抵　两抵　收支相抵　身甘命抵*　死悭死抵*

邸

官邸　客邸　旅邸　私邸

砥

砺砥　其平如砥

诋

痛诋　暗诋　怒诋　恶言相诋　巧言丑诋

体

身体　肉体　团体　集体　得

体立体　个体　尸体　魂不附体
顾全大体　无伤大体　退迩一体
人心解体　赤身露体　有伤国体
夫妻同体

睇

含睇　凝睇　相睇*　冇眼睇*

仔

烂仔*　散仔*　马仔*　打仔*　寿
仔*　靓仔*　花仔*　公仔*　精仔*
侍仔*　耕仔*　傻仔*　打工仔*
世界仔*　蛊惑仔*　反骨仔*　三行
仔*　卖猪仔*　出猫仔*（作弊）
手作仔*　后生仔*　大姐仔*　苏虾
仔*　二奶仔*　讲古仔*　单身寡仔*
后生细仔*　老人变嫩仔*　鸡春咁
密哺出仔*

洗

血洗　清洗　梳洗　冲洗　雨洗
笔洗　一贫如洗　囊空如洗　家
败如水洗

驶

驾驶　行驶

使（音"洗"）

大使*（花钱花得厉害）　牙齿当
金使*

启

哀启　小启　收启　开启

鬼

魔鬼　恶鬼　搞鬼　捣鬼　闹鬼
冤鬼　酒鬼　生鬼*　撞鬼*　娃鬼*
（调皮鬼）　替死鬼　活见鬼
怕死鬼　吸血鬼　孤寒鬼*　油
炸鬼*　白天见鬼　心中有鬼
装神弄鬼　孤魂野鬼　疑神疑鬼
钟馗治鬼　家神外鬼　色中饿鬼
老友鬼鬼*　充大头鬼*　疑心生
暗鬼　又做巫婆又做鬼　当面是
人，背后是鬼　三分像人，七分
像鬼

宄

奸宄

轨

正轨　路轨　铁轨　出轨　越轨
脱轨　图谋不轨　越出常轨

簋（音"鬼"）

九大簋*（丰盛的筵席）

诡

奇诡　波谲云诡

矮

高矮

委

党委　政委　差委　派委　穷究原
委

萎

枯萎　伤萎　凋萎　哲人其萎

诿

推诿　互相推诿

痿

衰痿

毁

推毁　捣毁　焚毁　拆毁　销毁
坠毁

偈

倾偈*（聊天） 佛偈

下上、上去声

计

合计 估计 统计 会计 巧计
心计 活计 扭计* 苦肉计
美人计 屎坑计* 锦囊妙计
千方百计 百年大计 阴谋诡计
将计就计 权宜之计 缓兵之计
同谋合计 另谋生计 忙中无计
唱空城计 小数怕长计* 山人
自有妙计 三十六计，走为上计
世无百岁人，枉作千年计

继

相继 承继 过继 前赴后继
难以为继 饔飧不继

髻

发髻 云髻 梳髻

际

国际 天际 遭际 交际 不着边
际 漫无边际 脱离实际 一望无
际

济

经济 救济 接济 周济 同舟
共济 恩威并济 和衷共济 同
恶相济 宽猛相济 人才济济

制

学制 法制 创制 体制 如法
炮制 互相牵制 层层节制

掣（方言俗读"制"，另读
"彻"，词目见"热烈韵"）

祭

公祭 设祭 心祭 遥祭 摆路
祭*

势

形势 气势 地势 权势 情势
姿势 趋势 架势*（气派）
趋炎附势 有权有势 狗仗人势
鼎足之势 虚张声势 紧张局势
大好形势 审时度势 风乘火势
装腔作势 破竹之势 排开阵势
小人得势 系威系势* 阻头阻势*
马屎凭官势* 虽有智慧，不如乘势

世

尘世 家世 出世 去世 应世
厌世 避世 入世 混世 乱世
前世 浊世 不一可世 立身处
世 为人在世 恍如隔世 流芳
百世 人间何世 生生世世 知
人论世 太平盛世 长辞人世
才华盖世 存心济世 有今生，
冇来世* 人一世，物一世*

细

奸细 仔细 微细 精细 详细
底细 幼细* 老细*（老板）
粗中有细 胆大心细 月斜风细
心大心细* 冇大冇细*（不懂常礼
规矩） 歌管楼台声细细

婿

赘婿 夫婿 女婿 娇婿 入门
婿 金龟婿 抛球择婿 论材选
婿 乘龙快婿

礼

行礼　敬礼　献礼　洗礼　典礼
观礼　非礼　失礼　彬彬有礼
分庭抗礼　知书识礼　焚香顶礼
熟不拘礼　家无常礼　斟茶赔礼
卑词厚礼　做到此官行此礼

费

自费　公费　白费　花费　枉费
破费　免费　旅费　盘费　小费
消费　车马费　生活费　交学费
铺张浪费　惠而不费　少慢差费

沸

扬汤止沸　人声鼎沸

废

荒废　残废　报废　作废　偏废
颓废　半途而废　古今兴废　礼
不可废　前功尽废　不可偏废
大癫大废*

肺

心肺　腑肺　润肺　狼心狗
肺　撕心裂肺　顶心顶肺*　到喉
唔到肺*

桂

丹桂　肉桂　金桂　月桂　米珠
薪桂　蟾宫折桂

瑰

玫瑰

季

春季　旺季　雨季　月季　一年
四季　伯仲叔季

贵

显贵　高贵　名贵　娇贵　珍贵
尊贵　宝贵　昂贵　权贵　亲贵
新贵　矜贵*　和为贵　不足贵
朱紫贵　雍容华贵　难能可贵
长命富贵　花开富贵　洛阳纸贵
攀权附贵　身娇肉贵　荣华富贵
达官显贵　夫荣妻贵　物离乡贵
百物腾贵　物以罕为贵　唔使问
阿贵*　当家才知柴米贵

篑

功亏一篑

愧

惭愧　抱愧　羞愧　不愧　问心
无愧　当之无愧　含羞带愧　却
之不恭，受之有愧

悸

惊悸　惶悸　心有余悸

伟

英伟　宏伟　雄伟　奇伟

纬

经纬　北纬

苇

芦苇　一苇

韪

不韪　冒天下之大不韪

讳

避讳　忌讳　名讳　隐讳　直供不
讳

炜

烨炜　炜炜　彤管有炜

契

田契　地契　默契　投契　上契
贤契　老契　卖身契　金兰契
君臣合契　两情投契　上手红契*

切

目空一切　不顾一切　代表一切

砌

堆砌　铺砌　填砌　雕栏玉砌

米（另作上平声）

谷米　玉米　白米　碾米　籴米
洗米　得米*（达到目的）　倒米*
食枉米*　食塞米*　吹糠见米
余钱剩米　量柴数米　油盐柴米
大鸡唔食细米*　偷鸡唔到蚀揸米*

蔽

蒙蔽　遮蔽　掩蔽　隐蔽

闭

倒闭　关闭　封闭　禁闭　幽闭
启闭　巴闭*　坐禁闭　懵闭闭*
死不眼闭　嘘巴嘈闭*（喧哄）
家嘈屋闭*

帝

皇帝　上帝　胡天胡帝　盲官黑
帝　称王称帝　玉皇大帝　背地
闹皇帝*

蒂

花蒂　根蒂　瓜蒂　烟蒂　花开
并蒂　不存芥蒂　归根结蒂

缔

取缔　良缘凤缔

谛

真谛　诈谛*（装假）

屉

抽屉　笼屉

娣

阿娣　群娣　家生娣*

悌

孝悌　恺悌

剃

披剃　贼过如梳，兵过如剃

涕

临风雪涕　痛哭流涕　口水鼻涕*
一把眼泪，一把鼻涕

替

接替　兴替　更替　衰替　新旧
交替　冒名顶替　包办代替　以
古为镜，可知兴替

尉

上尉　校尉　文丞武尉

慰

安慰　欣慰　快慰　抚慰　告慰
劝慰　聊以自慰　嗟堪告慰

蔚

云蒸霞蔚

畏

敬畏　无畏　后生可畏　望而生
畏　人言可畏

喂

把饭喂

秽

污秽　淫秽　浊秽　自惭形秽

卉

花卉　芳卉　百卉　奇花异卉

蚁

虫蚁　白蚁　一身蚁*（惹来很多麻烦）　热锅蚂蚁　命如蝼蚁

翳

障翳　云翳　目翳　闭翳*（发愁）

下去声

卫

门卫　保卫　防卫　护卫　守卫拱卫　警卫　侍卫　官官相卫各谋自卫　朋友相卫

胃

开胃　反胃　肠胃　不伤脾胃健脾开胃

谓

称谓　所谓　无谓　无所谓　应有谓　不知所谓

渭

泾渭

猬

刺猬

慧

智慧　聪慧　拾人牙慧

惠

贤惠　优惠　盛惠　恩惠　口惠实惠　互惠　小恩小惠　不费之惠

为（又作下平声）

因为　只为

位

本位　地位　名位　职位　席位岗位　爵位　座位　穴位　在位退位　就位　不安于位　声名势位　行不让路，坐不让位

弟

弟弟　徒弟　贤弟　契弟*　称兄道弟　父老兄弟　难兄难弟膏粱子弟　纨绔子弟　误人子弟沙煲兄弟*　四海之内皆兄弟

递

邮递　投递　传递　呈递

第

品第　门第　高第　次第　等第三及第　书香世第　状元及第

隶

奴隶　皂隶

逮

不逮　威仪逮逮

棣

棠棣

币

金币　纸币　货币　外币　赝币

敝

衰敝　凋敝　疲敝　起衰救敝

弊

利弊　流弊　积弊　兴利除弊营私舞弊　补偏救弊　有利有弊通同作弊

毙

杀毙　枪毙　击毙　作法自毙

束手待毙　坐以待毙　多行不义
必自毙

陛
玉陛

逝
消逝　流逝　伤逝　仙逝　稍纵
即逝　随风而逝

誓
盟誓　宣誓　起誓　山盟海誓
指天为誓　折箭为誓

噬
反噬　吞噬　择肥而噬　狼吞虎
噬

系
干系　关系　联系　体系　派系
紧系　世系　安危所系

荔
红荔　丹荔　薜荔

丽
美丽　富丽　华丽　佳丽　秀丽
艳丽　绚丽　壮丽　绮丽　瑰丽
风和日丽　争妍斗丽

俪
伉俪

例
先例　条例　成例　比例　惯例
破例　举例　史无前例　以此为
例　下不为例　向无此例　典型
事例　一处乡村一处例

厉
严厉　凌厉　凄厉　再接再厉

厉
变本加厉　铺张扬厉　声色俱厉
秋风多厉　发扬蹈厉

疠
疫疠　瘴疠

励
鼓励　奖励　策励　刻苦自励

砺
磨砺　砥砺

粝
粗粝

艺
工艺　文艺　曲艺　技艺　园艺
才艺　打拳卖艺　多才多艺　同
门习艺　偷师学艺　十八般武艺

呓
梦呓

诣
造诣　深诣　苦心孤诣

毅
坚毅　刚毅　果毅

魏
北魏　曹魏　生张熟魏

缢（又读上去声）
自缢

睨
睥睨

跪
下跪　长跪

匮
缺匮　困匮　孝思不匮

馈

中馈　厚馈　反馈

柜

书柜　橱柜　雪柜*（冰箱）　掌
柜　保险柜

袂

分袂　联袂

吠

犬吠　猛吠　鸡鸣狗吠

滞

阻滞*　湿滞*　运滞*

19. 灰煤韵（韵母ui）

（此韵与开来韵通用，也有与乖孩韵合用）

平声

上平声

灰

香灰　劫灰　炉灰　石灰　吹灰
炮灰　骨灰　意懒心灰　万念俱
灰　槁木死灰　壮志不灰　碰一
鼻子灰

恢

天网恢恢

奎

聚奎　光奎　璧奎

魁

文魁　武魁　经魁　春魁　争魁
党魁　独占花魁　祸首罪魁

杯

金杯　玉杯　倾杯　交杯　停杯
干杯　碰杯　夜光杯　竹叶杯
好酒贪杯　曲水流杯　月下传杯

坯

陶坯　砖坯　打坯　抟土成坯

胚

成胚　胎胚　混沌初胚

偎

相偎　依偎　紧偎　相亲相偎
翠倚红偎

煨

火煨　炭煨　炮煨　向火煨　山
芋煨　暖如煨

隈

山隈　林隈

下平声

回

来回　巡回　收回　撤回　避回
打回　夺回　萦回　大地春回
一去不回　无可挽回　举手不回
百折不回　素手空回　一枕梦回
天意难回　百转千回　冬尽春回

如入宝山空手回

徊

低徊 迟徊 迂徊 徘徊 无限
低徊 来往徘徊

洄

溯洄 濚洄

枚

一枚 猜枚 衔枚

煤

松煤 烟煤 采煤 烧煤

媒

红媒 说媒 做媒 蝶使蜂媒
问聘行媒 红叶为媒

霉

发霉 倒霉 黄霉

梅

蜡梅 春梅 杨梅 残梅 咏梅
望梅 话梅* 一枝梅 岭头梅
松竹梅 煮酒青梅 嫩柳娇梅
踏雪寻梅 竹马青梅 傲雪寒梅
白雪红梅

莓

红莓 草莓

陪

相陪 作陪 叨陪 亲陪 敬陪
失陪 奉陪

培

栽培 滋培 自培

赔

倒赔 认赔 照赔 退赔

仄声

上上声

妹

姐妹 兄妹 小妹 归妹

会（另作上去、下去声）

帮会 学会 协会 教会 议会
国会 舞会 运动会 游园会
茶话会 博览会 群英会 夜总
会 盂兰盆会 诸葛亮会 红十
字会 下流社会

下上、上去声

诲

教诲 训诲 谆谆教诲

晦

隐晦 韬晦 韬光养晦 风雨如
晦

悔

后悔 忏悔 追悔 痛悔 自悔
嗟悔 懊悔 反悔 九死不悔
死而尤悔 言寡尤，行寡悔 当
取不取，过后莫悔

辈

晚辈 同辈 先辈 班辈 老前
辈 老八辈 女流之辈 祖祖辈
辈 论资排辈 等闲之辈 有钱
大三辈*

背

违背 屋背 瓦背 山背 马背
驼背 民心向背 熊腰虎背 如
芒刺背 汗流浃背 力透纸背

骑上虎背　水过鸭背*　酒香不怕巷背

狈
狼狈

贝
拾贝　编贝　拷贝　心肝宝贝

倍
加倍　双倍　事半功倍　声价十倍　信心百倍　精神百倍

佩
钦佩　倾佩　敬佩　赞佩

珮
玉珮

沛
颠沛　滂沛　丰沛　精力充沛

帔
凤冠霞帔

配
许配　匹配　支配　调配　相配　发配　婚配　搭配　听从支配　按劳分配

会（另作上声、下去声）
不会　未会　也会　可会　会者不难，难者不会

脍
切脍　细脍　鱼脍

侩
市侩　商侩

狯
狡狯　作狯　黠狯

绘
测绘　描绘　图绘　彩绘　刻绘　手绘

桧
古桧　岩桧　苍桧

贿
贪贿　行贿　受贿　纳贿

溃
崩溃　兵溃　堤溃　一触即溃

愦
昏愦　愦愦

聩
聋聩　眊聩　振聋发聩

下去声

会（另作上声、上去声）
相会　知会　拜会　宴会　盛会　约会　幽会　都会　理会　领会　误会　省会　风云际会　心领神会　穿凿附会　牵强附会　适逢其会　深有体会　因缘际会　把握机会　群英聚会　可以意会

烩
杂烩

汇
水汇　川汇　语汇　邮汇　外汇　电汇　总汇　百川所汇

焙
火焙　烘焙

寐
梦寐　寤寐　假寐　夙兴夜寐　形诸梦寐

魅
鬼魅　魑魅

昧
冒昧　愚昧　暧昧　蒙昧　拾金

不昧　得其三昧

悖
狂悖　言行相悖　并行不悖

20. 开来韵（韵母oi）

平声

上平声

开
心开　公开　分开　召开　展开
敞开　揭开　张开　口难开　吃得
开　解不开　笑逐颜开　茅塞顿开
并蒂花开　情窦初开　百花盛开
金石为开　风动帆开　笑口常开
异想天开　见钱眼开　肉绽皮开
雾散云开　船到滩头浪自开

胎
娘胎　胚胎　脱胎　堕胎　轮胎
棉胎　怪胎　狼胎*（凶狠）
肉眼凡胎　十月怀胎　种下祸胎
心怀鬼胎　暗结珠胎　豆蔻含胎
投错了胎　福有基，祸有胎

灾
水灾　火灾　天灾　救灾　兵灾
旱灾　赈灾　惹祸招灾　无妄之
灾　灭顶之灾　免害消灾　泛滥
成灾　破财挡灾

哉
快哉　怪哉　壮哉　妙哉　戒之
哉　安在哉　气佳哉　呜呼哀哉
何足道哉　善哉善哉　优哉游哉

栽
盆栽　移栽　手栽　新栽　着意
栽　烂漫栽　向阳栽

哀
悲哀　默哀　致哀　举哀　哭哀
大可哀　鸟之将死，其鸣也哀

埃
尘埃　黄埃　俗埃　涓埃

腮
香腮　鼓腮　抓耳挠腮　杏脸桃
腮　泪落沾腮　热泪盈腮

鳃
鱼鳃　鼓鳃

该
应该　活该　不该　本该　唔该*
（谢谢）

赅
言简意赅

陔

九陔　云陔

下平声

才

人才　口才　天才　庸才　奴才
秀才　雄才　屈才　刚才　七步才
八斗才　经纶才　人尽其才　博学
多才　大将之才　旷世奇才　玉尺
量才　诗有别才　作育英才　自学
成才　文武全才　一表人才

材

大材　高材　教材　药材　题材
棺材　器材　活教材　不成材
栋梁材　可造之材　就地取材
无所取材　五短身材　将遇良材

财

钱财　资财　货财　横财　理财
生财　轻财　破财　发洋财*
万贯家财　仗义疏财　和气生财
一见发财　升官发财　恭喜发财
劳民伤财　不义之财　欠债不是
家财　力不到不为财

裁

剪裁　制裁　体裁　仲裁　专制
独裁　别出心裁

来

到来　出来　往来　将来　归去
来　知者来　入眼来　故人来　滚
滚来　古往今来　送往迎来　卷

土重来　蜂拥而来　近悦远来
礼尚往来　信手拈来　时不再来
冬去春来　源源而来　横祸飞来
纷至沓来　死去活来　苦尽甘来
突如其来　雪片飞来　继往开来
接踵而来　山雨欲来　否极泰来
团结起来　鉴往知来　客似云来
放眼未来　召之即来　手到擒来
老死不相往来

莱

草莱　蓬莱　蒿莱

徕

广事招徕

台

上台　下台　楼台　亭台　月台
舞台　电台　讲台　阳台　戏台
垮台　倒台　打擂台　钓鱼台
天文台　电视台　上天台　断头
台　七宝楼台　好戏连台　下不
了台　舞榭歌台　近水楼台　粉
墨登台

抬

宿抬　哄抬　高抬

苔

青苔　绿苔　藓苔　舌苔

呆

发呆　书呆　吓呆　目瞪口呆
诈作痴呆

仄声

上上声

海
南海　岭海　领海　苦海　云海　湖海　沧海　东海　出海　航海　漂洋过海　翻江倒海　名扬四海　福如东海　恩深如海　精卫填海　百川归海　人山人海　排山倒海　五湖四海　枕山面海　曾经沧海　梯山航海　刀山火海　汪洋大海　八仙过海　浩如烟海　瞒天过海　石沉大海　哪吒闹海　放龙出海　泥牛入海

皑
白雪皑皑

凯
奏凯

采
风采　神采　文采　开采　无精打采

彩
光彩　色彩　云彩　水彩　剪彩　五彩　好彩*　掹彩*　撞彩*　多姿多彩　当场出彩*　丰富多彩　齐声喝彩　张灯结彩　十分精彩　大放异彩

睬
理睬　瞅睬　不瞅不睬

改
修改　更改　删改　土改　悔改　涂改　窜改　整改　朝令夕改　屡教不改　过而能改　死不悔改

嫒
令嫒

蔼
和蔼

霭
烟霭　暮霭　雾霭

宰
主宰　屠宰　冢宰　执宰　为官作宰

载（另作上去声）
一年半载　千年万载

下上、上去声

爱
博爱　亲爱　喜爱　热爱　慈爱　敬爱　宠爱　溺爱　恩爱　偏爱　母爱　仁爱　团结友爱　人见人爱　洁身自爱　忍情割爱　谈情说爱　自由恋爱　相亲相爱

盖
遮盖　冠盖　掩盖　揭盖　铺盖　覆盖　倾盖　云遮雾盖　幢幡宝盖　运交华盖　冰封雪盖　死鸡撑饭盖*（理亏还要强辩）

丐
乞丐　沾丐

慨
慷慨　不胜感慨　悲歌慷慨　慷他人之慨

广州话分韵词林

溉
沾溉　灌溉　浇溉

概
梗概　大概　气概

忾
同仇敌忾

塞
绝塞　要塞　边塞　出塞

赛
比赛　竞赛　棋赛　球赛　锦标赛　安慰赛　友谊赛

菜
摘菜　卖菜　瓜菜　野菜　蔬菜　素菜　酒菜　斩瓜切菜　席上拣菜　誓愿当食生菜*　捡进篮就算菜

载（另作上声）
记载　登载　转载　满载

再
一再　不再　盛筵难再　可一不可再

怠
懈怠　疲怠

殆
危殆　百战不殆

下去声

外
野外　郊外　意外　内外　海外　国外　塞外　方外　三界外　青山外　风尘外　九霄云外　喜出望外　逍遥法外　意在言外　魂飞天外　古今中外　置之度外　置身事外　吃里爬外　枪口对外　超然物外　名闻中外　崇洋媚外　名声在外

碍
阻碍　妨碍　违碍　心无挂碍　消除障碍

在
存在　实在　健在　所在　春常在　山河在　逍遥自在　优游自在　人亡物在　大有人在　居心何在　音容宛在　如今安在　人在人情在　有福依然在*　生意不成仁义在

害
公害　危害　损害　迫害　伤害　毒害　杀害　残害　除四害　击中要害　为民除害　蓄谋陷害　消除祸害　不明利害　反受其害

待
期待　等待　招待　接待　优待　虐待　担待　虚位以待　拭目以待　严阵以待　迫不及待　认真对待　倚马可待　热诚招待

代
年代　当代　古代　现代　朝代　替代　百代　新一代　追时代　千秋万代　世世代代　传宗接代　黄金时代　更新换代　坦白交代

岱
宗岱　望岱

开来韵

袋

口袋　布袋　麻袋　脑袋　乾坤袋*　酒囊饭袋

黛

青黛　眉黛　三千粉黛　远山如黛

内

海内　宇内　五内　大内　围内
分内　衙内

耐

忍耐　能耐　难耐　叵耐　俗不可耐

奈

事出无奈　迫于无奈

睬

青睬　眊睬

赉

厚赉　赏赉　恩赉

21.　乖孩韵（韵母ai）

平声

上平声

拉

拖拉　牵拉　拖拖拉拉

街

大街　长街　横街　摆街　出街
逛街　仆街*（骂人语）　扫街
泼妇骂街　老鼠过街*　十里长街

阶

台阶　金阶　军阶　官阶　进身之阶　为厉之阶

佳

大佳　欠佳　景色佳　时运不佳

斋

食斋　长斋　开斋　书斋　卜卜斋*（旧私塾）

乖

乖乖　精乖　百事乖　卖口乖*　命蹇时乖

钗

金钗　裙钗　荆钗

差（音"猜"）

钦差　公差　出差　当差　开小差　鬼使神差

猜

乱猜　难猜　两小无猜

歪

斜歪　立心歪　步不歪　东倒西歪　身正不怕影儿歪

下平声

牌（另作上上声）

招牌　门牌　木牌　盾牌　冒牌
名牌　高脚牌　挡箭牌　月份牌
金字招牌　挂免战牌　杉木灵牌*

排

安排　铺排　编排　彩排　竹排
木排　扎排　肉排　放木排　列
成排　警卫排

埋

掩埋　葬埋　长埋　深埋　云埋
雪埋　心底埋　土中埋

霾（又读"迷"）

阴霾　积霾

鞋

草鞋　凉鞋　拖鞋　破鞋　钉鞋
皮鞋　铁鞋　高跟鞋　绣花鞋
顶趾鞋*　乡下佬买大鞋

孩

小孩　婴孩　女孩

骸

尸骸　形骸

谐

和谐　诙谐　白首同谐　亦庄亦
谐　琴瑟和谐

柴

木柴　打柴　担柴　买柴　老柴*
（老朽）　拉柴*（死去）　水流柴*
扭纹柴*　骨瘦如柴　山大斩埋有
柴*　光棍遇着冇皮柴（同一路货
色）

豺

狼豺

涯

天涯　生涯　无涯　海角天涯
一望无涯　咫尺天涯　浪迹天涯

崖

山崖　险崖　悬崖　危崖　云崖
雪崖　百丈崖　舍身崖　越坳穿崖

捱

难捱

槐

桑槐　庭槐　指桑骂槐

怀

心怀　情怀　胸怀　开怀　襟怀
慈怀　老怀　抒怀　伤怀　挂怀
关怀　忘怀　喜满怀　豪情满怀
正中下怀　宽大为怀

淮

秦淮　江淮

仄声

上上声

摆

摇摆　迎风摆　随风摆　大摇大
摆

歹

不识好歹　为非作歹

解

了解　注解　分解　劝解　谅解
误解　调解　开解　费解　瓦解
和解　点解*（为什么）　冰消
瓦解　一知半解　迎刃而解　土
崩瓦解　难分难解　不求甚解
通俗易解　百思不解　自开自解
大惑不解　且听下回分解

乖孩韵

拐
诱拐　将他拐　向左拐

踩
脚下踩　一沉百踩*

牌（另作下平声）
王牌　菜牌　大牌*（架子大）
麻雀牌*　神主牌*

玺
玉玺　印玺

徙
迁徙　流徙

屣
倒屣　敝屣　弃如敝屣

下上、上去声

买
赎买　购买　收买　宝剑千金买
明月清风不用一钱买

舣*（方言字：即"舵"）
褪舣*　把稳舣*　硬晒舣*（事情闹
僵，没有回旋余地）

奶
牛奶　鲜奶　吃奶　喂奶

蟹
螃蟹　扮蟹*（捆绑）　虾蟹*　老
虎蟹*　油炸蟹*　软脚蟹*　炒虾拆
蟹*（满口粗言）　倒泻箩蟹*　大
石压死蟹*　一蟹不如一蟹

隘
关隘　险隘　狭隘　雄关险隘

拜
礼拜　朝拜　崇拜　跪拜　顿首

拜　守礼拜　当天一拜　顶礼膜
拜　跌倒当拜*　一声拜拜*

湃
澎湃　汹涌澎湃

块
冰块　泥块　成块　大块　铁板
一块

快
愉快　痛快　轻快　勤快　飞快
赶快　爽快　凉快　脚步快　心
爽快　揾外快*　人心大快　心
直口快　手急眼快　眼明手快
先睹为快　拍掌称快　手勤脚快
淋漓痛快　亲者痛，仇者快

筷
碗筷　竹筷　象牙筷

派
气派　委派　流派　学派　宗派
正派　新流派　两面派　促进派
无党无派　云横九派

带
携带　领带　腰带　纽带　地带
皮带　一带　蟒袍玉带　峨冠博
带　私藏夹带　江流如带

戴
穿戴　拥戴　爱戴　张冠李戴
不胜感戴

贷
借贷　信贷　责无旁贷　严惩不贷

态
姿态　事态　变态　丑态　神态

动态　病态　表态　一反常态
千姿百态　惺惺作态　人情世态

汰

淘汰　沙汰

泰

安泰　康泰　身心安泰　天地交
泰　三阳启泰

届

历届　上届　首届

界

世界　边界　地界　境界　眼界
分界　交界　租界　捞世界*　捞
过界*　叹世界*　大千世界　第三
世界　大开眼界　胸怀世界　早
升天界　仔大仔世界*

戒

警戒　惩戒　受戒　破戒　引以
为戒　大开杀戒

诫

告诫

介

媒介　评介　简介　耿介

疥

疮疥

尬

尴尬

怪

古怪　奇怪　难怪　见怪　责怪
妖怪　作怪　妖魔鬼怪　大惊小
怪　少见多怪　离奇古怪　见怪
不怪　千奇百怪　兴妖作怪　古

灵精怪*　刁钻古怪　整古做怪*

债

借债　欠债　逼债　还债　抵债
血债　公债　儿女债　还路债*
人情紧过债*

晒

暴晒　烈日晒　阳光晒　风吹日
晒　一句讲晒*

下去声

败

失败　挫败　打败　溃败　不败
惨败　腐败　胜败　兴衰成败
骄兵必败　优胜劣败

卖

出卖　买卖　变卖　拍卖　公平
买卖　现买现卖　吊起嚟卖*

迈

豪迈　老迈　大步迈　向前迈

大

伟大　强大　壮大　宏大　重大
博大　浩大　远大　胆大　高大
夸大　盛大　威力大　野心大
架子大　光明正大　神通广大
家大业大　自高自大　因小失大
仇深苦大　发扬光大　妄自尊大
夜郎自大　艺高胆大　前程远大
官高势大　牛高马大*　人细鬼大*
一阔三大*

械

机械　器械　军械　枪械

懈

松懈　稍懈　坚持不懈　常备不
懈

寨

山寨　村寨　边寨　苗寨　千村
万寨　安营扎寨　盘山过寨

艾

青艾　少艾　方兴未艾　自怨自
艾　如花少艾

坏

破坏　弄坏　搞坏　变坏　学坏
冻坏　气坏　损坏　吓坏　好坏
品质坏　思想坏　心肠坏　气急
败坏　道德败坏

赖

依赖　托赖　信赖　抵赖　百无聊
赖　兆民仰赖　花须柳眼春无赖

籁

万籁　天籁　自鸣天籁

22.　英明韵（韵母ing）

平声

上平声

声

歌声　雷声　人声　掌声　呼声
笑声　欢声　喧声　钟声　涛声
潮声　新声　蛙声　更声　家声
名声　秋声　尾声　相声　风雨
声　金石声　管弦声　读书声
断肠声　初试啼声　呖呖莺声
中外蜚声　异口同声　忍气吞声
绘形绘声　泣不成声　败坏名声
诺诺连声　走漏风声　燕语莺声
鸦雀无声　饮恨吞声　万籁无声
言为心声　痛哭失声　大放悲声
空谷传声　掷地有声　大喝一声
此时无声胜有声　人过留名，雁

过留声　一犬吠形，百犬吠声

升

提升　擢升　初升　逆升　旭日东
升　冉冉上升　指日荣升　禄位高
升　步步高升　鸡犬飞升　如日之
升　直线上升　金乌西坠，玉兔东
升

星

红星　明星　歌星　救星　寿星
吉星　卫星　双星　群星　繁星
流星　煞星　扫把星　智多星
北斗星　一路福星　戴月披星
大步流星　零零星星　银汉双星
摘斗摩星　寥若晨星　残月疏星
倒米寿星*

腥

鱼腥　血腥　臭腥

猩

猩猩

惺

假惺惺　惺惺惜惺惺

青

山青　年青　汗青　冬青　踏青
翻青　丹青　垂青　老中青　竹
叶青　远山青　万年青　万古长
青　松柏常青　水绿山青　水墨
丹青　炉火纯青

菁

去芜存菁　其叶菁菁

清

天清　泉清　歌清　声清　凄清
扫清　肃清　耳目清　冷清清
数不清　心水清*　月白风清
天朗气清　骨冷神清　玉洁冰清
旁观者清　冷冷清清　海晏河清
玉宇澄清　弊绝风清　人月双清
含混不清　激浊扬清　笑比河清
水洗不清　政简刑清　泪眼凄清

称（另作上去声）

名称　尊称　通称　著称　自称
美称　声称　谦称　兄弟相称

精

励精　研精　业精　妖精　牛精
香精　酒精　败家精　狐狸精　白
骨精　马骝精*　学有专精　精益
求精　术妖花精　食不厌精　易学
难精

晴

双睛　定睛　目不转睛　画龙点
睛　擦亮眼睛　火眼金睛

征

应征　出征　北征　夏征　象征
特征　狩征　暴敛横征　劳师远
征　御驾亲征　万里长征　孤雁
南征　信而有征

贞

坚贞　忠贞　共矢忠贞

蒸

蒸蒸　清蒸　裹蒸*　霞蔚云蒸
暑气熏蒸

晶

水晶　茶晶　冰晶　结晶　亮晶
晶

旌

心旌　云旌　帘旌　摇旌

兵

士兵　民兵　练兵　息兵　骄兵
尖兵　征兵　招兵　救兵　阅兵
伏兵　逃兵　少爷兵　子弟兵
观音兵*　坚甲利兵　秣马厉兵
水火刀兵　草木皆兵　先礼后兵
弃甲曳兵　纸上谈兵　老弱残兵
全民皆兵　罢战息兵　鸣金收兵
富国强兵　贼过兴兵　黩武穷兵
有勇知兵　论战谈兵　韩信点兵
秀才遇到兵　赔了夫人又折兵
上阵无如父子兵

冰

结冰 坚冰 溜冰 寒冰 饮冰
卧冰 语冰 冷冰冰 泪成冰
怀抱冰 百丈冰 玉壶冰 滴水
成冰 虎尾春冰 如履薄冰 煮
茗敲冰 临渊履冰

惊

吃惊 担惊 受惊 堪惊 震惊
魂惊 压惊 鬼神惊 四座惊
受宠若惊 石破天惊 鸡犬无惊
宠辱不惊 胆战心惊 饱受虚惊
地动天惊 心折骨惊 见惯不惊
半夜敲门也不惊

京

天京 北京 上京 进京 莫之与
京

荆

棘荆 紫荆 负荆 识荆 斩棘
披荆 裙布钗荆

矜

骄矜 哀矜 自矜 可矜

兢

战战兢兢

经

曾经 惯经 取经 传经 念经
圣经 佛经 神经 生意经 发
神经 假正经 山海经 女儿
经 百中经 一本正经 荒诞不
经 念佛看经 皓首穷经

兴（另作上去声）

新兴 复兴 振兴 中兴 百废
俱兴 勃然而兴 家和万事兴
古老当时兴* 衣食足而后礼义兴

轻

年轻 身轻 体轻 风轻 云轻
絮轻 一帆轻 马蹄轻 雪花轻
举足重轻 文人相轻 头重脚轻
避重就轻 人微言轻 举重若轻
无官一身轻

卿

客卿 上卿 爱卿 卿卿 三公
九卿 我我卿卿 白屋出公卿

馨

德馨 芳馨 余馨 兰馨 软语
温馨 隔夜素馨*

兄

父兄 弟兄 仁兄 师兄 孔方
兄 道弟称兄 难弟难兄 新扎
师兄*

丁

台丁 人丁 添丁 成丁 壮丁
园丁 肉丁 目不识丁 甲乙丙
丁 宫保鸡丁 独子单丁

仃

孤苦伶仃

汀

沙汀 渔汀 寒汀

钉

碰钉 拔钉 竹钉 书钉 眼中
钉 三寸钉 棺材钉

英

群英 云英 含英 琼英 女英

广州话分韵词林

耆英　落英　静英英*（静悄悄）
国之精英　颜如舜英　义聚群英

瑛

玉瑛　琼瑛

应（另作上去声）

理应　本应　相应　于理不应

鹰

雄鹰　山鹰　放鹰　鸡仔唔管管
麻鹰*

膺

荣膺　铭膺　拊膺　义愤填膺
重任身膺　拳拳服膺

婴

娇婴　女婴　弃婴　溺婴

樱

红樱　春樱　含樱　赏樱

嘤

鸟鸣嘤嘤

鹦

笼鹦　雪鹦

缨

簪缨　珠缨　绝缨　摘缨　银甲
红缨　沧浪濯缨　愿请长缨

蝇（另作下平声）

拍乌蝇*（生意淡）　冇头乌蝇*

倾

杯倾　壶倾　山倾　"左"倾
冇得倾*　大厦将倾　肝胆同倾
葵藿心倾　杯酒频倾　地塌天倾
玉碎宫倾

拼

以死相拼　硬打硬拼

拎*（方言字，意为"拿提"）

手拎*

扔

手扔　乱扔

下平声

明

黎明　天明　说明　阐明　英明
文明　开明　精明　发明　证明
透明　显明　贤明　昭明　高明
月华明　分外明　夕照明　小聪
明　赏罚分明　恩怨分明　爱
憎分明　泾渭分明　壁垒分明
冰雪聪明　耳聪目明　兼听则明
弃暗投明　自知之明　大放光明
磊落光明　一线光明　正大光明
另请高明　灯火通明　纪律严明
态度鲜明　心知肚明　下落不明
神志清明　公正廉明　文化昌明
政治开明　奉若神明　自作聪明
旗帜鲜明　寒食清明

鸣

鸟鸣　牛鸣　蛙鸣　耳鸣　悲鸣
长鸣　共鸣　不平则鸣　孤掌难
鸣　百家争鸣　荔熟蝉鸣　风雨
鸡鸣　金鼓雷鸣　鬼啸狐鸣　鸾
凤和鸣　孤雁哀鸣　呦呦鹿鸣
犬吠鸡鸣　钟鼓齐鸣　电闪雷鸣
礼炮轰鸣　一鸡死一鸡鸣*

名

声名　虚名　美名　盛名　浮名
威名　罪名　恶名　芳名　功名
沽名　慕名　扬名　身后名　第
一名　举世闻名　欺世盗名　一
举成名　尊姓大名　赫赫有名
隐姓埋名　遐迩知名　鼎鼎大名
金榜题名　师出无名　远近传名
虚有其名　榜上有名　蜗角虚名
青史留名

冥

晦冥　冥冥　幽冥　高冥

溟

沧溟　北溟

暝（又读上去声）

日暝　野暝

瞑（又读下去声）

目瞑

成

定成　造成　构成　速成　组成
玉成　现成　形成　责成　酿成
养成　收成　血凝成　集大成
八九成　佳偶天成　习与性成
举手赞成　相辅相成　约定俗成
心想事成　有志竟成　乐观厥成
一气呵成　大功告成　水到渠成
坐享其成　年少老成　大器晚成
马到功成　功败垂成　一事无成
忠厚老成　大厦落成　大错铸成

城

都城　古城　京城　屠城　孤城
危城　花城　满城　围城　攻城
不夜城　枉死城　四方城*　众
志成城　价值连城　国之干城
倾国倾城　日困愁城　坐拥百城
万里长城　自毁长城

诚

虔诚　忠诚　精诚　愚诚　专诚
至诚　投诚　衷诚　开心见诚
相见以诚　敬献赤诚　一片真诚

乘

大乘　超乘　上乘　有机可乘
无隙可乘

丞

县丞　驿丞　中丞

承

继承　顺承　秉承　轴承　一脉
相承　巴结奉承　一力担承　阿
谀奉承　无所师承　托塔都应承*

绳

结绳　解绳　长绳　法绳　走绳
跳绳　井绳　规矩准绳　足系赤绳

平

地平　水平　持平　和平　生平
扫平　治平　荡平　一扫平　戡
天平　天下太平　歌舞升平　赏
罚公平　买卖公平　素昧生平
愤恨难平　立论持平　抱打不平
粉饰太平　四海升平　一碗水端平

评

品评　批评　好评　定评　讥评
总评

坪

草坪　户坪

萍

绿萍　青萍　池萍　寄萍　浪梗
漂萍　一叶浮萍　飞絮飘萍

屏

山屏　石屏　锦屏　画屏　寿屏
云屏　翠屏　镜屏　荧屏　孔雀
开屏　珠箔银屏

瓶

花瓶　胆瓶　酒瓶　茶瓶　保温
瓶　暖水瓶　守口如瓶　井底引
银瓶

情

同情　留情　恩情　衷情　高情
色情　柔情　温情　爱情　交情
激情　痴情　绝情　敌情　案情
忘情　别离情　鱼水情　万里情
诉衷情　最关情　难为情　冇表
情*　表错情*　壮志豪情　高谊
隆情　顺水人情　手下留情　眉
目传情　脉脉含情　反骨无情
翻脸无情　触景伤情　侠气豪情
一片热情　一见钟情　不近人情
儿女私情　世道人情　风土人情
虚报军情　悦性怡情　陶冶性情
自作多情　卖弄风情　骨肉之情
人之常情　水火不容情　发思古
之幽情　落花有意，流水无情

晴

雨晴　雪晴　晚晴　乍晴　宿雨初
晴　雨过天晴　月有阴晴　鹊报春
晴

呈

上呈　进呈　敬呈　异彩纷呈

程

日程　路程　历程　进程　归程
全程　过程　行程　锦绣前程　日
夜兼程　土木工程　万里鹏程　趱
路登程　苦难历程　各奔前程　短
送一程

惩

重惩　劝惩　痛惩　依法严惩
以示薄惩

澄

江澄　波澄　镜澄

形

身形　地形　图形　情形　畸形
成形　劳形　现形　得意忘形
如影随形　露出原形　略具雏形
无影无形

刑

行刑　徒刑　罪刑　判刑　苦刑
酷刑　肉刑　减刑　依法量刑
国有常刑　处以极刑　滥用非刑
明正典刑　一例施刑

莹

冰莹　晶莹　光莹　玉莹

萤

飞萤　秋萤　燔萤　映雪囊萤
点点流萤

茔

坟茔　新茔　孤茔　荒茔

荧

青荧　荧荧

萦

魂萦　梦萦　愁萦　心萦　水绕
山萦　魂牵梦萦

盈

充盈　月盈　轻盈　泪眼盈　乐盈
盈　喜笑盈盈　体态轻盈　一水盈
盈　数有虚盈　恶贯满盈　扭亏为
盈

型

模型　新型　巨型　类型　定型
小型　造型　痛失典型

仍

相仍　因仍　仍仍　灾祸频仍
外侮频仍

迎

出迎　送迎　亲迎　跪迎　夹道恭
迎　鼓掌欢迎　无任欢迎　献媚逢
迎　曲意逢迎　倒屣相迎　十里郊
迎

营

阵营　野营　军营　兵营　宿营
巡营　行营　空营　集中营　大
本营　守老营　步步为营　惨淡
经营　劫寨偷营　奔走钻营　公
私合营　狗苟蝇营

赢

输赢

瀛

东瀛　蓬瀛　寰瀛

蝇（另作上平声）

苍蝇　青蝇　飞蝇　痴蝇　扑蝇
灭蝇　盲头乌蝇*

凝

寒凝　露凝　神凝　血凝　目凝
脂凝

灵

精灵　空灵　英灵　幽灵　乞灵
百灵　性灵　神灵　人杰地灵
福至心灵　呼应不灵　药石无灵
涂炭生灵　耀我威灵　菩萨有灵
冥顽不灵　说破机关用不灵　明
有王法，暗有神灵

棂

窗棂　疏棂

凌

欺凌　侵凌

陵

山陵　丘陵　皇陵　金陵　五陵
守陵　烈士陵　黄帝陵　十三陵
如冈如陵

绫

红绫　白绫　彩绫

菱

红菱　青菱　湖菱　采菱

棱

模棱　锋棱　石棱

伶

优伶　女伶　名伶　童伶

苓

松苓　芝苓　茯苓

蛉

螟蛉　蜻蛉

泠

清泠　露泠　泠泠

零

畸零　孤零　雨零　风雨飘零
化整为零　家业凋零　身世露零
感激涕零　玉碎珠零

铃

铜铃　电铃　摇铃　掩耳盗铃
解铃　系铃　剑阁闻铃

瓴

瓦瓴　碧瓴　高屋建瓴

翎

雪翎　锦翎　鹤翎　翡翠翎　凤
凰翎

龄

年龄　退龄　妙龄　超龄　芳龄
工龄　鹤寿松龄　百岁高龄

宁

清宁　归宁　咸宁　福寿康宁
心绪不宁　鸡犬不宁　四境安宁
坐卧不宁

咛

临别叮咛　细语叮咛

泞

泥泞

狞

狰狞　威狞

荣

枯荣　繁荣　身荣　显荣　引以
为荣　卖国求荣　安富尊荣　欣
欣向荣　虽败犹荣　无上光荣
贪慕虚荣　本固枝荣　万木争荣

嵘

岁月峥嵘　头角峥嵘

廷

宫廷　内廷　报效王廷　背叛朝
廷

庭

天庭　法庭　边庭　空庭　彤庭
光耀门庭　改换门庭　扫穴犁庭
诗礼家庭　花落讼庭　深院闲庭

霆

大发雷霆　万里奔霆

蜓

点水蜻蜓　草色醉蜻蜓　蛛网挂蜻
蜓

亭

新亭　兰亭　驿亭　水阁凉亭
十里长亭　旅舍邮亭　画壁旗亭

停

雨停　暂停　消停　奔走查停
委曲调停　手脚不停　打打停停

婷

娉婷　袅袅婷婷

擎

高擎　孤擎　手擎　枝擎　眼擎
擎*

英明韵

鲸
长鲸　巨鲸　射鲸

琼
瑶琼　飞琼　碎琼

茕
孑立茕茕　只影茕茕

仄声

上上声

醒
睡醒　独醒　唤醒　酒醒　愁醒
猛醒　如梦初醒　昏迷不醒　黄粱
梦醒　一言惊醒　头脑清醒　一朝
觉醒

省（音“醒”）
反省　退省　警省　内省　反躬
自省　发人深省　回头猛省

影
形影　倒影　远影　灯影　人影
月影　烛影　疏影　照影　背影
摄影　电影　花弄影　杯中影　浮
光掠影　衣香鬓影　捕风捉影　立
竿见影　无踪无影　月移花影　梦
幻泡影　空花幻影　含沙射影　临
流吊影　刀光剑影　杯弓蛇影　波
光云影　孤灯只影

映
照映　掩映　反映　互相辉映

顶
山顶　头顶　绝顶　灭顶　有得

顶*　五雷轰顶　泰山压顶　聪明
透顶　攀登绝顶

酊
酩酊

鼎
钟鼎　铸鼎　刑鼎　列鼎　霸王
举鼎　一言九鼎　大名鼎鼎　力
能扛鼎　拔山举鼎　中原定鼎

饼
礼饼　月饼　薄饼　画饼

秉
手秉　执秉　交秉

炳
功勋彪炳　文章华炳

竟
毕竟　终竟　未竟　穷其究竟
功业未竟

境
顺境　逆境　越境　胜境　边境
环境　身历其境　渐入佳境　学
无止境　大军压境　蓬莱仙境
琳琅幻境　如入无人之境

景
应景　光景　远景　前景　背景
胜景　盆景　晚景　布景　夜景
捋景*　丰年好景　良辰美景
大煞风景　流连光景　阳春烟景
桑榆暮景

憬
憧憬

警

民警 边警 巡警 告警 火警
机警 军警 示警

整

齐整 洁整 挨整 调整 化零为
整 衣冠不整 领土完整 仪容修
整 军容严整 家园重整 支支整
整*

井

天井 古井 枯井 坐井 龙井
市井 乡井 同乡共井 避坑落井
临渴掘井 投河奔井 离乡别井

请

相请 乞请 奏请 申请 聘请
有请 端请 邀请 三催四请
焚香拜请 阖府统请 准予所请

拯

哀拯 匡拯 力拯

逞

得逞 不逞 求逞 一逞

炯

目光炯炯

迥

地迥 路迥 林迥 月迥

颈

交颈 刎颈

顷

千顷 俄顷 食顷 有顷 良田万
顷

挺

秀挺 颈挺 英挺 笔挺

下上、上去声

姓

尊姓 贵姓 著姓 异姓 名姓
赐姓 老百姓 百家姓 指名道
姓 一方百姓 强宗大姓 改名
换姓 同名共姓 埋名隐姓 鱼
肉百姓

性

个性 共性 兽性 理性 德性
品性 天性 特性 悟性 脾性
耐性 斗争性 创造性 特殊性
冇耳性* 唔熟性* 唔生性* 修
心养性 一人一性 怡情悦性
杨花水性 明心见性 灭绝人性
动心忍性 迷失本性 豺狼成性

胜

取胜 决胜 好胜 优胜 名胜
饮胜* 通胜*（通书） 克敌制胜
百战百胜 出奇制胜 无往不胜
引人入胜 旗开得胜 转败为胜
争强斗胜 寻幽探胜 大获全胜
哀兵必胜

圣

诗圣 孔圣 朝圣 超凡入圣
希贤希圣 有灵有圣 劳工神圣

庆

国庆 大庆 喜庆 寿庆 普天同
庆 额手称庆 弹冠相庆 善有余
庆

兴（另作上平声）

即兴 助兴 扫兴 败兴 尽兴

余兴　佳兴　请兴　诗兴　酒兴
归兴　吟兴　高高兴兴　一时之
兴　高怀雅兴

磬

石磬　玉磬　钟磬　击磬　晨钟
暮磬　红鱼青磬　室如悬磬

罄

用罄　告罄　瓶罄　一言难罄

正

公正　指正　修正　真正　守正
纠正　矫正　严正　堂堂正正
拨乱反正　秉公执正　五官端正
矫枉过正　改邪归正　贤良方正
心术不正　邪不胜正　不周不正
行得端，坐得正

症

病症　急症　危症　死症　药不
对症　不治之症　奇难杂症

政

行政　执政　廉政　苛政　德政
从政　家政　财政　精兵简政
各自为政　书生论政　揽权专政
垂帘听政　临朝听政

证

公证　凭证　铁证　保证　佐证
见证　引证　考证　三媒六证
死无对证　人证物证　从旁作证
有诗为证　出头顶证

劲

坚劲　刚劲　强劲　有劲　差劲
苍劲　浑身是劲　冲天干劲

径

门径　路径　途径　花径　幽径
直径　曲径　终南捷径　另辟蹊
径　行不由径　羊肠小径　对上
口径　路逢险处难寻径

敬

尊敬　恭敬　可敬　孝敬　钦敬
回敬　致敬　失敬　必恭必敬
肃然起敬

竞

争竞　奔竞　趋竞　心竞　寸阴是
竞

听

静听　倾听　偏听　面听　愁听
怕听　旁听　带泪听　月下听　不
忍听　混淆视听　骇人闻听　危言
耸听　洗耳恭听　娓娓动听　闭目
塞听　唯命是听　从旁打听　传言
误听

岭

山岭　高岭　梅岭　越岭　分水
岭　荒山野岭　翻山越岭　崇山
峻岭

领

心领　拜领　引领　管领　将领
统领　占领　看家本领　提纲挈
领　三军将领　不得要领

永

日永　夜永　味永　情永　寿永
隽永

广州话分韵词林

应（另作上平声）

呼应　接应　适应　答应　感应　酬应　供应　因果报应　同声相应　山鸣谷应　互相照应　外攻内应　各方响应　有求必应　一呼百应　叫天不应　敞开供应　十问九不应　登高一呼，万山响应

订

修订　签订　参订　改订　拟订　装订　预订

聘

待聘　礼聘　往聘　交聘　招聘　媒聘

骋

游骋　驰骋　纵横驰骋　沙场驰骋

进

飞进　泪进　泉进

称（另作上平声）

对称　稳称　不称　名实相称　铢两悉称

秤

过秤　掌秤　短秤　足秤

茗

品茗　佳茗　香茗　春茗　饮茗　玉茗　焚香煮茗　汲泉瀹茗

皿

器皿

铭

钟铭　鼎铭　碑铭　勒铭　心铭　感铭　座右铭　墓志铭　金人铭

柄

权柄　话柄　刀柄　把柄　传为笑柄　资为谈柄　授人以柄

并

合并　兼并　吞并　归并

下去声

命

生命　使命　宿命　天命　革命　抗命　遵命　听命　食命　逃命　偿命　饶命　乐天知命　各安天命　竭忠效命　死于非命　谋财害命　临危授命　红颜薄命　伤生害命　将士用命　收回成命　听天由命　相依为命　草菅人命　耳提面命　苟全性命　身家性命　疲于奔命　为民请命　视财如命　舍身拚命　死生有命　叩头乞命　恭敬不如从命

定

安定　奠定　断定　鉴定　指定　约定　肯定　否定　假定　确定　禅定　一定　眼定定*　一言为定　萍踪无定　神魂不定　指挥若定　盖棺论定　神色镇定　惊魂未定　立场坚定　出神入定　命中注定　举棋不定　把心不定　君子协定　斯文淡定*

锭

银锭　墨锭　药锭

令

口令　政令　法令　明令　禁令

勒令　通令　指令　时令　节令
县令　酒令　动员令　逐客令
发号施令　春行秋令　不遵号令
外交辞令　光杆司令　强迫命令
下逐客令　无兵司令　猜拳行令
当时得令*　急急如律令

病

心病　通病　弊病　毛病　卧病
染病　养病　治病　神经病　相
思病　眼红病　能医百病　积劳
成病

静

沉静　寂静　幽静　安静　肃静
清静　僻静　文静　夜深人静
风平浪静　更阑夜静　方圆动静
从容镇静　保持冷静　幽闲贞静
心平气静　一动不如一静

净

洁净　纯净　匀净　干净　洗净
扫净　风烟净　乾坤净　一干二
净　窗明几净　沙明水净　天空
云净　六根清净

靖

平靖　恬靖　绥靖　地方不靖

剩

过剩　残剩　有余有剩　分文不
剩

认

相认　记认　辨认　错认　六亲
不认　一致公认　矢口否认　出
门不认　死不招认

颖

新颖　聪颖　秀颖　脱颖

咏

歌咏　吟咏　题咏　讽咏

泳

游泳　蛙泳

佞

奸佞　便佞　巧佞　远佞

拧

酏酏拧*　刁乔扭拧*（调皮，不易
应付）

盛

兴盛　丰盛　强盛　满盛　宾客
盛　兵甲盛　肝火盛　士气旺盛
繁华昌盛　年少气盛　财源茂盛
花木繁盛　人才鼎盛　春秋正盛

23. 腥鲮韵*（韵母 ěng）

（此韵全部提示单字作方言俗语）

平声

上平声

屏

椅屏（椅子靠背） 挨屏

钉

书钉 图钉 铁钉 豆钉 揿钉
碰钉 三寸钉 眼中钉 打戏钉
螺丝钉 摸门钉 烂船还有三斤钉

厅

大厅 官厅 客厅 餐厅 关帝
厅 棺材冇横厅

听

收听 偷听 细听 侧耳听 带
泪听 不忍听 好话唔好听

靓

花靓（爱打扮，无实学的小青年）

笭

鱼笭

惊

心惊 失惊 吓惊 担惊 得人
惊 心惊惊

獜

黄獜

轻

年轻 轻轻 身轻 口轻轻
避重就轻 头重脚轻 下扒轻轻
（信口开河） 无官一身轻 狗
贱骨头轻

精

魂精（太阳穴） 除笨有精 面
懵心精

青

标青（出众） 翻青 采青 擒
青（莽撞，匆忙） 惊青（恐
慌） 腊青 蟹青 面青青 割
禾青

声

开声 收声 失声 咕咕声 得
把声 有理唔在高声 沙蝉落地
冇声

腥

鱼腥 臭腥 血腥 嫌钱腥 口
臭身腥 要食鱼，又怕腥

生（音"腥"）

好生（小心）

下平声

平

胆正命平 又靓又平

砰

打砰砰（锣声）

灵

神灵　人老就精，鬼老就灵　大庙有灵，细庙有灵

鲮

土鲮（鱼）

擎

起擎（露棱角）　灵擎（灵验、技艺高明）

成

生成　变成　做成

城

省城　出城　埋城

赢

输赢　打赢　斗赢　执赢　输少当赢　食要多，打要赢

上上声

饼

一饼　成饼　画饼　薄饼　西饼　月饼　肉饼　酒饼　咸煎饼　盲公饼

瓶

花瓶　插瓶　挽油瓶

名

花名　乳名　安名　有名　有中错状元，冇安错花名

顶

山顶　屋顶　头顶　封顶　撒网顶　瓦背顶　拖翎戴顶

颈

硬颈　拗颈　搴颈　揸颈　哽颈　吊颈　包顶颈　炮仗颈　二花面颈　揽头揽颈　望长条颈　唔抵得颈　死牛一边颈　有便宜唔使颈

井

天井　渗井　枯井　沙井　市井　乡井　淘古井　同乡井　临渴掘井　避坑落井　离乡别井　投河舂井　一锹唔得成井

请

三催四请

醒

瞓醒　扎醒　叫醒

下上、上去声

柄

把柄　话柄　刀柄　权柄　传为笑柄　资为谈柄　授人以柄　拃乱歌柄　同人唔同命，同遮唔同柄

擸

将石擸

腚

打倒腚

艇

撑艇　扒艇　搭艇　叫艇　小艇　游艇　汽艇　炮艇　紫洞艇

领

衬领　企领　反领　瓦封领*

岭

山岭　过岭　梅岭　分水岭　翻山越岭　荒山野岭　开山劈岭　刀山剑岭　崇山峻岭

靓

扮靓 贪靓 斗靓 青靓 闪靓
（闪电）

镜

照镜 磨镜 涮镜 破镜 明镜
宝镜 望远镜 哈哈镜 显微镜
跌眼镜（判断错） 唔信镜 照
妖镜 拆穿西洋镜 清如水，明
如镜

正

四正 行得正 企得正 执到正

下去声

病

大病 卧病 染病 养病 毛病
睇病 医病 心病 弊病 探病

通病 相思病 神经病 眼红病
能医百病 积劳成病 良药苦口
利于病

命

填命 卖命 赌命 搏命 短命
送命 偿命 捞命 饶命 依书
讲命 揸颈就命 占卦算命 半
条人命 同人唔同命 爱靓唔爱
命 功夫长过命

净

干净 实净 白净 匀净 家空
物净 青靓白净 水洗为净 眼
唔见为干净

定

文定 落定（付定钱）

24. 工农韵（韵母ung）

平声

上平声

中（另作上去声）

心中 目中 居中 暗中 适中
集中 意中 梦中 舟中 雨中
五中 郎中 折中 百忙中 掌
握中 客途中 月明中 画图中
乱离中 如日方中 秀外慧中
五里雾中 待字闺中 圆外方中
锥处囊中 身在福中 胎死腹中
乐在其中 山色有无中

忠

精忠 表忠 效忠 愚忠 怀忠
秉忠 老黄忠 寸心忠 铁石忠
一片孤忠 竭智尽忠 移孝作忠
为国尽忠

淙

流水淙淙

盅

口盅 局盅 茶盅 揭盅*

钟

晓钟 晚钟 疏钟 霜钟 金钟
五钟 黄钟 吊钟（花） 时

辰钟　五更钟　饭后钟　云外钟　撞木钟　敲丧钟　暮鼓晨钟　敲响警钟　击鼓鸣钟　声若洪钟　老态龙钟　食禄千钟　灵秀所钟　情有独钟　山深何处钟　做一日和尚撞一日钟

终

年终　慎终　告终　寿终　送终　始终　临终　善始善终　从一而终　养老送终　贯彻始终　弦断无终　无疾而终　不知所终

宗

正宗　朝宗　大宗　同宗　禅宗　卷宗　文宗　复姓归宗　扭计祖宗*　万法归宗　列祖列宗　万变不离其宗

踪

失踪　迷踪　仙踪　旧踪　行踪　游踪　芳踪　敌踪　无影无踪　访迹寻踪　浪迹萍踪　兔迹狐踪　虎穴追踪　一去无踪　衔尾跟踪

舂

夜舂　寒舂　碓舂

东

江东　山东　关东　远东　股东　财东　店东　做东*（东道主请人吃饭）　二房东　隔西东　大江东　乜东东*　田鸡东*

冬

三冬　初冬　寒冬　隆冬　残冬　过冬　立冬　穷冬　数九寒冬

腊月严冬　铁马丁冬　春夏秋冬

咚

战鼓咚咚　黑咕隆咚

通

普通　精通　私通　串通　畅通　变通　疏通　圆通　流通　打通　沟通　神通　梦魂通　打同通*　水泄不通　融会贯通　消息灵通　狗屁不通　官运亨通　触类旁通　无师自通　息息相通　得失穷通　一脉相通　此路不通　寿夭穷通　心有灵犀一点通　穷则变，变则通　八仙过海，各显神通

空

碧空　太空　长空　凌空　航空　横空　半空　腾空　高空　星空　领空　澄空　真空　架空　亏空　客里空　海陆空　腹中空　孙悟空　百虑空　一场空　四大皆空　坐吃山空　十室九空　一扫而空　海阔天空　皓月当空　妙手空空　人去楼空　天马行空　洗劫一空　人财两空　转眼成空　红日当空　咄咄书空　竹篮打水一场空

凶

吉凶　岁凶　势凶　逞凶　帮凶　群凶　执仗行凶　讼则终凶　趋吉避凶　极恶穷凶　首恶无凶　纵子行凶

汹

天下汹汹　声势汹汹

胸

扪胸 抚胸 满胸 恨填胸 锦绣胸 泪沾胸 成竹在胸 顿足捶胸 怒火烧胸 露臂袒胸 了然于胸 义愤填胸

风

东风 古风 英风 家风 国风 雄风 民风 迎风 和风 金风 采风 放风 旋风 罡风 颓风 阴风 顶风 披风 接风 把风 整风 伤风 中风 门风 急惊风 打秋风 麦克风 耳边风 占上风 耍威风 裙带风 乘长风 煽阴风 八面威风 空穴来风 甘拜下风 沐雨栉风 两袖清风 一路顺风 满面春风 过耳秋风 喝西北风 血雨腥风 冷雨凄风 明月清风 相习成风 淫雨邪风 败坏门风 妒雨酸风 暴雨狂风 冷日悲风 弱不禁风 密不通风 如坐春风 亮节高风 树大招风 树立新风 蔚然成风 不正之风 东风压倒西风 万事俱备，只欠东风

疯

麻疯 发疯 酒疯 装疯 发噱疯*（胡说八道）

丰

岁丰 庆丰 华丰 人寿年丰 羽毛未丰

封

开封 信封 密封 红封 云封 自封 受封 查封 雪盖冰封 故步自封 千里冰封 蛛网尘封 短度阔封*

峰

山峰 层峰 云峰 群峰 顶峰 孤峰 险峰 奇峰 眉峰 洪峰 第一峰 飞来峰 登高峰

烽

夜烽 边烽 塞烽 息烽

蜂

山蜂 狂蜂 黄蜂 蜜蜂 一窝蜂 采花蜂 浪蝶游蜂 紫蝶黄蜂

锋

中锋 机锋 笔锋 刀锋 针锋 词锋 剑锋 霜锋 急先锋 打前锋 陷阵冲锋 开路先锋 正面交锋 勇挫敌锋 大挫凶锋 为民前锋 暂避其锋

冲

要冲 折冲 俯冲 缓冲 兴冲冲 首当其冲 怒气冲冲 水陆要冲 子午相冲

忡

怔忡 有忡 忧心忡忡

衷

寸衷 和衷 哀衷 愚衷 苦衷 私衷 隐衷 言不由衷 无动于衷 贯彻初衷 情发于衷

工农韵

骢

青骢　骄骢　玉骢　五花骢

匆

行色匆匆　来去匆匆

倥

戎马倥偬

聪

天聪　耳聪　圣聪　神聪

充

补充　填充　冒充　扩充

葱

青葱　香葱　茏葱　洋葱　芜荽
葱*　郁郁葱葱

囱

烟囱

公

王公　天公　老公　外公　寓公
充公　秉公　奉公　盲公　家公
贼公　雷公　师公　恩公　相公
主人公　姜太公　寿星公*　二叔
公*　伯爷公*　大声公*　一枝公*
见周公*　脚趾公*　一国三公　天
下为公　克己奉公　衮衮诸公　涓
滴归公　一大二公　开诚布公　天
地至公　位列三公　项庄舞剑，意
在沛公

蚣

蜈蚣

弓

执弓　挂弓　张弓　藏弓　良弓
伤弓　角弓　雕弓　鸟惊弓　月

如弓　装弹弓*　挽强弓　开硬弓
左右开弓　盘马弯弓

工

人工　化工　百工　良工　技工
职工　女工　童工　监工　包工
施工　动工　罢工　矿工　窝工
加工　宪工　双职工　打长工
学徒工　磨洋工　临时工　造化
工　巧夺天工　异曲同工　巧思
精工　按件计工　刻意求工　合
作分工　鬼斧神工　消极怠工

攻

火攻　力攻　强攻　主攻　猛攻
反攻　佯攻　专攻　大举进攻
远交近攻　鸣鼓而攻　夹击围攻
贫病交攻　四面环攻　内外夹攻
转守为攻

恭

谦恭　温恭　玩世不恭　却之不
恭　草率不恭　兄友弟恭　前倨
后恭

功

有功　战功　高功　事功　论功
全功　评功　邀功　表功　阴功*
争功　归功　汗马功　第一功
下苦功　丑表功　基本功　劳而
无功　好大喜功　刻苦用功　戴
罪立功　马到成功　争取立功
崇德告功　尺寸之功　师老无功
计日程功　以战求功　摆酒庆功
屡建奇功　文治武功　伟绩丰功

贪天之功

宫

龙宫　皇宫　离宫　故宫　行宫
迷宫　学宫　月宫　水晶宫　天
后宫　广寒宫　文化宫　少年宫
步蟾宫　水殿龙宫　打入冷宫
月殿蟾宫　汉苑唐宫　大闹天宫
别馆离宫

供（另作上去声）

提供　口供　自供　逼供　求过于
供　矢口不供　反口翻供　如实招
供

躬

鞠躬　反躬　卑躬　圣躬　罪在朕
躬

翁

老翁　邻翁　渔翁　诗翁　塞翁
仙翁　髯翁　不倒翁　主人翁
亲家翁　田舍翁　白头翁　百万
富翁　白发衰翁　善长仁翁

松（另作下平声）

蓬松　稀松　轻松　放松　鱼松
肉松

窿

山窿*　穿窿*　大耳窿*（放高利贷
的人）

下平声

红

嫩红　绯红　花红　粉红　通红
面红　心红　落红　残红　啼红
分红　乱红　鲜红　猩红　猪红*

（猪血）　雁来红　东方红　开
门红　满堂红　夕阳红　映山红
万紫千红　姹紫嫣红　柳绿桃红
嫩蕊娇红　惨绿愁红　着绿穿红
齿白唇红　人老心红　酒绿灯红
炉火正红　烛影摇红　簪花挂红
花无百日红　花落剩几点残红
仇人见面，分外眼红

雄

圣雄　骁雄　争雄　心雄　称雄
七雄　群雄　气雄　豪雄　雌雄
枭雄　奸雄　万夫雄　气象雄
一决雌雄　巾帼英雄　无名英雄
一世之雄　势大财雄　积健为雄
时势造英雄　死当作鬼雄

虹

断虹　彩虹　白虹　晚虹　霓虹
飞虹　气贯长虹　桥架长虹　浩
气如虹　千丈垂虹

洪

山洪　分洪　防洪　排洪

鸿

塞鸿　离鸿　断鸿　征鸿　悲鸿
鳞鸿　孤鸿　飞鸿　遍地哀鸿
社燕秋鸿　去雁来鸿　目送归鸿
失侣孤鸿　翩若惊鸿

蛩

鸣蛩　吟蛩　秋蛩　夜蛩

从

盲从　胁从　依从　顺从　曲从
服从　附从　侍从　择善而从

唯命是从　无所适从　言听计从
降心相从　四德三从　何去何从
执意不从

丛

花丛　草丛　芳丛　人丛　刀丛
菊丛　千丛　密密丛丛

松（另作上平声）

虬松　古松　水松　大夫松　不
老松　迎客松　翠柏苍松　矫矫
孤松

重（另作下去声）

九重　万重　双重　几重　花影
重　万千重　远山重　心事重重
矛盾重重　困难重重　云山万重

虫（另作上上声）

草虫　蚕虫　沙虫　蝗虫　寒虫
秋虫　昆虫　鸣虫　毒虫　长虫
臭虫　寄生虫　应声虫　可怜虫
害人虫　血吸虫　小爬虫　百足
之虫　蚀米大虫*　宁欺白须公,
莫欺鼻涕虫*

穹

苍穹　青穹　高穹　秋穹

穷

困穷　贫穷　家穷　时穷　乐无
穷　兴不穷　岁月穷　理屈词穷
罗掘俱穷　地瘠民穷　变化无穷
黔驴技穷　层出不穷　后患无穷
日暮途穷　力尽心穷　叹老愁穷
君子固穷　其味无穷　人穷志不
穷

龙（另作上上声）

神龙　飞龙　蟠龙　群龙　潜龙
恐龙　过龙*　乱龙*　一条龙
变色龙　排长龙　炮凤烹龙　车
水马龙　直捣黄龙　缚虎屠龙
叶公好龙　跨凤乘龙　风虎云龙
望子成龙　剑化为龙　附凤攀龙
五爪金龙　卧虎藏龙　失水蛟龙
伏虎降龙　眼大睇过龙*

胧

风雨朦胧　月色朦胧

眬

醉眼蒙眬

栊（另作上上声）

玉栊　房栊　雕栊　绣帘珠栊
翡翠帘栊

茏

草木葱茏　楼阁苁茏

咙

喉咙

珑

八面玲珑　娇小玲珑

聋

震耳欲聋　眼朦耳聋　地哑天聋
诈作痴聋　扮哑装聋

笼（另作上上、上去声）

玉笼　竹笼　金笼　蒸笼　纱笼
囚笼　碧纱笼　浸猪笼*　火把灯
笼　身陷牢笼　虎兕出笼　芍药
烟笼　打破樊笼　金锁玉笼　牛
皮灯笼

农

务农　支农　花农　菜农　司农
老农　劝农　神农　贫农　佃农
富农　谷贱伤农　寓兵于农　解
甲归农

浓

春浓　意浓　睡浓　烟浓　墨浓
花浓　云浓　香浓　绿阴浓　月
色浓　酒杯浓　意厚情浓　游兴
正浓　酒味香浓　柳暗花浓

脓

化脓　溃脓

侬

阿侬　吴侬

隆

丰隆　穹隆　昌隆　生意兴隆
炮声隆隆　声誉日隆

同

异同　共同　合同　协同　陪同
雷同　认同　赞同　两心同　九州
同　普天同　世界大同　不敢苟
同　与众不同　不约而同　大不相
同　善与人同　英雄所见略同

桐

梧桐　青桐　疏桐　枯桐　孤桐
焦桐　丝桐

筒（又读上声）

听筒　竹筒　笔筒　痰筒　邮筒
电筒　万花筒　大花筒*

铜

青铜　赤铜　黄铜　废铁顽铜

黄金当废铜　现钟不打去炼铜
天地为炉，万物为铜

童

歌童　琴童　神童　顽童　牧童
学童　书童　返老还童　三岁孩
童　玉女金童　齿豁头童　保育
儿童

潼

临潼　梓潼

瞳

双瞳　重瞳　明瞳　剪水秋瞳

彤

红彤彤

容

姿容　颜容　音容　玉容　动容
整容　军容　阵容　修容　美容
宽容　仪容　收容　内容　月貌
花容　难以形容　面不改容　举
止从容　情理难容　满面愁容
无地自容　天地不容　水态山容
水火不相容　女为悦己者容

榕

古榕　六榕

蓉

芙蓉　玉蓉　莲蓉　出水芙蓉
初日芙蓉

溶

消溶　雪溶　溶溶　月溶　地烂
天溶　月色溶溶

喁

细语喁喁

融

祝融　消融　春融　相融　金融
通融　水乳交融　其乐融融

戎

和戎　平戎　西戎　元戎　惟口
兴戎　投笔从戎　妄启兵戎

绒（又读上声）

红绒　呢绒　丝绒　鸭绒　天鹅
绒　骆驼绒　灯芯绒

庸

凡庸　平庸　中庸　附庸　老朽
昏庸　将帅愚庸

慵

倦慵　懒慵　春慵　疏慵

佣（另作上上声）

雇佣　酒家佣　卖菜佣　为人佣
卖身为佣

茸

鹿茸　参茸　碧茸　紫草茸　绿
茸茸　毛茸茸

崇

推崇　钦崇　举世尊崇　一致推
崇　富比石崇

逢

躬逢　遭逢　欣逢　难逢　千载奇
逢　萍水相逢　花烛重逢　邂逅相
逢　久别重逢　狭路相逢　人生何
处不相逢

缝

针缝　裁缝　裂缝　骑缝　密密
缝　天衣无缝　无计弥缝　严丝
合缝

蓬

蓬蓬　转蓬　枯蓬　秋蓬　首如
飞蓬　身世飘蓬　鼓声蓬蓬

篷

钓篷　孤篷　船篷　帐篷　顺风扯
篷

蒙

启蒙　发蒙　童蒙　群蒙　粉饰
欺蒙　顿破愚蒙

濛

空濛　溟濛　山色空濛　烟雨迷
濛

仄声

上上声

孔

一孔　毛孔　针孔　鼻孔　冷面
孔　千疮百孔　狰狞面孔　读经
尊孔

恐

惊恐　惶恐　震恐　诚惶诚恐
有恃无恐

统

系统　正统　血统　笼统　大一
统　大总统　江山一统　优良传
统　不成体统

桶

水桶　吊桶　铁桶　箍桶　酒囊
饭桶　抽水马桶

捅

直捅捅

董

古董　校董　老古董

懂

懵懂　不懂装懂　不看就懂　阴
阳怕懵懂

懵

大懵　诈懵*　迷迷懵懵*

种（另作上去声）

人种　龙种　良种　播种　选种
育种　纯种　种种　陈村种*　食
谷种*　孤寒种*　小家种*　死绝种*
打乱种*　孤根独种　将相无种
如此种种　闲愁万种

踵

举踵　放踵　旋踵　摩肩接踵
比肩继踵

肿

臃肿　水肿　囊肿　头青面肿
面目浮肿

总

汇总　归总　千总　老总　林林总
总

粽

五月粽　裹蒸粽*

冢

青冢　芳冢　义冢　荒冢　笔冢
新冢　衣冠冢　埋香冢

宠

恩宠　受宠　恃宠　失宠　哗众

取宠　画中爱宠

虫（另作下平声）

斩脚趾避沙虫*

耸

高耸

冗

繁冗　事冗　官冗　拨冗

涌

风涌　波涌　月涌　腾涌　沸涌
坌涌　风起云涌　波翻浪涌　波
涛汹涌　山崩泉涌　心如潮涌
群情汹涌　泪如泉涌　冰轮乍涌
文思泉涌　人头涌涌*

愿

怂愿

踊

跳踊　腾踊　群山奔踊

蛹

蚕蛹　蜂蛹

俑

木俑　陶俑　石俑　始作俑　兵马
俑

佣（另作下平声）

行佣*　回佣*

龙（另作下平声）

扒龙*　刮龙*　乌龙*　摆乌龙*
打滚龙*　掘尾龙*　食草龙*

笼（另作下平、上去声）

雀笼　蟛笼　企笼　顶笼*（到
头、满）

拢
靠拢　拉拢　聚拢

栊（另作下平声）
趙栊*（横推的木门栅）　上栊*

拱（另作上去声）
高拱　围拱　桥拱　墓木已拱
作揖打拱　众星围拱

捧
手捧　吹捧　一捧　瞎捧

讽
嘲讽　讥讽　冷嘲热讽

俸
薪俸　薄俸

下上、上去声

勇
上勇　义勇　神勇　好勇　兵勇
骁勇　英勇　大仁大勇　散兵游
勇　匹夫之勇　自告奋勇　无拳
无勇　贾其余勇　万夫不当之勇
败军之将，不足言勇

众
大众　万众　合众　公众　得众
从众　观众　鸣锣聚众　人多势
众　乌合之众　寡不敌众　兴
师动众　枭首示众　妖言惑众
才能出众　大庭广众　造谣惑众
联统群众　三人成众

种（另作上上声）
耕种　抢种　栽种　引种　广种
芒种

中（另作上平声）
巧中　击中　误中　切中　奇
猜中　命中　看中　百发百中
谈言微中　亿则屡中　不幸言中
言必有中　一箸夹中*

纵
宽纵　操纵　骄纵　放纵　欲擒
先纵　聪明天纵　欲不可纵

送
迎送　选送　输送　奉送　护送
保送　递送　赠送　走送　断送
葬送　手挥目送　时来风送　一
程相送　攀辕追送　来迎去送
半卖半送　屎坑三姑，易请难送*

宋
两宋　仿宋

餸
买餸*

冻
冰冻　忍冻　檐冻　霜冻　天寒
地冻　春风解冻　挨饥受冻

笼（另作下平、上上声）
翻箱倒笼

垄
田垄

汞
铅汞　红汞　烧丹炼汞

瓮
酒瓮　米瓮　抱瓮　请君入瓮

哄
起哄　乱哄哄　闹哄哄

供（另作上平声）

清供　蜜供　上供　文房清供
岁朝清供

拱（另作上上声）

向上拱　累累拱*（到处钻）

讧

内讧

贡

进贡　朝贡　献贡　拔贡　称臣
纳贡　献功入贡

痛

头痛　心痛　哀痛　沉痛　酸痛
悲痛　苦痛　隐痛　切肤之痛　痛
定思痛　陆沉之痛　深哀沉痛　好
了伤疤忘了痛　仇者所快，亲者所
痛

碰

相碰　硬碰

控

上控　指控　失控　遥控

下去声

用

信用　中用　使用　适用　运用
引用　公用　顶用　日用　食用
享用　实用　采用　受用　重用
物尽其用　带头作用　废物利用
精选妙用　百无一用　知人善用
省吃俭用　活学活用　一心二用
大材小用　学以致用　古为今用
恩威并用　量才录用　宽打窄用
身为国用　学非所用　刚柔互用

刚愎自用　楚材晋用　心无二用
师心自用

动

主动　被动　生动　发动　感动
变动　运动　打动　开动　反动
轰动　震动　鼓动　骚动　波动
带动　劳动　激动　相机而动
欢声雷动　蠢蠢欲动　灵机一动
待时而动　阴谋活动　风吹草动
纹丝不动　静极思动　谋定后动
辛勤劳动　按兵不动　人心浮动
山摇地动　轻举妄动　原封不动
龙蛇飞动　岿然不动　雷打不动
怦然心动

洞

空洞　漏洞　岩洞　窑洞　狗洞
地洞　山洞　无底洞　仙人洞
防空洞　鼠窟蛇洞　引蛇出洞

峒

山峒　苗峒　高山大峒

栋

汗牛充栋　雕梁画栋

凤

飞凤　雏凤　龙凤　丹凤　鸾凤
舞凤　引凤　彩凤　钗头凤　朝
阳凤　攀龙附凤　乘龙跨凤　描
龙绣凤　偷龙转凤　祥麟威凤
翔鸾舞凤　颠鸾倒凤　孤鸾只凤

奉

信奉　侍奉　敬奉　供奉　接奉
朝奉　献奉

弄

戏弄　玩弄　卖弄　愚弄　嘲弄
耍弄　摆弄　里弄　梅花三弄

共

公共　统共　不共　一共　生死
与共　甘苦与共

梦

大梦　好梦　残梦　幻梦　迷梦
午梦　清梦　惊梦　幽梦　美梦
入梦　噩梦　黄粱梦　蝴蝶梦
黄金梦　南柯一梦　重温旧梦
同床异梦　白日做梦　浮生若梦
庄周蝶梦　旧欢如梦　一场春梦
痴人说梦　发开口梦*

诵

记诵　传诵　暗诵　背诵　吟诵
朗诵　过目成诵　心维口诵

颂

歌颂　称颂　善颂　祝颂　赞颂

橘颂　椒花献颂　一时传颂

重（另作下平声）

郑重　庄重　敬重　尊重　贵重
保重　慎重　严重　辎重　稳重
隆重　沉重　声价重　千钧重
情深意重　恩如山重　权衡轻重
举足轻重　一声珍重　畸轻畸重
罪孽深重　忍辱负重　德高望重
伤亡惨重　拈轻怕重　灾难深重
老成持重　君子自重　礼轻情义
重

讼

听讼　健讼　自讼　息讼　包揽词
讼　纷张聚讼　平息争讼　经官诉
讼

仲

伯仲　昆仲　杜仲　不分伯仲

恸

哀恸　痛恸　大恸

25. 乌狐韵（韵母u）

（此韵与操劳韵通用）

平声

上平声

呼

欢呼　狂呼　惊呼　高呼　鸣呼
招呼　称呼　传呼　振臂一呼

大声疾呼　一命呜呼　万唤千呼
雀跃欢呼

孚

众望孚　人望不孚

俘

战俘　被俘　生俘　献俘

荸
葧荸

夫
火夫　马夫　船夫　车夫　丈夫
懦夫　渔夫　更夫　凡夫　匹夫
独夫　大夫　老夫　病夫　打功夫　大丈夫　白费功夫　苦下功夫　赳赳武夫　肉眼凡夫　草莽之夫　罗敷有夫　得来全不费功夫

肤
皮肤　体肤　肌肤　体无完肤　身体发肤

敷
冷敷　热敷　外敷

虎（另作上声）
马虎　马马虎虎

枯
干枯　焦枯　荣枯　偏枯　草木枯　万骨枯　树老根枯　摧朽拉枯　油尽灯枯

姑
姑姑　村姑　尼姑　仙姑　翁姑　小姑　道姑

菇
蘑菇　冬菇　草菇

辜
无辜　何辜　死有余辜　平白无辜

沽
待价而沽　贱价平沽

鸪
鹧鸪

孤
势孤　遗孤　托孤　一灯孤　片帆孤　力薄势孤　吾道不孤　养老存孤　凤只鸾孤

箍
铁箍　柴箍　金箍

污
油污　卑污　玷污　奸污　贪污　去污　同流合污　藏垢纳污　受贿贪污

乌
啼乌　栖乌　金乌　何首乌　爱屋及乌

呜
其声呜呜

下平声

湖
江湖　平湖　西湖　游湖　人工湖　走江湖　老江湖　落拓江湖　人在江湖　泛舟五湖

瑚
珊瑚

醐
灌顶醍醐

糊（另作上声）
含糊　模糊　迷糊　糨糊　醉眼模糊　神志迷糊　含含糊糊

壶
酒壶　茶壶　暖壶　水壶　夜壶

冰壶　悬壶　一片冰心在玉壶

狐

妖狐　野狐　银狐　人面狐

符

合符　相符　不符　音符　兵符
桃符　虎符　冇符*（没办法）
护身符　命催符　鬼画符*　言行
不符　名实相符

扶

相扶　挽扶　帮扶　手扶　患难相
扶

蚨

青蚨

乎

庶几乎　危危乎*　不亦乐乎　满
不在乎　者也之乎

仄声

上上声

虎（另作上平声）

老虎　猛虎　豺虎　饿虎　打虎
伏虎　壁虎　灯虎　拦路虎　纸
老虎　笑面虎　祭白虎*　秋老虎*
生龙活虎　降龙伏虎　如狼似虎
藏龙卧虎　势成骑虎　照猫画虎
杀蚊射虎　畏之如虎　扮猪食老
虎*　前怕狼后怕虎　一山不藏二
虎　初生之犊不畏虎　得胜猫儿
强似虎

唬

吓唬

府

政府　官府　知府　首府　学府
洞府　幕府　乐府　穿州过府
冲州撞府　阴曹地府　经官动府
胸无城府

腑

肺腑　脏腑　动人肺腑　五脏六
腑

俯

一仰一俯

斧

刀斧　利斧　大斧　资斧　开山
斧　三板斧　大刀阔斧　班门弄
斧　开天巨斧　神工鬼斧

釜

瓦釜　沉舟破釜

苦

辛苦　痛苦　诉苦　忆苦　叫苦
挖苦　疾苦　愁苦　甘苦　刻苦
艰苦　吃大苦　不知苦　风霜苦
儿多母苦　千辛万苦　家贫命苦
伶仃孤苦　同甘共苦　含辛茹苦
不辞劳苦　嘴甜心苦　访贫问苦
怜贫恤苦　颠连困苦

傅

师傅

抚

督抚　巡抚　优抚　爱抚　安抚
招抚

父（另作下去声）

外父* 师父* 西南二伯父*

胡

二胡 椰胡

糊（另作下平声）

食糊*（和牌）

古

千古 远古 今古 考古 复古
博古 盘古 怀古 人心不古
厚今薄古 千秋万古 名扬千古
观今鉴古 自我作古

估

低估 难估 靠估*

蛊

放蛊 整蛊*（捉弄）

贾（音"古"）

商贾 大腹贾 余勇可贾 行商坐
贾

鼓

锣鼓 战鼓 旗鼓 腰鼓 鼙鼓
钟鼓 更鼓 金鼓 三通鼓 登
闻鼓 跳花鼓 敲锣打鼓 大
张旗鼓 重整旗鼓 偃旗息鼓
密锣紧鼓 敲钟击鼓 打退堂鼓
骨头打鼓*

股

屁股 八股 招股 合股

下上、上去声

妇

媳妇 巧妇 泼妇 荡妇 寡妇
夫妇 主妇 情妇 孕妇 少妇
农夫村妇 孤儿寡妇 有夫之妇
家庭主妇

富

丰富 豪富 财富 致富 暴富
贫富 嫌贫重富 发家致富 夸
财露富 治穷致富

副

大副 一副 正副 盛名之下，
其实难副

赋

天赋 禀赋 词赋 田赋 诗词
歌赋 悉索敝赋 登高能赋

裤

长裤 马裤 衫裤 套裤 牛头
裤 牛仔裤 开裆裤 同穿连裆裤

库

宝库 水库 国库 仓库 书库
冷库 金库 火药库 刀枪入库

咐

吩咐 嘱咐 叮咛嘱咐

庳

把水庳

固

坚固 巩固 牢固 稳固 凝固
加固 自固 根基固 老顽固
根深蒂固

锢

禁锢

故

事故 变故 世故 缘故 亡故
物故 细故 国故 掌故 典故

病故　借故　一见如故　依然如故
人情世故　无缘无故　饱经世故
无亲无故　沾亲带故　持之有故
蹈常袭故　投江身故　衣不如新,
人不如故

顾
照顾　兼顾　回顾　一顾　主顾
光顾　惠顾　后顾　统筹兼顾
义无反顾　掉头不顾　公私兼顾
不屑一顾　坐视不顾　左瞻右顾
堕甑不顾　长贫难顾

恶
可恶　厌恶　憎恶　羞恶

雇
解雇　征雇

下去声

户
门户　窗户　入户　落户　住户
用户　订户　暴发户　清洁户　文
明户　关门闭户　单门独户　另立
门户　家家户户　千家万户　穷家
小户　安家落户　豪门富户　蓬门
荜户

护
保护　爱护　袒护　拥护　维护

庇护　监护　辩护　救护　看护
打掩护　官官相护　劳动保护

扈
专横跋扈　嚣张跋扈　飞扬跋扈

芋
香芋　荔浦芋*

父（另作上上声）
老父　慈父　生父　养父　伯父
家父　认贼作父

腐
豆腐　迂腐　陈腐　流水不腐
冬瓜豆腐*

付
应付　对付　支付　托付

附
依附　归附　攀附　皮之不存,
毛将焉附

负
担负　肩负　辜负　抱负　胜负
欺负　亏负　不分胜负　如释重
负　文责自负

赴
奔赴　赶赴　争赴　开赴　全力以
赴

26. 操劳韵（韵母ou）

平声

上平声

刀

大刀　宝刀　刺刀　镰刀　屠刀　钢刀　磨刀　挥刀　指挥刀　豆腐刀*　两面三刀　笑里藏刀　雨箭风刀　放下屠刀　跃马横刀　匹马单刀　乌哩单刀*（乱糟糟）杀鸡焉用牛刀

都

首都　国都　建都　迁都　钢城煤都　立国建都

煲*（方言字，即"瓿"）

沙煲*　瓦煲*　宝煲*　穿煲*　掟煲*（分手）　电饭煲*　吊沙煲*　尽地一煲*　同捞同煲*　单料铜煲*　贼佬试沙煲*

铺

被铺　床铺　孖铺*　锦绣铺　打地铺*　太平铺*

髦

时髦

捞（音lou）

同煲同捞*

滔

浪滔滔　话滔滔　热血滔滔

韬

六韬　戎韬　武略文韬

叨

唠叨　絮絮叨叨

高

提高　升高　居高　登高　崇高　清高　孤高　偏高　步步高　节节高　站得高　心头高　热情高　志气高　风格高　逐浪高　试比高　水涨船高　劳苦功高　老迈年高　月黑风高　路远山高　心比天高　品格清高　众人拾柴火焰高　这山望着那山高　一山还有一山高

篙

竹篙　撑篙

蒿

蓬蒿　野蒿　青蒿

羔

羊羔

糕

年糕　蛋糕　蒸糕　煎糕　糟糕　雪糕*　一块糕　云片糕

膏

牙膏　药膏　脂膏　民脂民膏

粗

胆粗　心粗　气粗　精粗　手脚

粗　大老粗　气大声粗　美恶精
粗　财大气粗

操（另作上去声）
出操　贞操　体操　早操　把心
操　健身操

须
胡须*　甩须*（失面子）　睬眼吹
须*　老猫烧须*　五绺长须

骚
风骚　牢骚　离骚　满腹牢骚
卖弄风骚

苏
流苏　姑苏　樵苏　草木苏　死
而复苏　民命昭苏

稣
耶稣

臊
腥臊　羶臊　惹得一身臊

糟
搞糟　麋糟　酒糟　乱糟糟　一
团糟　乱七八糟　邋遢污糟*（肮
脏，下流）

遭
走一遭　破题儿第一遭

租
房租　地租　收租　出租　迫租
减租　迫债催租　吉屋招租

下平声

袍
长袍　红袍　龙袍　蟒袍　战袍
旗袍　征袍　割须弃袍　与子同

袍　公服官袍

毛
羽毛　羊毛　头毛　毫毛　鸿毛
皮毛　胆生毛*　火烧眉毛　九牛
一毛　略懂皮毛　盗贼如毛　死
有重于泰山，有轻于鸿毛

无
虚无　全无　世间无　可有可无
似有若无　互通有无　有等如无
宁可信其有，不可信其无

芜
荒芜　平芜

巫
女巫　妖巫　小巫见大巫　信医
不信巫

诬
冤诬　辨诬

模
规模　楷模　劳模　英模　指模
字模

摹
描摹　临摹　难摹

桃
合桃　樱桃　蜜桃　蟠桃　仙桃
寿桃　天桃　夹竹桃　水蜜桃
王母蟠桃　绿柳红桃

逃
脱逃　遁逃　奔逃　私逃　无路
可逃　法网难逃　望风而逃　落
荒而逃　临阵脱逃　畏罪潜逃
夹带私逃　在劫难逃

萄

葡萄

涛

波涛　浪涛　海涛　碧涛　松涛
怒涛　惊涛　狂涛　万里涛　听江
涛

陶

熏陶　甄陶　乐陶陶

图

地图　画图　版图　草图　蓝图
宏图　彩图　构图　绘图　贪图
企图　意图　浮图　规划图　进
军图　八阵图　有利可图　唯利
是图　大展宏图　大略雄图

途

路途　通途　前途　征途　长途
坦途　旅途　穷途　歧途　迷途
殊途　归途　中途　用途　末路
穷途　误入歧途　老马识途　视
为畏途　荆棘满途

涂

糊涂　一塌糊涂　糊里糊涂

荼

苦荼　如火如荼

咷

号咷　嚎咷

徒

学徒　门徒　师徒　高徒　信徒
歹徒　叛徒　暴徒　匪徒　狂徒
亡命之徒　市井之徒　酒色之徒
得意门徒　设馆授徒　名师出高

徒

奴

农奴　家奴　女奴　匈奴　守财
奴亡国奴　老婆奴*　为婢为奴
恶主豪奴　入主出奴　买办洋奴
使婢驱奴

劳

勤劳　辛劳　操劳　功劳　慰劳
酬劳　代劳　效劳　不辞劳　汗
马功劳　犬马之劳　能者多劳
刻苦耐劳　好逸恶劳　以逸待劳
举手之劳　养育劬劳　吃大苦，
耐大劳

痨

肺痨　骨痨

涝

防涝　旱涝

牢

监牢　黑牢　囚牢　坐牢　记牢
坚牢　石牢　大牢　牢又牢　亡
羊补牢　画地为牢　从来好物不
坚牢

醪

醇醪　春醪

炉

高炉　煤炉　火炉　锅炉　熔炉
洪炉　回炉　围炉　炼钢炉　打
边炉*　共冶一炉　天地为炉　红
泥小火炉

芦（另作上声）

葫芦　闷葫芦　酒葫芦　依样画

葫芦

庐

茅庐　田庐　蜗庐　结庐　初出茅庐　三顾草庐　吾亦爱吾庐

颅

头颅　圆颅

垆

酒垆　当垆　黄垆

轳

辘轳

鲈

烹鲈

驴

毛驴　骑驴

熬

煎熬　难熬

嗷

众口嗷嗷

毫

丝毫　分毫　挥毫　纤毫　一丝一毫　明察秋毫

豪

富豪　土豪　文豪　英豪　自豪人豪　雄豪　胆气豪

壕

战壕

嚎

狂嚎　长嚎　哀嚎　鬼哭神嚎虎啸狼嚎

号（另作下去声）

哀号　呼号　长号　奔走呼号

北风怒号　雪舞风号

曹

吾曹　尔曹　儿曹

槽

马槽　渡槽　跳槽　卧槽　两马争槽

嘈

大声嘈*　闹嘈嘈*　鬼杀咁嘈*

仄声

上上声

宝

百宝　挖宝　国宝　财宝　法宝珍宝　走宝*（失去好机会）传家宝　金银财宝　招财进宝如获至宝　传经送宝　宝中之宝奇珍异宝　无价之宝　文房四宝家有一老，胜如一宝

保

担保　难保　劳保　治保　自身难保　退居自保　朝夕不保十三太保（药剂）

葆

青春永葆

堡

碉堡　古堡　城堡　暗堡　桥头堡　明碉暗堡

补

滋补　帮补　填补　弥补　候补缝补　织补　于事无补　修修补

补　多除少补　缝缝补补

簿
户口簿　笔记簿　功劳簿

谱
乐谱　简谱　脸谱　食谱　年谱
族谱　离谱*　五线谱　英雄谱

圃
花圃　药圃　苗圃　菜圃

脯
肉脯　果脯

帽
旧帽　新帽　军帽　衣帽　戴帽
脱帽　乌纱帽　风吹帽　戴高帽
穿靴戴帽

瑁
玳瑁

岛
海岛　宝岛　小岛　半岛　群岛
荒岛　孤岛　上岛　无名岛　安
全岛　十州三岛

捣
直捣　心如捣

堵
安堵　把洞堵　观者如堵　百姓安
堵

睹
目睹　耳闻目睹　有目共睹　熟
视无睹　惨不忍睹　身经目睹
视若无睹

赌
打赌　禁赌　烂赌*　同嫖共赌

窝娼聚赌　狂嫖滥赌　鸡鸦狗赌*

倒
打倒　推倒　踢倒　颠倒　潦倒
醉倒　倾倒　拉倒　冰山倒　随
风倒　两边倒　人妖颠倒　是非
颠倒　神魂颠倒　不打不倒　七
颠八倒　穷愁潦倒　兵败如山倒

土
泥土　焦土　粪土　尘土　沃土
国土　乡土　疆土　领土　本土
出土　动土　寸金尺土　挥金如土
人间乐土　一抔黄土　幼苗破土
不服水土　开疆辟土　魂归故土
皇天后土　辞乡别土　一堆粪土
本乡本土　钱财如粪土　太岁头
上动土

讨
探讨　商讨　检讨　声讨　研讨
征讨　东征西讨　共伸天讨

佬
细佬*　土佬*　阔佬*　外江佬*
收买佬*　喃呒佬*　大粒佬*　番鬼
佬*　有钱佬*　单身寡佬*

祷
祈祷　默祷

好（另作上去声）
和好　友好　良好　要好　叫好
讨好　问好　三好　风光好　年
成好　无限好　邦交友好　重修
旧好　言归于好　永以为好　金
兰之好　洁身自好　好上加好

月圆花好　两边讨好　形势大好
请安问好　拍掌叫好　吃力不讨
好

稿

草稿　文稿　讲稿　写稿　腹稿
遗稿　脱稿　投稿

镐

铁镐　十字镐

槁

枯槁

草

稻草　野草　甘草　青草　花草
芳草　劲草　百草　粮草　毒草
潦草　除草　含羞草　墙头草
寄生草　隐身草　算死草*　疾
风劲草　奇花异草　香花毒草
荒烟蔓草　拈花惹草　花花草草
闲花野草　冬虫夏草　好马不吃
回头草　天涯何处无芳草

嫂

嫂嫂　姑嫂　大嫂

数（另作上去声）

细数　数一数　寥寥可数　屈指
可数　擢发难数　数不胜数

枣

红枣　蜜枣　酸枣　囫囵吞枣

蚤

跳蚤

早

清早　一早　更早　趁早　提早
迟早　春来早　起得早　醒来早

莫道君行早

组

小组　分组　班组　改组　战斗
组　工作组

祖

先祖　始祖　鼻祖　佛祖　二世
祖*（败家子）　光宗耀祖　数典
忘祖　如来佛祖　唐宗宋祖

芦（另作下平声）

放葫芦*（吹牛）

下上、上去声

舞

跳舞　歌舞　起舞　飞舞　挥舞
狂舞　鼓舞　飘舞　交谊舞　狮
子舞　漫天舞　红旗舞　迎风舞
载歌载舞　轻歌曼舞　莺歌燕舞
眉飞色舞　欢欣鼓舞　能歌善舞
长袖善舞　龙飞凤舞　群魔乱舞
婆娑起舞　雪花飞舞　风雷鼓舞
闻鸡起舞

母

父母　慈母　养母　祖母　后母
师母　字母　酵母　贤妻良母　衣
食父母　再生父母　失败为成功之
母

姆

保姆

侮

欺侮　受侮　不可侮　抗御外侮
同心御侮

冇*（方言字）

有冇*　手快有，手慢冇*

武

威武　英武　动武　练武　演武
卖武　比武　用武　练拳习武
重文轻武　修文练武　能文能武
扬威耀武　穷兵黩武　弃文就武
也文也武*（趾高气扬）

鹉

鹦鹉

抱

怀抱　拥抱　合抱　环抱　心抱*
（新媳妇）　山环水抱　琵琶别
抱　投怀送抱

泡（音“抱”）

水泡*　一镬泡*（一团糟）　一口泡*

肚

猪肚　肠肚　大肚*　爆肚*　牵肠
挂肚　牢骚满肚　荷包即系兜肚*

脑

头脑　大脑　首脑　动脑　摇头
摆脑　针头线脑　贼头贼脑　傻
头傻脑　鬼头鬼脑　没头没脑
提神醒脑　埋头埋脑*　耷头耷脑*

恼

烦恼　苦恼　气恼　自寻烦恼

瑙

玛瑙

老

衰老　苍老　年老　未老　元老
月老　父老　养老　敬老　春不

老不服老　倚老卖老　田夫野老
怜贫恤老　宝刀未老　乡亲父老
长生不老　同偕到老　白头偕老
乞身告老　天荒地老　青山不老
三朝元老　人生易老　养儿防老
人老心不老　一本通书睇到老*

虏

俘虏　外虏

鲁

粗鲁　愚鲁

橹

摇橹　摇船掌橹　前桨后橹

弩

弓弩　强弩　强弓硬弩

布

棉布　花布　买布　剪布　织布
分布　宣布　公布　散布　摆布
密布　瀑布　遮羞布　抹台布
粗衣麻布　星罗棋布　战云密布
钗荆裙布　公开宣布　悬崖瀑布

怖

恐怖　可怖

报

书报　画报　小报　学报　墙报
公报　喜报　捷报　情报　电报
警报　读报　黑板报　大字报
恶有恶报　恩将仇报　睚眦必报
感恩图报　一报还一报　善恶到
头终有报

道（另作下去声）

知道

妒
嫉妒　群芳妒

到
报到　赶到　做到　周到　先到
迟到　达到　独到　有嘢到*
家知户到　面面俱到　先来后到
功夫老到　人到意到　招呼唔到*
初嚟甫到*

套
圈套　手套　外套　成套　配套
客套　老一套　乱了套　跑龙套
生搬硬套　落入圈套　陈规旧套
不落俗套　巧用连环套

吐
呕吐　倾吐　吞吞吐吐　半吞半
吐

兔
白兔　野兔　狡兔　玉兔　守株
待兔　狮子搏兔

告
布告　报告　宣告　警告　诬告
祷告　劝告　控告　冇状告*
直言相告　开诚相告　奔走相告
挟嫌诬告　千央万告　求神祷告
无可奉告

诰
封诰

澡
洗澡

操（另作上平声）
情操　节操

噪
鼓噪　蝉噪

躁
急躁　焦躁　烦躁　暴躁　不骄不
躁　戒骄戒躁　少安毋躁　轻佻浮
躁

燥
干燥　枯燥　天干地燥　唇焦舌
燥　风高物燥

糙
粗糙

醋
白醋　酸醋　买醋　吃醋　落盐
醋*　煲姜醋*　油盐酱醋　添油加
醋　拈酸吃醋　穷酸饿醋　争风
呷醋*

措
手足无措　惊慌失措　不知所措

数（另作上上声）
无数　多数　函数　级数　算数*
彩数*　着数*　路数*　未知数
齐头数*　打输数*（不存希望）
谂缩数*　不计其数　心中有数
滥竽充数　浑身解数　恒河沙数
物价指数　大话怕计数*

扫
打扫　横扫　清扫　星驰电扫

诉
告诉　倾诉　申诉　上诉　控诉
哭诉　哀诉　细诉　如泣如诉
有冤莫诉　尽情倾诉

素

因素　元素　朴素　毒素　要素
维生素　艰苦朴素　我行我素
训练有素　安之若素　七荤八素

愫

情愫

塑

雕塑　过塑　木雕泥塑

灶

炉灶　柴灶　拆灶　倒灶　烧冷
灶*　另起炉灶　蒙正祭灶　好狗
唔当路，好猫唔睏灶*

好（另作上声）

爱好　嗜好　癖好　公诸同好
投其所好　夺人所好

耗

消耗　损耗　噩耗

奥

深奥　秘奥

澳

省港澳

下去声

暴

风暴　粗暴　残暴　凶暴　不畏
强暴　简单粗暴　风狂雨暴　凶
横残暴　以暴易暴

部

干部　支部　总部　全部　局部
内部　分部　司令部　俱乐部

步

脚步　漫步　踏步　留步　进步
跑步　散步　让步　健步　稳步
地步　架步*　操正步*　艺坛独步
昂首阔步　闲庭信步　高视阔步
原地踏步　规行矩步　望而却步
鹅行鸭步　邯郸学步　快行无好
步　百尺竿头更进一步

捕

被捕　逮捕　追捕　拒捕　搜捕
缉捕　巡捕

务

任务　职务　事务　公务　特务
服务　防务　业务　义务　家务
总务　财务　不识时务　不急之
务　精通业务　家头细务*

冒

感冒　假冒　向上冒

墓

坟墓　孤墓　古墓　陵墓　公墓
扫墓　烈士墓　自掘坟墓

慕

爱慕　仰慕　羡慕　思慕

暮

日暮　岁暮　朝朝暮暮　美人迟
暮　天寒岁暮　岁聿云暮

募

招募　应募　劝募

雾

云雾　霞雾　烟雾　大雾　浓雾
薄雾　夜雾　晓雾　妖雾　迷雾
拨开云雾　排云拨雾　穿云破雾
妖氛毒雾　愁云惨雾　兴云作雾

吞云吐雾　腾云驾雾　霞霞雾雾*（头脑混沌，模模糊糊）

鹜

孤鹜　趋之若鹜

度

制度　速度　进度　温度　长度　程度　密度　浓度　高度　热度　深度　态度　限度　风度　难度　年度　有两度*（有两下子，可以应付）　汪汪大度　时光虚度　宽宏量度　一年一度　规章制度

渡

过渡　飞渡　横渡　抢渡　夜渡　偷渡　竞渡　摆渡　龙舟竞渡

镀

电镀

导

领导　教导　指导　引导　前导　向导　开导　辅导　因势利导

盗

强盗　大盗　海盗　迫良为盗　诬良为盗　鸡鸣狗盗　诲淫诲盗　江洋大盗　开门揖盗　奸淫邪盗

悼

追悼　哀悼　痛悼

稻

水稻　旱稻　种稻　双季稻

蹈

舞蹈　手舞足蹈

蠹

书蠹　禄蠹　户枢不蠹

道（另作上去声）

街道　通道　大道　小道　绕道　人道　味道　修道　得道　报道　地道　轨道　铁道　航道　隧道　赤道　康庄道　阳关道　打交道　阳关大道　黄沙古道　光明大道　羊肠小道　孔孟之道　怨声载道　微不足道　胡说八道　横行霸道　替天行道　中庸之道　头头是道　能说会道　惨无人道　津津乐道　喜闻乐道　鸣锣开道　邪门歪道　旁门左道　成仙得道　大逆不道　生财有道　主持公道　豺狼当道　离经叛道　坐而论道　大行其道　口碑载道　夫子自道　尊师重道　天公地道

路

大路　正路　邪路　道路　马路　公路　出路　门路　迷路　绝路　末路　开路　弯路　来路　歧路　远路　引路　电路　思路　崎岖路　回头路　三岔路　留后路　冤枉路　唔对路*　必由之路　走投无路　投石问路　穷途末路　河水让路　自寻死路　劈山开路　广开门路　广开言路　情同陌路　徘徊歧路　修桥整路　兵分两路　有纹有路*　阻头阻路*　躝尸趷路*（滚蛋）　天无绝人之路　读万卷书，行万里路

怒

愤怒 震怒 激怒 大怒 可怒
动怒 迁怒 息怒 老羞成怒
勃然大怒 天人共怒

露

暴露 揭露 披露 败露 甘露
雨露 朝露 寒露 流露 泄露
透露 吐露 果子露 玫瑰露
杨枝甘露 锋芒毕露 原形毕露
深藏不露 阳光雨露 金风玉露

鹭

白鹭 宿鹭

赂

贿赂

傲

骄傲 高傲 居功自傲 心高气
傲

号 （另作下平声）

口号 军号 记号 信号 符号
称号 旗号 病号 冲锋号 进
军号 天字第一号

造

创造 改造 制造 塑造 铸造
捏造 缔造 构造 伪造 仿造
发明创造 思想改造 粗制滥造
凭空捏造 恩同再造 生安白造*
人心肉造*

做

快做 会做 难做 好人难做
小题大做 好吃懒做 假戏真做

皂

肥皂 香皂

祚

国祚 福祚

27. 逍遥韵（韵母iu）

平声

上平声

腰

山腰 弯腰 折腰 撑腰 蜂腰
拦腰 伸懒腰 水蛇腰 小蛮腰
点头哈腰 拱手哈腰 虎背熊腰

夭

逃之夭夭

邀

应邀 相邀 特邀

标

目标 指标 路标 航标 锦标
商标 高标

表 （另作上声）

手表 怀表

飙

狂飙 惊飙

镳

分道扬镳

镖

保镖　飞镖

飘

雪飘　风飘　香飘　轻飘　酒旗飘　雪花飘　万里飘　迎风飘　轻飘飘

挑

肩挑　勇挑　争挑

佻

轻佻

雕

大雕　浮雕　石雕　一箭双雕　木塑泥雕

丢

把枪丢

刁

放刁　奸刁　嘴刁刁*

凋

草木凋　松柏后凋

貂

狗尾续貂

娇

撒娇　诈娇*　分外娇　百媚千娇　金屋藏娇　如此多娇　柳媚花娇

骄

不骄　天骄　将悍兵骄

招

绝招　高招　相招　把手招　耍花招　派街招*（发广告）　不打自招　屈打成招

朝（另作下平声）

今朝　明朝　花朝　岁朝　暮暮朝朝　月夕花朝

蕉

香蕉　斩蕉　美人蕉

礁

暗礁　触礁

焦

心焦　烧焦　枯焦　舌燥唇焦

椒

辣椒　豉椒　花椒　指天椒

昭

昭昭　天眼昭昭

超

高超　出超

烧

燃烧　焚烧　发烧　火烧　野火烧　发高烧　铁板烧　怒火中烧　银烛高烧　留得青山在，不怕没柴烧

消

取消　烟消　香消　难消　不消　方消　打消　吃不消　怒气消　瓦解冰消　骨化形消

销

报销　勾销　注销　推销　一笔勾销　魄荡魂销

绡

鲛绡　红绡

宵

通宵　今宵　春宵　良宵　闹元宵　食夜宵*　花烛良宵

霄

云霄　冲霄　碧霄　九霄　重霄　凌霄　九重霄　响彻云霄

箫

吹箫　笙箫　碧玉箫　凤凰箫

萧

风萧萧　马萧萧

潇

雨潇潇

嚣

凶嚣　叫嚣　喧嚣

下平声

摇

动摇　轻摇　飘摇　招摇　铁臂摇　把船摇　风雨飘摇　地动山摇　心动神摇

谣

歌谣　民谣　造谣　辟谣

遥

逍遥　路途遥　云路遥　路远山遥

瑶

琼瑶

娆

妖娆　娇娆　分外妖娆　无比娇娆

饶

富饶　丰饶　恕饶　宽饶　求饶　难饶　跪地求饶

尧

舜尧　桀犬吠尧

窑

砖窑　瓦窑　烧窑　回窑

瓢

一瓢　水瓢　箪瓢　照着葫芦画瓢

苗

春苗　禾苗　幼苗　嫩苗　火苗　根苗　补苗　新苗

描

素描　难描　白描

条（另作上上声）

线条　面条　一条　纸条　路条　苗条　教条　萧条　信条　天条　他条*（稳重，清闲）　扯皮条　赤条条　眼眉条*（眼皮跳动，有认为预兆不吉利）　井井有条　死路一条　百业萧条

迢

迢迢　千里迢迢

调（另作下去声）

协调　烹调　失调　众口难调　雨顺风调

寮

茅寮

僚

官僚　同僚

疗

治疗　医疗　电疗

聊

无聊　闲聊　穷极无聊

寥

寂寥　寥寥

瞧

不瞧　瞧一瞧　仔细瞧　冷眼不
瞧

樵

海樵　采樵

朝（另作上平声）

王朝　回朝　新朝　前朝　得胜
回朝　班师回朝

潮

江潮　春潮　浪潮　风潮　热潮
高潮　心潮　工潮　涨潮　怒潮
回潮　思潮　思如潮　泪涌如潮
心血来潮

侨

华侨　归侨

桥（另作上上声）

大桥　木桥　金桥　长桥　鹊桥
过桥　天桥　浮桥　金水桥　独木
桥　奈何桥　长江大桥　牵线搭桥

翘

连翘　翠翘

仄声

上上声

绕

环绕　围绕　萦绕　缠绕　珠围

翠绕　歌声缭绕　山围水绕

扰

干扰　骚扰　纷扰　惊扰　庸人
自扰　叨光打扰

妖

斩妖　人妖

鹞

纸鹞

表（另作上平声）

代表　发表　填表　报表　图表
外表　仪表　老表　时间表　进
度表　烧黄表*　为人师表　虚有
其表　按下不表　识少少扮代表*
（懂一点就装作了不起）

裱

装裱　把画裱

轿

花轿　上轿　抬轿　八人大轿

桥（另作下平声）

度桥*（想办法）

缴

上缴　收缴

晓

破晓　拂晓　报晓　揭晓　知晓
通晓　天欲晓　见分晓　春山晓
家喻户晓　东方破晓　晨鸡报

沼

湖沼　泥沼

剿

围剿　清剿　征剿　南征北剿

庙

古庙　寺庙　破庙　土地庙　五脏庙*　跑得和尚跑不了庙

小

大小　胆小　不小　缩小　微小　狭小　弱小　睇小*　年纪小　气量小　可大可小　一家大小　妻儿老小　大事化小　官卑职小　其志不小　雷声大，雨点小

少（另作上去声）

多少　减少　不少　稀少　短少　太少　些少*　凶多吉少　生色不少　僧多粥少

料（另作下去声）

颜料　原料　饲料　肥料　资料　史料　冇料*　材料　偷工减料　真材实料

条（另作下平声）

雪条*　老油条*

下上、上去声

秒

一秒　分秒　争分夺秒

缈

缥缈　虚无缥缈

渺

浩渺　烟波浩渺

淼

淼淼

杳

空杳　音信杳　鱼沉雁杳

藐

欺藐

窕

窈窕

殍

饿殍

鸟

小鸟　飞鸟　啼鸟　花鸟　倦鸟　春鸟　百灵鸟　比翼鸟　同林鸟　宠中鸟　枝头鸟　大鹏鸟　惊弓之鸟　一石二鸟

了

难了　对了　未了　不得了　何时了　忘不了　少不了　情未了　一了百了　不甚了了　没完没了

袅

炊烟袅袅　余音袅袅

要

必要　重要　需要　紧要　险要　机要　首要　纲要　无关紧要

票

车票　戏票　股票　支票　买票　投票　钞票　邮票　打保票　空头支票

吊

上吊　哭吊　凭吊　半天吊　形影相吊　唔嗲唔吊*（不紧不慢）

钓

垂钓　上钓　把鱼钓

跳

心跳　蹦蹦跳跳　吓一跳　扎扎

跳* 上蹿下跳 心惊肉跳 咁大
只蛤蟆随街跳*

眺
远眺 野眺

叫
哀叫 呼叫 嚎叫 狂叫 鸡叫
惨叫 大声叫 嗡嗡叫 呱呱叫
人欢马叫 呜哇鬼叫

窍
心窍 诀窍 开窍 财迷心窍
灵魂出窍

照
普照 高照 远照 拍照 执照
护照 关照 对照 肝胆相照
福星高照 回光返照 阳光普照
夕阳残照

肖
毕肖 惟妙惟肖 十二生肖

俏
俊俏 卖俏 花枝俏 打情骂俏

悄
静悄悄

峭
料峭 春寒料峭

鞘
刀鞘 刀出鞘

笑
欢笑 含笑 微笑 谈笑 冷笑
耻笑 大笑 苦笑 可笑 奸笑
嘲笑 暗笑 拍手笑 高声笑
哈哈笑 微微笑 开玩笑 得

啖笑* 山欢水笑 眉开眼笑
一颦一笑 破涕为笑 不苟言笑
捧腹大笑 付之一笑 嫣然一笑
哄堂大笑 连讲带笑 强颜欢笑
说说笑笑 追欢买笑 皮笑肉不笑

啸
呼啸 海啸 长啸 山呼海啸
龙吟虎啸

少（另作上上声）
年少 男女老少 洋场恶少 青
春年少

下去声

耀
照耀 闪耀 辉耀 荣耀 夸耀
炫耀

妙
巧妙 美妙 不妙 微妙 奇妙
奥妙 绝妙 莫名其妙 笔精墨
妙 曲尽其妙

调（另作下平声）
音调 曲调 高调 低调 反调
腔调 步调 情调 单调 论调
抽调 外调 陈词滥调 南腔北
调 油腔滑调 重弹旧调 山歌水
调

掉
吃掉 倒掉 抛掉 跑掉 失掉
改掉 尾大不掉

料（另作上上声）
预料 照料 不料 难料 出乎
意料 不出所料 人生难料

尿
屙尿*　赖尿*　临天光赖尿*

召
号召　感召　应召

赵
完璧归赵　围魏救赵

兆
预兆　先兆　不祥之兆

嚼（音"赵"）
牛嚼*　咀嚼　*猛嚼*

撬
把门撬

绍
介绍

28.　优游韵（韵母eo）

平声

上平声

收
夏收　秋收　歉收　丰收　征收
没收　招收　接收　查收　验收
吸收　泪难收　夜不收　名利双
收　美不胜收　覆水难收　颗粒
无收　春种秋收　起承转收　一
发难收　一网全收　无地求收
名利兼收　广种薄收　雨散云收
十种九不收

修
专修　进修　身修　虔修　自修
抢修　维修　冇修*（没办法）
散修修*（松松散散）　苦练勤修
年久失修　武备不修　前世唔修*
止谤莫如自修　一文不舍，片善
不修

羞
含羞　忍羞　娇羞　贻羞　忍耻
包羞　恬不知羞　抱愧含羞　借
笑遮羞　舀尽千江水，难洗一时
羞

馐
珍馐　时馐

飕
风飕飕　冷飕飕

休
小休　乞休　归休　退休　罢休
长休　未休　几时休　无了无休
争论不休　誓不干休　善罢甘休
喋喋不休　至死方休　吵闹不休
欲说还休　一不做，二不休　一
旦无常万事休　语不惊人死不休

貅
貔貅

优

名优　倡优　俳优　学优　品优
择优　品学兼优　养尊处优

忧

分忧　解忧　杞忧　内忧　忘忧
担忧　隐忧　烦忧　高枕无忧
后顾之忧　肘腋之忧　乐以忘忧
报喜不报忧　替古人担忧　人无
远虑，必有近忧

幽

清幽　境幽　寻幽　曲径通幽
探胜寻幽

呦

鹿鸣呦呦

丘

荒丘　山丘　孤丘　丹丘　故丘
比丘　八索九丘　荒冢一丘

舟

操舟　驾舟　渔舟　龙舟　归
舟　轻舟　荡舟　泛舟　竹叶舟
破浪舟　五湖舟　风雨同舟　破
釜沉舟　顺水推舟　木已成舟
逆水行舟　积羽沉舟　一叶扁舟
不系之舟　靠水行舟　浪遏飞舟
水能载舟，水能覆舟

周

东周　宗周　庄周　四周　圆周
千周　礼仪周周　招待不周
衣履不周　巡视一周　考虑宜周
蝶梦庄周

州

中州　江州　南州　知州　自治
州　万里神州　四海九州　过府
穿州　食在广州　大意失荆州

洲

五洲　绿洲　沙洲　瀛洲　仙洲
百花洲　鹦鹉洲　三角洲　东土
神洲　四大部洲

秋

立秋　九秋　凉秋　中秋　晚秋
春秋　有秋　惊秋　一日三秋
老气横秋　一叶知秋　各有千秋
多事之秋　一雨成秋　蒲柳先秋
万岁千秋　蟋蟀鸣秋　功盖千秋
游子悲秋　粉墨春秋　皮里阳秋
人生一世，草长一秋

啾

啾啾　唧啾

鳅

泥鳅　猫口挖泥鳅

抽

鞭抽　芽抽　穗抽　手抽*　木以
秋零，草以春抽

勾

相勾　一笔勾　生勾勾*

钩

挂钩　秤钩　鱼钩　帘钩　金钩
直钩　月一钩　上钩钩　招牌钩*
新月如钩　铁勒银钩　愿者上钩
贪饵吞钩　钓得鱼来忘了钩

沤

浮沤　圆沤

欧

东欧　西欧

瓯

木瓯　瓦瓯　金瓯　捧瓯　玉盏
金瓯　共进一瓯　固我金瓯

鸥

白鸥　沙鸥　群鸥　海上鸥　逐浪
鸥

讴

歌讴　民讴　粤讴

鸠

雎鸠　斑鸠　桑鸠　鸣鸠　闲米
养斑鸠

沟

山沟　阳沟　阴沟　壕沟　天堑
鸿沟　顺水开沟

抔

黄土一抔

偷

小偷　惯偷　偷偷　鼠窃狗偷

陬

海陬　山陬　荒陬　各在天一陬

吼

风吼　雷吼　怒吼　狂吼　狮子
吼　狂风怒吼　虎啸狮吼

兜

网兜　山兜　风兜　乞儿兜*　买
水兜*

蔸

禾蔸　根蔸　一蔸　冇根蔸*

褛（音áeo）

大褛*　风褛*　雪褛*

骝

马骝*（猴子）

㜪（音áeo）

发㜪*（生气）　任讲唔㜪*

痞（方言俗读，另读
"彼"，词目见"曦微"韵）

下平声

愁

忧愁　旧愁　客愁　穷愁　闲愁
乡愁　旅愁　说愁　破愁　添愁
别离愁　万古愁　不胜愁　解
闷消愁　借酒浇愁　草木含愁
地惨天愁　独抱牢愁　一片哀愁
分忧解愁　月恨花愁　万恨千愁

仇

报仇　复仇　世仇　夙仇　恩仇
结仇　私仇　冤仇　寇仇　血泪
仇　旧恨新仇　疾恶如仇　敌忾
同仇　视若寇仇　血海深仇　公
报私仇　国难家仇　雪耻报仇
积恨成仇　视民如仇　一箭之仇
志切同仇　两和皆友，两斗皆仇

求

寻求　追求　贪求　谋求　要求
请求　苛求　访求　恳求　强求
供不应求　供过于求　苦苦哀求
降格以求　梦寐以求　无餍之求

一将难求　无理要求　不假外求
过分追求　同声相应,同气相求

裘

羊裘　狐裘　貂裘　补裘　集腋
成裘　克绍箕裘　肥马轻裘

球

地球　雪球　星球　气球　环球
冰球　排球　打球　仙人球　抛
绣球　乒乓球　水晶球　象牙球
放眼全球　誉满寰球　登上月球
狮子滚球

虬

蟠虬　玉虬　髯虬

囚

楚囚　幽囚　羁囚　情囚　纵囚
死囚　阶下囚　南冠囚

畴

田畴　绿畴　平畴　范畴　绿满田
畴

俦

朋俦　同俦　良俦　燕侣莺俦
硕大无俦

筹

唱筹　预筹　持筹　长筹　统筹
运筹　借箸代筹　稍逊一筹　更
胜一筹　海屋添筹　酒令诗筹
数尽更筹　花枝作酒筹　鸡人报
晓筹

稠

云稠　星稠　花稠　岁月稠　人
烟稠　草木稠

绸

彩绸　纺绸　拷绸　丝绸　红绸
茧绸

酬

劝酬　应酬　相酬　重酬　献酬
稿酬　壮志未酬　不计报酬　按
劳取酬　诗酒唱酬　同工同酬

雠

校雠　仇雠　疾恶如雠

咻

气咻咻*

头

心头　眉头　楼头　苗头　兆头
派头　零头　滑头　铺头　来头
过头　镜头　马头　膝头　步头
甜头　掘头*　扒头*　寿头*　薯头*
有奔头　吃苦头　角落头　火车
头　手指头　出风头　牛王头
贱骨头　打斧头*（替人购物占小
便宜）　冇厘头*　抛浪头*　剃光
头*　打折头*　鳄鱼头*　好意头*
浪子回头　粉面油头　百尺竿头
高出一头　顽石点头　最后关头
冇瓦遮头　洒血抛头　独占鳌头
话分两头　勒马回头　啃猪骨头
大祸临头　露面抛头　鸿运当头
黄毛丫头　紧急关头　国难当头
封建把头　皮包骨头　偕老白头
血溅街头　十字街头　绣花枕头
掉转枪头　计上心头　一年到头
生死关头　洗湿个头*（已经开

头，欲罢不能） 湿碇叩头* 险过剃头* 银样镴枪头 鸡蛋碰石头 蚂蚁啃骨头 做得和尚要剃光头 不是冤家不聚头 人生几见月当头

投

空投 远投 奔投 开投 明珠暗投 气味相投 意合情投 罗网自投 有家难奔，有国难投

流

主流 逆流 潮流 源流 人流 江流 清流 狂流 洪流 急流 奔流 寒流 随大流 第一流 三教九流 岁月如流 一代风流 沧海横流 随波逐流 放任自流 顺应潮流 细水长流 花落水流 头破血流 放手中流 付诸东流 投诸浊流 开源节流 从善如流 漱石枕流 苔杖徒流 投鞭断流 屁滚尿流 城乡交流 血泪交流 血泪双流 对答如流 泾渭分流 文采风流 人欲横流 砥柱中流 钱要用，水要流 人往高走，水向低流 人平不语，水平不流

偻

佝偻

留

居留 去留 挽留 逗留 羁留 停留 遮留 稽留 收留 保留 遗留 滞留 异地栖留 寸草不留 鸡犬不留 岁月难留 心去

意难留 无计可相留

楼

城楼 门楼 牌楼 炮楼 望楼 谯楼 茶楼 酒楼 危楼 红楼 龙楼 骑楼* 望江楼 风满楼 写字楼* 海市蜃楼 楚馆秦楼 沦落青楼 大厦高楼 寒暑不登楼 平地起高楼 更上一层楼 山雨欲来风满楼

髅

骷髅

榴（又读上上声）

石榴 红榴

牛

金牛 铁牛 水牛 放牛 耕牛 犀牛 蜗牛 顶牛 开荒牛 作马牛 风马牛 孺子牛 两骑牛* 刓死牛* 卖刀买牛 拍马吹牛 气冲斗牛 力大如牛 织女牵牛 目无全牛 隔山买牛 骑牛买牛*

柔

刚柔 体柔 舌柔 风柔 怀柔 娇柔 性柔 优柔 体态温柔 杨柳轻柔 内刚外柔 舌存以柔 百炼钢化绕指柔

尤

罪尤 怨尤 寡尤 悔尤 无耻之尤 口舌招尤 惹祸招尤 无怨无尤 与人何尤 以儆效尤

游

壮游 畅游 旅游 巡游 郊游

卧游　钓游　浪游　漫游　遨游
神游　道游　逍遥游　两头游
在优游　力争上游　结伴同游
秉烛夜游　四海云游　大话西游*

由

事由　因由　经由　所由　案由
情由　理由　根由　始末缘由
何苦来由　不禁不由　人身自由
事到头，不自由

邮

传邮　付邮　通邮　集邮　置驿
书邮　作带书邮

油

香油　灯油　石油　酱油　奶油
汽油　茶油　加油　揩油　榨油
滋油*（不慌不忙）　索油*（吊膀
子）　绿油油　万金油*　火上加
油　烈火烹油　老鼠偷油　定过
抬油*　砻糠榨出油　春雨贵如油
桐油罂装桐油*　长添灯草满添油
花灯好睇，总系要油*

酋

敌酋

猷

有猷　新猷　鸿猷　壮猷

攸

行水攸攸

悠

飘悠　忽悠　路悠　转悠　夜悠
悠　思悠悠　慢悠悠

揉

矫揉

蝣

蜉蝣

侯

公侯　王侯　诸侯　夏侯　万户
侯　百里侯　醉乡侯　富垺王侯
爵禄封侯　窃国者侯　谈笑封侯
挟天子以令诸侯

喉

歌喉　咽喉　咙喉　水喉　一串
珠喉　骨鲠在喉　燕体莺喉　见
血封喉　做事做到头，杀鸡杀断
喉

猴

猿猴　猕猴　沐猴　金猴　杀鸡
吓猴　狙公教猴

篌

箜篌

谋

计谋　智谋　阴谋　参谋　蓄谋
预谋　主谋　密谋　有勇无谋
束手无谋　足智多谋　善自为谋
筑室道谋　眼见心谋　不贪不谋
万丈机谋　六耳不同谋*

眸

明眸　盈眸　凝眸　回眸

缪

绸缪　未雨绸缪　缱绻绸缪

浮

漂浮　飘浮　轻浮　虚浮　宦海

沉浮　与世沉浮　脚步浮浮*　户
水椤船浮*

蜉

蚍蜉

仄声

口

出口　进口　对口　糊口　户口
家口　可口　仇口　夸口　借口
关口　牲口　胃口　心口　戒口*
烂口*　粗口*　窦口*　数口*　唱口*
得把口*　拍心口*　摆档口*　赞
不绝口　免开尊口　三缄其口
杀人灭口　十字路口　打开缺口
反咬一口　养家活口　碍难开口
浑身是口　夸下海口　良药苦口
脍炙人口　三岔路口　锦心绣口
蛇心佛口　曲不离口　死剩把口*
好熟面口*　两肩承一口　官字两
个口　送羊入虎口　狮子开大口*
衣来伸手，饭来张口　食无时
候，居无窦口*

首

匕首　魁首　会首　戎首　祸首
匪首　尸首　黔首　出首　顿首
稽首　聚首　痛心疾首　罪魁祸
首　不堪回首　畏罪自首　焚香
叩首　同谐白首　群龙无首　国
家元首

手

高手　国手　圣手　舵手　射手
炮手　水手　鼓手　罢手　措手
得手　放手　分手　交手　对手
着手　携手　散手　选手　歌手
凶手　扒手　插手　失手　妙手
毒手　爽手*　趁手*　埋手*　枪手*
吹鼓手　三只手　刽子手　多面
手　神枪手　使横手*　棋逢敌手
高抬贵手　相机下手　旁观袖手
大打出手　斫轮老手　上下其手
爱不释手　鹿死谁手　并肩携手
得心应手　黑心辣手　大显身手
横财就手*　巨笔屠龙手　强中更
有强中手　曲不离口，拳不离手
相骂无好口，相打无好手

守

严守　遵守　把守　信守　操守
防守　困守　死守　失守　退守
株守　看守　神魂不守　闭关自
守　孤灯独守　尽忠职守　擅离
职守　清贫自守　行监坐守　以
攻为守　砭砭自守　进可以攻，
退可以守

擞

精神抖擞

薮

渊薮　译薮　林薮　谈薮

叟

老叟　童叟　智叟　钓叟

搜
穷追猛搜

艘
战船多艘

酒
喜酒　苦酒　烧酒　浊酒　劝酒
纵酒　醉酒　煮酒　薄酒　啤酒
陈酒　曲酒　鸡尾酒　交杯酒
茅台酒　庆功酒　和头酒　黄鸡
白酒　举杯祝酒　葡萄美酒　佳
肴美酒　纵情诗酒　除花戒酒
金貂换酒　心香泪酒　旧瓶新酒
当垆卖酒　狂欢纵酒　征歌逐酒
猜拳斗酒　醉翁之意不在酒　敬
酒不饮饮罚酒

走
出走　逃走　竞走　奔走　龙蛇
走　牛马走　东奔西走　鸡飞狗
走　落荒而走　四方奔走　乌飞
兔走　高飞远走　衔枚疾走　不
胫而走　未学行，先学走*

肘
臂肘　掣肘　被肘　捉襟见肘

帚
扫帚　笤帚　箕帚　敝帚

狗
狼狗　猎狗　疯狗　哈巴狗　落
水狗　门口狗*　跟尾狗*　丧家
狗*　大头狗*　夏至狗*　装假狗*
偷鸡换狗　关门打狗　斗鸡走狗
泥鸡瓦狗　白云苍狗　飞鹰走狗
老鸦守死狗　养猪带挈狗*　画虎
不成反类狗

苟
一丝不苟　蝇营狗苟

笱
鱼笱　发笱

久
长久　良久　悠久　持久　积久
耐久　永久　年深日久　旷日持
久　孤军难久　天长地久　由来
已久　离家日久　但愿人长久

九
重九　阳九　数九　牌九　小
九九　三六九　重霄九　十有
八九　隆冬数九

韭
葱韭　春韭　剪韭　夜雨剪春韭

丑
好丑　出丑　小丑　家丑　献丑
怕丑　遮丑　群丑　出乖露丑
跳梁小丑　当场出丑　遮羞盖丑
生旦净末丑

扭
闹别扭　把计扭　歪歪扭扭

纽
枢纽　衣纽　秤纽

朽
枯朽　衰朽　腐朽　老朽　摧枯
拉朽　声名不朽　精神不朽　寸
心未朽　永垂不朽

斗（另作上去声）

阿斗　戽斗　漏斗　墨斗　烫斗
筋斗　烟斗　升斗　反斗*（顽
皮）正斗*（纯正）　冚斗*（倒
闭）　水斗*（水平低）　气冲牛
斗　满天星斗　才高八斗　泰山
北斗　踏罡步斗　一升半斗　大
秤小斗　胆大如斗　合升唔合斗*
听价唔听斗*

透（另作上去声）

透一透　来透透　有气有地透*

抖

发抖　战抖

蚪

蝌蚪

纠

有错必纠

赳

赳赳　英雄赳赳

陡

山陡　坡陡

剖

解剖　纵剖　横剖　瓜分豆剖
衷情直剖

掊

匠掊　攻掊

瓿

鱼瓿　酱瓿　覆瓿

缶

瓦缶　击缶

否

是否　知否　能否　不置可否

柚

橘柚　沙田柚*

呕

令人作呕

殴（又读上平声）

争殴　斗殴　互殴

友（另作上去声）

傍友*　滚友*　拖友*（情人）　发
烧友*　大炮友*（爱吹牛的人）

下上、上去声

友（另作上上声）

校友　亲友　诤友　老友　旧友
学友　难友　票友　密友　战友
卖友　忘年友　金兰友　良师益
友　岁寒三友　至亲好友　酒
肉朋友　寻师访友　化敌为友
以文会友　交朋结友　猪朋狗友
义兼师友　未见其人，先观其友
参师不如访友*

有

国有　私有　占有　拥有　富有
稀有　享有　莫须有　天上有
一无所有　包罗万有　据为己有
子虚乌有　无中生有　化为乌有
应有尽有　罄其所有　无奇不有
绝无仅有　白毛猪，家家有

莠

不稂不莠

牖

门牖　户牖　窗牖

宥

原宥　宽宥　恕宥　曲宥

幼

妇幼　老幼　年幼　男女老幼
敬老慈幼　扶老携幼　尊老爱幼

诱

引诱　劝诱　威逼利诱　循循善
诱

瘦

清瘦　肥瘦　干瘦　消瘦　绿肥
红瘦　面黄肌瘦　皮黄骨瘦　环
肥燕瘦　挑肥拣瘦　露浓花瘦
官船漏，官马瘦

兽

鸟兽　百兽　野兽　驯兽　猎兽
困兽　衣冠禽兽　洪水猛兽　毒
蛇猛兽　飞禽走兽　珍禽异兽

秀

优秀　清秀　俊秀　挺秀　娟秀
灵秀　新秀　粤秀　山清水秀
大家闺秀　眉清目秀　苗而不秀
钟灵毓秀　一枝独秀　菊芳兰秀
后起之秀

绣

刺绣　湘绣　锦绣　停针罢绣

锈

铁锈　生锈　黄锈　不锈

狩

巡狩　西狩

漱

盥漱

嗽

伤风咳嗽

救

急救　搭救　抢救　营救　援救
拯救　遇救　补救　见死不救
坐视不救　搬兵求救　急谋解救
生产自救　及时抢救　神仙打救

究

追究　根究　讲究　学究　探究
推究　深究　终究　调查研究
穷研细究　悉心考究　不予追究
冇乜研究*

灸

针灸　艾灸　神针法灸

疚

负疚　内疚　在疚　神明内疚

枢

灵枢　棺枢　停枢　扶枢

咎

归咎　自咎　罪咎　自取其咎
动辄得咎　卜问休咎　既往不咎

够

足够　能够　不够

垢

尘垢　污垢　泥垢　刮垢　含羞
忍垢　藏污纳垢

诟

怒诟　责诟　巧诟　面诟背诟

广州话分韵词林

购
采购 订购 收购 套购 预购
征购 统购 邮购

彀
入彀 机彀

寇
草寇 流寇 入寇 落草为寇
勇追穷寇 成则为王，败则为寇

蔻
豆蔻

臼
舂臼 杵臼 药臼 不落窠臼
亲操井臼

柏
鸟柏 枫柏

舅
母舅 妻舅 郎舅 外甥多似舅
讨妻先看舅

构
机构 结构 虚构 宿构 向壁
虚构 肯堂肯构 长篇巨构

媾
婚媾 姻媾 交媾 亲媾

觏
罕觏 我觏 不可多觏

扣
回扣 克扣 折扣 纽扣 丝丝
入扣 不折不扣

叩
面叩 三跪九叩

厩
马厩 外厩

偶
对偶 木偶 土偶 配偶 求偶
丧偶 失偶 怨偶 无独有偶
齐大非偶 形同木偶 撮成佳偶

藕
莲藕 老藕 玉藕 大碌藕* 卖
生藕* 调冰雪藕

厚
淳厚 浑厚 浓厚 优厚 憨厚
忠厚 深厚 雄厚 面皮厚 天
高地厚 财雄势厚 情深义厚
得天独厚 席丰履厚 温柔敦厚

绺
剪绺 绺绺 青丝一绺 长须五
绺

镂
雕镂 刻镂 银镂

缕 （方言俗读，另读
"屡"，词目见"追随"韵）

柳
杨柳 雪柳 花柳 绿柳 翠柳
折柳 章台柳 垂丝柳 风摆柳
清明插柳 长亭折柳 风荷烟柳
眠花宿柳 残花败柳 寻花问柳
分花拂柳 穿花度柳

咒
赌咒 符咒 诅咒 紧箍咒 神
前咒 大悲咒 画符念咒 誓愿
赌咒

昼

上昼*（上午）　永昼　晏昼*　花市灯如昼

绉

湖绉　文绉绉

皱

褶皱　眉皱　红皱　额头打皱*

奏

节奏　参奏　启奏　禀奏　前奏　伴奏　合奏　独奏　演奏　变奏　协奏　先斩后奏　灶君直奏　八音齐奏　钧天乐奏　凯歌高奏　把本上奏

凑

紧凑　拼凑　杂凑　东拼西凑　七拼八凑　饭不够，米汤凑　戏不够，神仙凑

臭

烂臭　腥臭　乳臭　腐臭　无声无臭　如蝇逐臭　满身铜臭　身腥口臭*　朱门酒肉臭　粪缸越掏越臭　入鲍鱼之市，久而不闻其臭

透（另作上上声）

通透　灵透　渗透　看透　玲珑剔透

亩

田亩　垄亩　畎亩　五亩　躬耕南亩　丈量田亩

斗（另作上上声）

苦斗　争斗　打斗　好斗　格斗　决斗　搏斗　械斗　并肩战斗　孤军奋斗　龙争虎斗　困兽犹斗　艰苦奋斗　明争暗斗　坐山观虎斗

窦（另作下去声）

狗窦*　贼窦*　高窦*（傲气）　是非窦*　龙床不如狗窦*

下去声

后

先后　前后　以后　过后　落后　幕后　身后　事后　善后　敌后　皇后　天后　茶余饭后　空前绝后　瞻前顾后　惩前毖后　思前想后　争先恐后　置诸脑后　承先启后　趋前退后　光前裕后　瞠乎其后　差前错后　人约黄昏后　达者为师，学无前后　螳螂捕蝉，黄雀在后　宁为鸡口，毋为牛后

候

等候　伺候　侍候　守候　问候　症候　征候　火候　过时不候　天时气候　凄凉时候　无时无候*

逅

邂逅

受

接受　承受　忍受　难受　感受　享受　遭受　禀受　私相授受　固辞不受　逆来顺受　感同身受　自作自受　无福消受　贴钱买难受*　两头唔受中间受*

授

传授 教授 口授 讲授 天授
函授 暗授 口传心授 异人传
授

绶

印绶 组绶 金龟紫绶

寿

做寿 祝寿 拜寿 暖寿 南山
寿 仁者寿 拜万寿* 延年益寿
健康长寿 添福添寿 遐年高寿

售

出售 发售 零售 抛售 兜售
寄售 销售 配售

就

迁就 将就 成就 罢就 俯就
屈就 去就 名成利就 东成西
就 半推半就 不堪造就 一挥
而就 另谋高就 一将两就 一
蹴而就 高不成，低不就 无你
不成，无我不就

宙

名垂宇宙 澄清宇宙

纣

桀纣

袖

广袖 舞袖 衫袖 拂袖 红袖
暖袖 翠袖 盈袖 阔袍大袖
添香红袖 文坛领袖 清风两袖
泪湿青衫袖

岫

岩岫 高岫 列岫 云无心而出
岫

胄

帝胄 贵胄 世胄 衣冠华胄
身披甲胄

鹫

灵鹫 秃鹫

骤

步骤 急骤 驰骤 风狂雨骤

茂

繁茂 丰茂 秀茂 根深叶茂
情文并茂 风华正茂 椿萱并茂

谬

荒谬 乖谬 愫谬 大谬

缪

纰缪

溜

光溜 滑溜 秋波溜

漏

疏漏 透漏 遗漏 泄漏 船漏
屋漏 补漏 点滴不漏 吞舟是漏

陋

鄙陋 简陋 丑陋 粗陋

旧

陈旧 故旧 怀旧 叙旧 依旧
话旧 破旧 折旧 一旧旧*（一
球球） 贪新忘旧 迎新送旧
依稀如旧 因循守旧 喜新厌旧
半新不旧 爆竹一声除旧

右

左右 极右 向右 铭诸座右
无出其右 男左女右 侍从左右

优游韵

佑

保佑　庇佑

囿

禁囿　灵囿　不为所囿

豆（又读上上声）

黄豆　土豆　煮豆　目光如豆
芝麻绿豆　一灯如豆　竹筒倒豆
南国红豆　食屎食着豆*　种瓜得
瓜，种豆得豆

痘

牛痘　水痘　种痘

读（音"逗"）

句读

逗

挑逗　引逗　句逗

窦（另作上去声）

疑窦　情窦　水窦　老窦*（父
亲）

阜

民康物阜　如山如阜

埠

商埠　外埠　过埠*　走埠*

29. 波罗韵（韵母o）

平声

上平声

波

水波　碧波　清波　洪波　金波
绿波　微波　风波　烟波　电波
秋波　扬波　余波　奔波　打波*
超声波　冲击波　乒乓波*　暗送
秋波　作浪兴波　轩然大波　古井
无波　平地起风波　明月涌沧波

坡

山坡　土坡　高坡　陡坡　斜坡
爬坡　上坡　退坡　走下坡　长坂坡

柯

枝柯　斧柯　执柯　一梦南柯
枝叶交柯

阿

刚正不阿

舸

百舸　大舸

苛

太苛　不苛

疴

沉疴　微疴　病起沉疴

屙

肚屙*

呵

笑呵呵　乐呵呵

坷

坎坷　困坷　道路坎坷　空室困
坷

棵

一棵　树一棵　菜一棵

魔

妖魔　凶魔　恶魔　群魔　睡魔
病魔　旱魔　风魔　着魔　驱魔
伏魔　伏妖降魔　走火入魔

摩

观摩　按摩　揣摩

么

什么　幺么

科

专科　学科　内科　分科　收科
煞科　迪斯科　小儿科*　有前科*
照本宣科　作奸犯科　玉律金科

拖

横拖　拍拖*（谈恋爱）　失拖*
直拽横拖

多

许多　几多　最多　无多　差不
多　何其多　口多多*　夜长梦多
积少成多　来日无多　为数不多
以少胜多　九如三多　粥少僧多
聚少离多　讲多错多*　贵精不贵
多　赃官告示多　话不投机半句
多　喃吭少，咳嗽多　熟读王叔
和，不如临症多

哥

哥哥　鹩哥　一哥*　新郎哥*　白
鼻哥*　阿初哥*　膝头哥*　出鹩哥*
（做手脚）

歌

山歌　渔歌　民歌　情歌　战歌
凯歌　欢歌　悲歌　颂歌　赞歌
牧歌　狂歌　讴歌　放歌　对歌
大风歌　流行歌　咸水歌*　四
面楚歌　妙舞清歌　引吭高歌
慷慨悲歌　对酒当歌　大唱赞歌
三妹对歌　劲舞金歌

初

当初　起初*　人之初　悔不当初
和好如初　早知今日，何必当初

磋

商磋　切磋　如切如磋

搓

揉搓

戈

干戈　长戈　挥戈　提戈　倒戈
执戈　铁马金戈　同室操戈　跃
马横戈　大动干戈

窝

心窝　黑窝　被窝　匪窝　鸡窝
燕窝　安乐窝　马蜂窝　销金窝
蛇鼠一窝　虎穴狼窝

锅

砂锅　饭锅　生锅　补锅　打火
锅　背黑锅

涡

漩涡　酒涡　梨涡

梳

木梳　牙梳　爬梳　燕梳*（保
险）　自梳*（女子不嫁）　蕉一

梳　月如梳　问师姑借梳*

疏
生疏　亲疏　间疏　抛疏　粗疏
萧疏　口疏*　志大才疏　人地生
疏　花木扶疏　百密一疏　学业
荒疏　赏罚不论亲疏

蔬
菜蔬　园蔬

梭
穿梭　抛梭　投梭　日月如梭
来往如梭

唆
教唆　挑唆

娑
婆娑

嗦
哆嗦　哆里哆嗦

下平声

婆（另作上上声）
阿婆　外婆　老婆　公婆　媒婆
巫婆　虔婆　管家婆　事头婆*
（老板娘）　黄面婆*　三姑六婆
丑媳妇难免见公婆　妹仔大过主
人婆*

磨
折磨　消磨　琢磨　石磨　壮
志不磨　好事多磨　百劫千磨
切嗟琢磨　耳鬓厮磨　指山卖磨
嫩姜好食，老姜好磨

舵
船舵　掌舵　把稳舵　见风转舵

陀
头陀　沙陀　披袈娑，念弥陀
南无阿弥陀

跎
蹉跎　岁月蹉跎

驼
骆驼　背驼　荆棘铜驼　千里明
驼

砣
秤砣　秤不离砣　冇尾飞砣*

沱
大雨滂沱　涕泗滂沱

酡
醉酡　晕酡酡*

罗
包罗　搜罗　张罗　阎罗　绫
罗　网罗　森罗　多罗罗*　地网
天罗　棋布星罗　万象森罗　十
殿阎罗

箩
竹箩　大箩　果箩　满箩　石灰
箩*　笑话成箩*

萝
女萝　青萝　菠萝　藤萝

锣
铜锣　大锣　开锣　鸣锣　太平
锣　收兵锣　散更锣*

逻
巡逻

螺
田螺　钉螺　海螺　陀螺　大吹法

螺

哦

吟哦

俄

沙俄　帝俄

娥

嫦娥　娇娥　宫娥

蛾

灯蛾　飞蛾　蚕蛾　双蛾　扑火
灯蛾　愁锁双蛾

峨

巍峨　嵯峨　峨峨

鹅

天鹅　雁鹅　牧鹅　烧鹅　狮头
鹅　白天鹅　黄庭换白鹅

讹

差讹　无讹　以讹传讹

河（另作上上声）

山河　江河　大河　长河　黄河
运河　银河　渡河　拔河　疏河
护城河　汇成河　信口开河　口
若悬河　血流成河　气壮山河
一统山河　长江大河　暴虎冯河
引喻山河　飞象过河*　涓涓不
壅，终为江河

何

如何　奈何　几何　无可奈何
人生几何　良夜如何　将如之何

荷

绿荷　新荷　小荷

锄

银锄　荷锄　挥锄　一把锄　鹤嘴
锄

傻

真傻　太傻　装傻　诈癫扮傻*
睬你都傻*

禾

种禾　割禾　打禾

和（另作下去声）

温和　平和　柔和　谐和　缓和
调和　议和　求和　总和　中和
饱和　暖和　将相和　大泡和*
（无能、窝囊的人）　心平气和
六脉调和　日暖风和　割地求和
政通人和　握手言和　天时地利
人和　打架望人拖，官司望人和

仄声

上上声

火

烈火　怒火　烟火　柴火　野火
篝火　炉火　焰火　军火　炮火
战火　烽火　香火　点火　萤火
星火　防火　救火　失火　开火
举火　烤火　恼火　玩火　透火*
撞火*　死火*　红似火　走兵火
无名火　一把火*（心头火起）
杀人放火　干柴烈火　隔岸观火
洞若观火　骄阳似火　满腔怒火
万家灯火　星星之火　急如星火

波罗韵

197

赴汤蹈火　飞蛾扑火　煽风点火
热情如火　抱薪救火　电光石火
大动肝火　乘风纵火　救民水火
乌灯黑火*　易过借火*　佛都有火*
（容忍有限度）　只许州官放火
远水不救近火　新官上任三把火

伙
一伙　同伙　散伙　家伙　店伙
入伙*　弊家伙*（糟糕）　结帮成伙

摸
抚摸　捉摸　估摸　盲摸摸*　不
可捉摸　偷偷摸摸

躲
藏躲　避躲

朵
花朵　耳朵　云朵　朵朵　咬耳
朵*　描花绣朵　簪花戴朵　千枝
万朵　名花朵朵　大花大朵

果
水果　野果　糖果　结果　效果
硕果　战果　苦果　后果　恶果
因果　腰果　罗汉果　长生果
生白果*　开心果*　开花结果
前因后果　自尝苦果　自食其果
修成正果　赫赫战果　言必信，
行必果

裹
包裹　装裹　红装素裹　金镶玉裹

颗
豆颗　珠颗　一颗　丁香颗　樱桃
颗

裸
全裸　半裸　赤裸裸

可
认可　许可　不可　宁可　模棱
两可　非同小可　非此不可　依
建两可　无可无不可

河（另作下平声）
游车河*

楚
清楚　苦楚　痛楚　夏楚　一清
二楚　清清楚楚　朝秦暮楚　衣
冠楚楚　事齐事楚　绿林翘楚

础
基础

左
向左　偏左　面左左*　意见相左

阻
险阻　拦阻　劝阻　被阻　关山
阻　艰难险阻　风雨无阻　通行
无阻　道路修阻

锁
封锁　枷锁　铁锁　连锁　千年
锁　双眉紧锁　愁眉深锁　披枷
戴锁　云封雾锁　名缰利锁　药
对如开锁　一把锁匙开一把锁

琐
繁琐　烦琐　猥琐

所
场所　住所　哨所　厕所　公所
寓所　招待所　托儿所　各得其
所　死得其所　流离失所　栖身

之所

颇

偏颇

婆（另作下平声）

家婆*（丈夫之母） 八挂婆* 寡
母婆* 两公婆* 老太婆* 拜神婆*

下上、上去声

妥

办妥 讲妥 稳妥 欠妥 收拾停
妥

我

忘我 自我 无我 为我 依然
故我 卿卿我我 分清敌我 求
其在我 尔为尔，我为我 若要
人似我，除非两个我

播

广播 传播 散播 远播 直播
点播 声威远播

簸

扬簸 颠簸

破

打破 击破 攻破 冲破 踏破
撕破 识破 揭破 突破 爆破
残破 一语道破 牢不可破 各
个击破 不攻自破 颠扑不破
鱼死网破

个

一个 多个 整个 个个 千万
个 是谁个 再来一个 一个半个

课

上课 开课 备课 功课 听课
罢课 旷课 上大课 做功课
政治课 袖占一课

货

百货 山货 杂货 土货 国货
洋货 次货 黑货 私货 奇货
蠢货 送货 售货 定货 行货
年货 破烂货 蚀本货 抢手货
老鼠货* 二手货* 加工订货 杀
人越货 慢工出细货 只怕货比
货 一分钱一分货*

过

走过 经过 通过 绕过 跨过
超过 改过 度过 功过 悔过
罪过 难过 记过 错过 太过
信得过 制得过* 得过且过
闭门思过 是非功过 将功补过
轻轻放过 代人受过

错

过错 差错 做错 认错 一错
再错 大错特错 铸成大错 将
错就错 阴差阳错 忙中有错
行差踏错* 有冇搞错* 无心不为
错

挫

受挫 折挫 抑扬顿挫

唾

咳唾 万人唾

下去声

惰

懒惰 疲惰 怠惰

堕

泪堕 下堕 折堕*

饿

饥饿 挨饿 冻饿 肚饿* 挨饥 受饿

卧

坐卧 独卧 仰卧 醉卧 和衣 而卧 元龙高卧

坐

请坐 独坐 静坐 连坐 平起 平坐 正襟危坐 席地而坐 蒲 团打坐 诬告反坐

座

前座 上座 客座 宝座 雅座 讲座 满座 卖座 叫座 星座 让座 茶座 高朋满座 高居首 座 敬陪末座 对号入座 使酒 骂座

助

帮助 协助 援助 补助 相助 互助 赞助 得道多助 爱莫能 助 拔刀相助 守望相助

贺

庆贺 祝贺 恭贺 敬贺 称贺 道贺 电贺 可喜可贺

祸

大祸 战祸 车祸 闯祸 惹祸 嫁祸 避祸 幸灾乐祸 天灾人 祸 直言贾祸 飞来横祸 招灾 惹祸 杀身之祸 酿成奇祸 消 灾躲祸

和（另作下平声）

唱和 附和 酬和 一唱一和 随声附和 弦歌唱和 鸣蝉相和

懦

怯懦 庸懦 廉顽立懦

糯

大糯 香糯

30. 花茶韵（韵母ɑ）

平声

上平声

鸦

乌鸦 老鸦 昏鸦 寒鸦 彩凤 附鸦 初学涂鸦 巧髻盘鸦 枯 藤老树昏鸦

桠

树桠 枝桠

丫

枝丫 脚丫

巴

尾巴 嘴巴 泥巴 哑巴 下巴 结巴 锅巴 干巴巴 眼巴巴

翘尾巴　自打嘴巴　露出尾巴

吧

酒吧

笆

篱笆

葩

奇葩　含葩

疤

疮疤　伤疤

叭

喇叭

爸

爸爸

妈

姨妈　爹妈　大妈　丢那妈*（粗俗骂人话）　婆婆妈妈

孖*

一孖*　黑孖孖*

花

鲜花　山花　野花　百花　梅花
残花　落花　心花　火花　浪花
钢花　鱼花　蚕花　雪花　礼花
烟花　泪花　栽花　绣花　献花
楼花*　迎春花　幸福花　一枝花　解语花　乐开花　口花花*
铁树开花　锦上添花　火树银花
妙笔生花　吐穗扬花　舌粲莲花
头昏眼花　人面桃花　问柳寻花
野草闲花　走马看花　闭月羞花
遍地开花　水性杨花　明日黄花
战地黄花　雾里看花　路柳墙花

老眼昏花　落絮飞花　败柳残花
水月镜花　一貌如花　怒放心花
天女散花　湿水棉花*　春入山村处处花

他

爱他　恨他　无他　其他　你我他　不管他

打（另作上上声）

一打*（十二个）

啦

哗啦啦　跨啦啦

加

参加　增加　强加　倍加　附加
更加　外加　追加　风雨交加
贫病交加　无以复加　雷电交加
一矢相加　拳脚交加

笳

胡笳　鸣笳

嘉

可嘉　堪嘉

枷

带枷　连枷　带锁披枷　木匠担枷*

家

国家　人家　大家　农家　渔家
公家　专家　冤家　名家　东家
亲家　管家　当家　到家　行家
出家　契家*　捞家*　疍家*　羞家*
身家*（家财）　老人家　野心家
艺术家　云水为家　勤俭持家
落户安家　白手起家　四海为家

万户千家　半路出家　脑袋搬家
小康之家　诸子百家　自成一家
只此一家　四海一家　妇道人家
欢喜冤家　诗礼传家　对错亲家*
失物赖千家　孤村三两家　东家
唔打打西家*

瓜

西瓜　甜瓜　地瓜　木瓜　种瓜
买瓜　番瓜　傻瓜*　拗手瓜*　蒸
生瓜*　顺藤摸瓜　黄台之瓜　种
豆得豆，种瓜得瓜

呱

顶呱呱　叽叽呱呱

卡

关卡　边卡　哨卡

夸

浮夸　自夸　堪夸　虚夸　人人
夸　把他夸　王婆卖瓜，自卖自
夸

垮

打垮　摧垮　搞垮　冲垮

跨

横跨　雄跨　大步跨　向前跨

虾

对虾　鱼虾　海虾　醉虾　大虾
龙虾　捞虾　大头虾*　赖尿虾*

哈

笑哈哈　嘻嘻哈哈

渣

煤渣　油渣　蔗渣　残渣　沉渣
药渣　翻渣　豆腐渣　捡煤渣

屙尿隔过渣*

喳

巴喳*（多嘴）　叽叽喳喳　当面
嘻哈，背后叽喳

抓

狠抓　乱抓　紧抓　大胆抓　坚
决抓　一把抓

叉

鱼叉　交叉　钢叉　丫叉　母夜
叉　摩啰叉*　恶鬼夜叉　十字交
叉

差

偏差　误差　反差　落差　效果
差　剪刀差　一念之差　阳错阴
差　大致不差　踏错行差　心诚
有准，意乱必差

沙

泥沙　风沙　飞沙　流沙　黄沙
豆沙　眼中沙　化虫沙　一盘散
沙　大浪淘沙　白草黄沙　雁落
平沙

纱

纺纱　浣纱　碧纱　乌纱　棉纱
窗纱　婚纱　面纱　乔其纱　绿
窗纱　摘乌纱

砂

朱砂　矿砂　丹砂

裟

袈裟

鲨

海鲨　恶鲨

广州话分韵词林

娃

娃娃　娇娃　泥娃　到处孩儿一样娃

蛙

青蛙　鸣蛙　群蛙　怒蛙　井底之蛙　春草池塘处处蛙

洼

山洼　低洼　坑坑洼洼

哗

喧哗　柴哗哗*（闹着玩）　笑语喧哗　流水哗哗

划

轻划　把船划

趴

地上趴

下平声

扒（另作上上声）

下扒*（下巴）

爬

向上爬　地下爬　连滚带爬　四脚爬爬*

琶

琵琶　铁板铜琶

耙

犁耙　钉耙　倒打一耙

杷

枇杷

麻

芝麻　胡麻　黄麻　桑麻　天麻　发麻　肉麻　乱如麻　泪如麻　密密麻麻　杀人如麻　快刀斩乱麻

嬷*

阿嬷*（祖母）

拿

捉拿　擒拿　推拿　缉拿　手中拿　有揸拿*（有把握）　手到擒拿　一把死拿

衙

官衙　蜂衙　花暖护蜂衙　官无事鸟鼠当衙

牙

大牙　门牙　磨牙　咬牙　刷牙　拔牙　镶牙　爪牙　月牙　象牙　虎牙　犬牙　咬碎牙　笑甩牙*　得棚牙*　以牙还牙　舞爪张牙　青面獠牙　虎口拔牙　佶屈聱牙

芽

萌芽　发芽　豆芽　根芽　新芽　幼芽　嫩芽　抽芽　一寸芽　发豆芽

蚜

棉蚜

瑕

无瑕　微瑕　白璧无瑕

霞

云霞　红霞　朝霞　晚霞　落霞　彩霞　烟霞　飞霞　满天霞　醉流霞　喷火蒸霞　玉灶丹霞

查

检查　调查　审查　清查　巡查　搜查　追查　考查　盘查　普查

花茶韵

203

蒙查查* 有案可查

搭
敷搭

茶
清茶 香茶 红茶 山茶 奶茶
泡茶 饮茶 采茶 冲茶* 凉茶*
叹茶* 工夫茶* 平安茶* 新抱茶*
请饮茶* 淡饭粗茶 山水名茶
口水多过茶*

槎
乘槎 浮槎 仙槎

华
中华 才华 光华 豪华 年华
繁华 精华 风华 浮华 荣华
京华 铅华 富贵荣华 虚度年
华 朴素无华 豆蔻年华 日月
精华 振兴中华 踵事增华 洗
净铅华

铧
犁铧

桦
白桦

仄声

上上声

把
火把 印把 扫把* 大把*（多得
很） 拉一把 捞一把 投机倒
把

靶
打靶 活靶 中靶

打（另作上平声）
摔打 抽打 毒打 拷打 攻打
挨打 猛打 鞭打 痛打 该打
棒打 单打 穷追猛打 风吹雨
打 摸爬滚打 人人喊打 细
收细打 猛冲猛打 钢铸铁打
稳扎稳打 零敲碎打 鸡飞蛋打
强攻硬打 弹弹打打 吹吹打打
严拷毒打 死缠烂打*

哑
口哑 沙哑 聋哑 嘶哑 装聋
作哑 天聋地哑

嫲*（方言字，音na，雌性）
猪嫲* 蛤嫲* 婆嫲* 两仔嫲*
老虎嫲* 老虎头上钉虱嫲*

假（另作上去声）
虚假 作假 真假 装假 真真
假假 弄虚作假

褂
短褂 长袍马褂

寡
守寡 孤寡 鳏寡 多寡 敌众
我寡 曲高和寡 兵微将寡 称
孤道寡 居孀守寡

洒
飞洒 飘洒 潇洒 血洒 泪洒
花洒 挥洒 遍洒 风流潇洒
洋洋洒洒

耍

玩耍　戏耍　杂耍　贪玩好耍
舍得一身剐，皇帝面前耍

剐

千刀万剐　凌迟碎剐

画

图画　字画　书画　国画　年画
绘画　如画　入画　水彩画　山
水画　风俗画　琴棋书画　江山
如画　诗中有画

架（另作上去声）

丢架*（没面子）

下（另作上去声、下去声）

上下*（左右、大约）

扒（另作下平声）

猪扒*　牛扒*

下上、上去声

雅

文雅　清雅　幽雅　典雅　高雅
古雅　博雅　温文尔雅　无伤大
雅　附庸风雅　拳高量雅　风流
儒雅　外观不雅　一日之雅

瓦

砖瓦　新瓦　缸瓦　盖瓦　琉璃
瓦　阴阳瓦　一砖一瓦　添砖加
瓦　红墙绿瓦　搬砖运瓦　颓垣
败瓦

讶

惊讶

迓

迎迓

马

战马　快马　骏马　野马　铁马
兵马　车马　戎马　上马　赛马
跃马　策马　出马　饮马　犬
马竹马　驸马　鬼马*　当牛马
千里马　拉下马　骑膊马*　单
人独马　千军万马　厉兵秣马
单枪匹马　招兵买马　悬崖勒马
害群之马　心猿意马　金戈铁马
高车驷马　青梅竹马　非驴非马
指鹿为马　塞翁失马　素车白马
吹牛拍马　连人带马　原班人马
高头大马　扬鞭策马　香车宝马
银鞍骏马　见鞍思马　横戈跃马
声色犬马　识途老马　开明车马*
扮鬼扮马*　骑牛揾马*　望山跑死
马*

码

电码　密码　号码　天码　筹码
砝码　层层加码

下（另作上上声、下去声）

一下*

也

一乐也　之乎者也　冤哉枉也
空空如也　一声去也　来而不往
非礼也

霸

恶霸　匪霸　称霸　争霸　独霸
鱼霸　称王称霸　清匪反霸　地
方一霸

坝

水坝 堤坝 大坝 筑坝 拦河坝

怕

害怕 惧怕 可怕 生怕 心里怕 怕只怕 担惊受怕 天不怕地不怕

化

变化 转化 溶化 激化 消化 分化 恶化 老化 美化 丑化 腐化 僵化 进化 绿化 文化 火化 蜕化 神化 睇化* 撚化* （戏弄） 革命化 现代化 合理化 商品化 大众化 数理化 千变万化 冰消雪化 潜移默化 贪污腐化 食古不化 出神入化 有伤风化 天大造化 鱼龙变化 神神化化*

架（另作上上声）

担架 井架 骨架 铁架 打架 吵架 招架 绑架 绞架 工架 杂架 十字架 脚手架 秋千架 瓜棚豆架 一桥飞架 赶鸭子上架

价

物价 身价 代价 定价 高价 廉价 评价 声价 差价 牌价 涨价 议价 连城价 不二价 开天索价 将货就价 讨价还价 按质论价 抬高身价 明码实价 打死狗讲价* 一个铺头两个价*

驾

枉驾 劳驾 车驾 保驾 挡驾 凌驾 并驾 鹊桥高驾 恭迎大驾

嫁

出嫁 陪嫁 转嫁 改嫁 翻头嫁* 男婚女嫁 盲婚哑嫁 为人作嫁 皇帝女，唔忧嫁（价）*

假（另作上上声）

放假 请假 休假 事假 病假 例假 超假

稼

庄稼

挂

牵挂 记挂 悬挂 高挂 倒挂 披挂 枝头挂 心头挂 窗前挂 无牵无挂 一丝不挂 蚊帐钩——两头挂*

卦

占卦 变卦 八卦* 撞口卦*（小孩碰巧说对） 求财卦* 抽签问卦* 望天打卦* 随时变卦 禾鹊占卦 遇到明神好打卦

诧

惊诧

姹

娇姹 争姹

炸

爆炸 轰炸 滥炸 油炸 心肺炸

榨

压榨　油榨　机榨　哼哈勒榨*

诈

敲诈　欺诈　讹诈　奸诈　尔虞我诈　兵不厌诈　多谋善诈　奸贪诡诈

那

刹那

礴

石礴　山礴　窿窿礴礴*　钻窿钻礴*

下去声

罢

说罢　听罢　作罢　也罢　舞休歌罢　秋千足就罢　生霸霸，死罢罢*

骂

大骂　唾骂　咒骂　辱骂　谩骂　打骂　责骂　笑骂　破口大骂　嬉笑怒骂

下（另作上上声、上去声）

天下　地下　手下　足下　灯下　月下　山下　乡下　咽下　吞下　垂下　订下　写下　放下　抛下　丢下　旗下　部下　陛下　阁下　阳光下　红旗下　打天下　双管齐下　不相上下　骑虎难下　夕阳西下　寄人篱下　江河日下　瓜田李下　声泪俱下　世风日下　泥沙俱下　能上能下　不在话下　每况愈下　居高临下　急转直下　瞒上欺下　兵临城下　潸然泪下　顺流而下　相持不下　承上启下　泪如雨下　桃李满天下　无敌于天下　有理走遍天下　拈得起，放得下

夏

初夏　盛夏　炎夏　双夏　华夏　半夏　纳凉消夏

厦

大厦　广厦　高楼大厦

话

讲话　传话　谈话　佳话　对话　问话　黑话　鬼话　好话　怪话　谎话　废话　实话　梦话　笑话　电话　童话　诗话　大话*　漂亮话　双关话　知心话　闹笑话　家常话　风凉话　缠绵情话　真情实话　话中有话　看人说话　开讲有话*（常言道）　空口讲白话*　打开天窗说亮话

暇

闲暇　余暇　农暇　自顾不暇　应接不暇　好整以暇

31. 宽盘韵（韵母un）

平声

上平声

欢

喜欢 联欢 合欢 交欢 握手
言欢 万众腾欢 离合悲欢 重
拾旧欢 菽水承欢 宾主尽欢
尽兴狂欢 郁郁寡欢

宽

心宽 手宽 衣宽 放宽 眼界
宽 天地宽 度量宽 心境常宽
坦白从宽 尺度放宽 待从以宽

观（另作上去声）

主观 客观 宏观 微观 悲观
美观 壮观 静观 改观 外观
参观 大观 人生观 世界观
名利观 洋洋大观 袖手旁观
成绩可观 拭目而观 冷眼旁观
未可乐观 作如是观 人海奇观
等量齐观 作壁上观

官

军官 法官 器官 感官 当官
长官 居官 判官 封官 罢
官 辞官 升官 跳加官 父母
官 裙带官 芝麻官 厚禄高官
鬻爵卖官 文武百官 四肢五官
恶吏赃官 罢职丢官 朝廷命官
指缺捐官 朝里有人好做官 做

惯乞儿懒做官*

棺

入棺 盖棺 开棺 破棺 题棺
抚棺 三寸桐棺 发墓开棺

倌

老倌 堂倌 羊倌 小倌 过气
老倌*

冠

皇冠 桂冠 花冠 黄冠 凤冠
儒冠 弹冠 挂冠 怒发冲冠
沐猴而冠 凤帔珠冠 相庆弹冠
以铜为鉴，可整衣冠 瓜田莫纳
履，李下莫整冠

般

百般 万般 多般 如此这般
彼此一般

搬

硬套生搬 原话照搬 好女两头
瞒，唔好女两头搬*

下平声

门

出门 入门 串门 叩门 蓬门
簧门 侯门 闺门 教门 邪门
权门 走后门 登龙门 找窍门
捞偏门* 爆冷门* 半掩门* 五
花八门 不二法门 车马临门
桃李满门 贼去闩门 借贷无门
遁迹空门 抄家灭门 政出多门

方便之门　喜气盈门　清水衙门
左道旁门　双喜临门　自报家门
贵族豪门　报国无门　医不叩门
三步不出闺门　上天无路，入地
无门

瞒

隐瞒　遮瞒　欺瞒　实不相瞒
夜雨难瞒　好女两头瞒*

盆

覆盆　鼓盆　花盆　脸盆　临盆
一盆*（一万）　白玉盆　聚宝盆
大雨倾盆　足月临盆

磐

风雨如磐　安稳如磐

盘（另作上上声）

茶盘　铜盘　棋盘　营盘　开
盘清盘　拼盘　小算盘　霸地
盘　方向盘　如意算盘　散沙一
盘　虎踞龙盘　狼藉杯盘　密底
算盘*　打错算盘*

槃

凤凰涅槃　一佛出世，二佛涅槃

蟠

屈蟠　虬蟠　根蟠　虎踞龙蟠

媛

善媛　名媛　名姝淑媛

援

求援　外援　增援　支援　擎援
声援　有例可援　互相支援　孤
立无援　围城打援

垣

省垣　墙垣　城垣　败瓦颓垣
断井颓垣

桓

盘桓

仄声

上上声

本

股本　成本　工本　够本　书本
画本　根本　亏本　剧本　课本
标本　蓝本　吃老本　蚀大本*
唱首本*　民为邦本　退坡忘本
君子务本　农桑国本　原原本本
治标治本　不惜工本　香留舌本
培元固本　慈悲为本　让利不让本

盘（另作下平声）

斟盘*（谈判）　楼盘*

管

保管　看管　掌管　握管　弦管
歌管　彤管　箫管　三不管　有
王管*　不怕官，只怕管　端人
碗，受人管

馆

公馆　茶馆　宾馆　书馆　教馆
旅馆　图书馆　展览馆　秦楼楚
馆　离官别馆　茶楼酒馆　海山
仙馆

婉

柔婉　委婉　和婉　凄婉　性情

宽盘韵

婉婉　措辞委婉

碗

饭碗　茶碗　瓷碗　铁饭碗　大
海碗　照板煮碗*　打烂饭碗*

腕

打腕　铁腕　扼腕　外交手腕

惋

叹惋　愤惋

款

条款　端款　赔款　拨款　新款
时款　汇款　落款　大款　摆款*
有条有款　称臣纳款　活期存款
有型有款*

下上、上去声

满

圆满　意满　小满　扑满　丰满
饱满　美满　酒满　肠肥脑满
心怀不满　骄傲自满　盆满钵满*
功德圆满　踌躇志满　座上客常
满　门墙桃李满

灌

袄灌　浇灌　汲灌　倒灌

罐

瓦罐　药罐　痰罐　易拉罐　坛
坛罐罐

观（另作上平声）

楼观　仙观　道观　庵堂寺观

贯

一贯　篇贯　满贯　连贯　十五
贯　金石贯　家财万贯　一仍旧
贯　腰缠万贯

半

一半　对半　大半　夜半　四块
半*　事倍功半　得失参半　主客
各半　疑信参半　各居其半　死
伤过半　年怕中秋月怕半

判

审判　裁判　评判　批判　谈判
宣判　改判　通判

下去声

叛

背叛　反叛　招降纳叛　朝降夕
叛　据城以叛

拌

搅拌　杂拌　凉拌

畔

江畔　堤畔　耳畔　灯前枕畔
行吟泽畔

伴

良伴　同伴　伙伴　携伴　联群结
伴　朝夕相伴　少是夫妻老是伴

胖

心广体胖　肥肥胖胖

绊

羁绊　牵绊　萦绊

玩

贪玩　把玩　清玩　游玩　奇珍
宝玩　图书古玩　寇不可玩　无
柴无米撚古玩*

奂

美轮美奂

唤

呼唤　叫唤　召唤　千呼万唤
儿啼女唤　晨鸡登坛唤

涣

散涣　涣涣　冰涣

痪

瘫痪

换

交换　找换　替换　变换　金不

换　如假包换　出门不换

缓

和缓　平缓　延缓　迟缓　迂缓
舒缓　刻不容缓　马蹄缓缓　性
情和缓

闷

烦闷　纳闷　解闷　气闷　心中
苦闷　消烦解闷　腌尖腥闷*

32. 爹爷韵（韵母ě）

平声

上平声

车

列车　行车　刹车　撞车　翻车
水车　风车　火车　开倒车　急
刹车　开快车　私家车　面包车
开夜车*（夜以继日地赶工作）

奢

豪奢　骄奢　戒奢　去奢

尺（音"奢"）

工尺（中乐音阶）　合尺　合晒
合尺*

遮

雨遮*（伞）　纸遮*　担遮*　雾障
云遮

嗟

叹嗟　悲嗟　伤嗟　空嗟　暗自

嗟　短叹长嗟　仰屋兴嗟

赊

别路赊　月色赊　一望赊

些

一些　好些　险些

爹

老爹　阿爹　爹爹

咩

羊咩*

啤

啤啤*（玩具）

啡

咖啡　吗啡　茄哩啡*（无足轻重
的人，又指临时演员）

下平声

蛇

毒蛇　蟒蛇　饱蛇　懒蛇　龙蛇
弄蛇　捕蛇　养蛇　两头蛇　地

头蛇　杯中蛇　青竹蛇　一窟蛇*
软皮蛇*　吞生蛇*　打草惊蛇
拔草寻蛇　封豕长蛇　春蚓秋蛇
笔走龙蛇

斜

倾斜　歪斜　打斜　乜斜　夕阳
斜　素馨斜　月影斜　疏影横斜
红日西斜　一溜歪斜　身正不怕
影斜

邪

心邪　奸邪　妖邪　辟邪　撞邪
治邪　思无邪　唔信邪*　天真无
邪　干将莫邪　治鬼驱邪

爷（另作上上声）

老爷　少爷　师爷　姑爷　王爷
佛爷　相爷　老天爷　两仔爷*
扭计师爷*

耶

是耶　非耶　若耶

茄（又读上上声）

番茄　颠茄　缅茄　烧茄

骑（方言俗读，词目见"曦微"韵）

仄声

上上声

写

书写　编写　速写　抄写　描写
特写　轻描淡写

舍（另作上去声）

取舍　割舍　施舍　痛舍　依依
不舍　锲而不舍　恋恋不舍

者

作者　记者　使者　歌者　行者
隐者　医者　死者　好事者　先
行者　佼佼者　名流学者　忠厚
长者　始作俑者　新闻记者

姐

大姐　姐姐　阿姐　千金小姐
公关小姐　大人大姐*

扯

牵扯　拉扯　东拉西扯　横拖倒
扯

且

姑且　苟且　权且

爷（另作下平声）

太子爷*　老太爷*

嗲*（方言字）

娇嗲*（娇声娇气）

夜（另作下去声）

宵夜*

下上、上去声

舍（另作上上声）

宿舍　旅舍　校舍　客舍　官
舍庐舍　竹篱茅舍　隔篱邻舍*
退避三舍　招郎入舍　魂不守舍
求田问舍　打家劫舍　穿房入舍

赦

特赦　宽赦　蒙赦　获赦　杀无
赦　十恶不赦　皇恩大赦

社

公社 宗社 报社 旅社 春社
秋社 茶社 诗社 合作社 出版
社 旅行社 集会结社 诗坛酒社

泻

倾泻 细泻 飞泻 奔泻 泪如
泻 千里泻 银河倒泻 上吐下泻

卸

推卸 交卸 装卸 拆卸

野

在野 沃野 四野 粗野 下野
山野 原野 绿野 朝野 田野
坚壁清野 荒郊旷野 漫山遍野
哀鸿遍野 尸横遍野 杀人盈野

嘢（方言字）

乜嘢*（什么） 领嘢*（上当）
扮嘢*（故意卖弄） 大枝嘢*（傲
慢）

惹

招惹 引惹 不好惹

冶

妖冶 陶冶 游冶 熔冶 一炉共
冶

借

租借 商借 假借 乞借 一枝可
借

蔗

甘蔗 种蔗 斩蔗 倒啖蔗 卖
剩蔗*

柘

桑柘

下去声

夜（另作上上声）

子夜 午夜 黑夜 寒夜 星夜
漏夜 清夜 长夜 雪夜 熬夜
元夜 隔夜 连夜 大年夜 风
雨夜 花烛夜 深更半夜 好
天良夜 白天黑夜 比昼作夜
日日夜夜 花朝月夜 月明之夜
挨更抵夜* 日以继夜 不眠之夜

射

放射 喷射 发射 暗射 反射
扫射 辐射 光芒四射 希图影
射 条件反射

谢

酬谢 多谢 答谢 致谢 鸣谢 凋
谢 萎谢 新陈代谢 水流花谢
亲者不谢 登门道谢 千恩万谢
衷心感谢 筋力衰谢 花开花谢

榭

台榭 水榭 亭榭 歌台舞榭
凉亭水榭

爹爷韵

213

33. 抛锚韵（韵母ao）

平声

上平声

交

论交　结交　知交　绝交　外交
择交　旧交　神交　邦交　杂交
嗌交*（吵架）　忘年交　鬼不交
打大交*　生死全交　凤友鸾交
心照神交　不可开交　患难之交
八拜之交　道义相交　泛泛之交
拍板成交

胶

橡胶　树胶　鱼胶　阿胶　如漆
似胶　喜续鸾胶

郊

市郊　近郊　荒郊　城郊　信步
游郊　试马春郊

鲛

马鲛

蛟

梦蛟　射蛟　起凤腾蛟　射虎斩
蛟

包

背包　面包　皮包　土包　草包
麻包　脓包　腰包　打包*　掉包
承包　挖腰包　卖大包*　打荷包*
掉书包*　无所不包

苞

花苞　茅苞　含苞　松茂竹苞
菊绽新苞

胞

侨胞　难胞　细胞　双胞　一奶
同胞　物与民胞

泡（另作上去声）

水泡　灯泡　起泡　发泡*　吹泡
泡　大颈泡*（甲状腺肿）

抛

相抛　风抛　暂抛　一抛　道义
全抛　岁月轻抛　暗洒闲抛

猫

狸猫　野猫　熊猫　馋猫　醉猫
病猫　赖猫*（要赖，不认账）
三脚猫　生蠄猫*　食死猫*　烂窦
猫*　污糟猫*　为食猫*　穷鼠啮
猫　假过卖猫*　捉到老鼠就是好
猫

敲

铿敲　轻敲　猛敲　反复推敲
细叩轻敲　更声点点敲　响鼓不
用重槌敲

拷

毒打严拷

哮

怒哮　狂哮　嗷哮　大肆咆哮
虎啸狮哮

烤

烧烤

酵

发酵

梢

鞭梢　眼梢　树梢　盯梢　喜上眉
梢　露滴花梢　月上柳梢　神经末
梢

筲

斗筲　竹筲

艄

把艄　掌艄　船艄

抄

包抄　查抄　传抄　手抄　瓜蔓
抄

钞

钱钞　外钞　破钞　冥钞

嘲

解嘲　自嘲　冷嘲　林鸟朝嘲
冷话相嘲

捞

打捞　捕捞　网捞

下平声

巢

鸟巢　营巢　倾巢　覆巢　蜂巢
贼巢　老巢　香巢　百鸟归巢
筑垒营巢　鸾凤还巢

肴

菜肴　嘉肴　美酒佳肴　野味山
肴　炙肉烧肴

淆

混淆

熬

煎熬　难熬

挠

阻挠　不屈不挠　百折不挠

锚

抛锚　起锚

矛

长矛　铁矛　丈八蛇矛　修我戈
矛

茅

香茅　菁茅　拔茅　名列前茅
裂土分茅

刨

木刨　须刨

庖

越俎代庖

仄声

上上声

饱

中饱　醉饱　肚饱　喂饱　酒足饭
饱　一家温饱　才高学饱　半饥半
饱

跑

逃跑　飞跑　长跑　奔跑　东奔
西跑　接力赛跑　未学行先学跑*

爪

魔爪　手爪　鹰爪　虎爪　东鳞

西爪　一鳞半爪　张牙舞爪　充当牙爪　雪泥鸿爪　顿蹄顿爪[*]百足咁多爪[*]（到处跑）

找
寻找　难找

搅
打搅　滚搅　翻搅　乱搅　波翻浪搅　愁肠萦搅

巧
工巧　小巧　精巧　技巧　花巧弄巧　灵巧　奇巧　恰巧　心灵手巧　熟能生巧　事有凑巧　投机取巧　说得轻巧

考
投考　赴考　稽考　招考　备考思考　仅供参考　无可稽考　彰彰可考　名高寿考

狡
奸狡　狂狡

绞
自绞　肠绞

佼
佼佼　壮佼　庸中佼佼

饺
水饺　煎饺　虾饺

皎
月色皎皎

炒
煎炒　小炒

吵
争吵　嘈吵

下上、上去声

孝
忠孝　仁孝　尽孝　不孝　披麻戴孝　居丧守孝　二十四孝　妻贤子孝

教
请教　领教　指教　传教　家教管教　任教　宗教　信教　言传身教　因材施教　移樽就教　九流三教　不吝指教　孺子可教　易子而教

龁（音"教"）
打牙龁[*]（闲聊）

较
相较　不较　斤斤计较　锱铢必较　两相比较

校（另作下去声）
将校　上校　检校　犯而不校

咬
蛇咬　反咬　飞擒大咬[*]（指商贩漫天要价）

窖
雪窖　地窖　藏窖

罩
口罩　纱罩　笼罩　雾罩

觉（音"教"）
瞓觉[*]

炮
枪炮　发炮　鞭炮　礼炮　重炮把炮[*]（办法）　扎炮[*]（饿肚子）马后炮　放空炮　中宫炮　打头

广州话分韵词林

炮　连珠炮　车大炮*

泡（另作上平声）

水泡　茶泡　油泡　松泡

豹

全豹　金钱豹　豺狼虎豹　管中窥豹

爆

水爆　石爆　油爆　火爆　眼火爆*（十分气愤）　嬲爆爆*

拗

违拗　执拗　强拗

坳

山坳

靠

可靠　倚靠　牢靠　无依无靠　卖身投靠　诚实可靠

铐

手铐　镣铐

哨

步哨　岗哨　口哨　前哨　巡风放哨

卯

丁卯　点卯　应卯

铆

钉就钉，铆就铆

下去声

貌

才貌　相貌　容貌　风貌　礼貌　外貌　变貌　全貌　花容月貌　精神面貌　男才女貌　如花美貌　雪肤花貌　音容笑貌　绮年玉貌　一番新貌

效

功效　见效　无效　失效　仿效　特效　投效　实效　上行下效　行之有效　忠心报效　明验大效　卓有成效　以观后效

校（另作上去声）

学校　夜校　母校　办校

闹

喧闹　吵闹　热闹　胡闹　无理取闹　大吵大闹　蜂狂蝶闹

淖

泥淖

棹

快棹　飞棹　返棹　轻舟快棹　尾大不棹

34. 靴瘸韵（韵母ê）

平声

上平声

靴
皮靴　马靴　乌靴　苋靴*

嘥
乱嘥*（瞎起哄）

唨
嘴唨唨*

下平声

瘸
手瘸

噱
发噱

滫*（方言字，意为"滑"）
向下滫*　滑滫滫*

仄声

上上声

朵（方言俗读，另读
"躲"，词目见"波罗韵"）

上去声

锯
木锯　铁锯　拉锯

唾
弃唾

35. 五唔韵（韵母ng、m）

平声

下平声

唔
咿唔

吴
东吴　孙吴　荆吴　移祸过东吴

吾
今吾　故吾　支吾　顺口支吾

梧
碧梧　魁梧　苍梧

仄声

下上声

五
初五　三三五五　位尊九五
二一添作五　躲得过初一，躲不
过十五

伍

队伍　入伍　退伍　落伍　出身
行伍　羞与为伍

午

日午　正午　端午　晌午

忤

与人无忤

下去声

悟

觉悟　醒悟　感悟　妙悟　恍然
大悟　幡然悔悟　执迷不悟

晤

会晤　面晤　相晤　如晤

误

错误　失误　谬误　自误　耽误
贻误　勘误　归期误　两不误
一误再误　主固不误　明白无误
不得有误　聪明反被聪明误

36. 垃圾韵（韵母ab）

（此韵与八达、黑白韵通用）

入声

中、下入声

杂

繁杂　芜杂　错杂　驳杂　夹杂
打杂　嘈杂　七拉八杂　鱼龙混
杂　错综复杂　拉拉杂杂　人多
口杂

集

采集　搜集　聚集　市集　收集
汇集　调集　齐集　云集　赶集
雅集　百感交集　悲喜交集　老
少咸集

习

学习　熟习　温习　练习　见习
实习　演习　积习　陈规陋习
沾染恶习　清风习习

袭

因袭　世袭　抄袭　沿袭　承袭
奇袭　偷袭　空袭

闸

铁闸　水闸　关闸

铡

龙头铡　槟榔铡

合（音"鸽"）

七凑八合*

鸽

信鸽　乳鸽　军鸽　野鸽　传书
鸽　放白鸽*（串通行骗）

蛤
石蛤　捉蛤　钓蛤　生蛤砒死蛤*

夹
书夹　发夹　皮夹　木夹

荚
豆荚　皂荚　菜荚

峡
三峡　海峡

铗
剑铗　长铗　弹铗

狭
浅狭　路狭　量狭

侠
义侠　豪侠　剑侠　奇侠　仗义
行侠　风尘三侠

颊
面颊　双颊

甲
盔甲　袍甲　披甲　解甲　科甲
保甲　铁甲　马甲　穿山甲　雁
翎甲　顶盔贯甲　身怀六甲　年
当花甲　丢盔弃甲　奇门遁甲
坚兵利甲　人闲长指甲*　马不离
鞍，人不离甲

鸭
鹅鸭　野鸭　宝鸭　睡鸭　绿头
鸭　竹织鸭*　食全鸭*　冬前腊鸭*
刣鸡杀鸭*

狎
亲狎　相狎

匣
剑匣　妆匣　粉匣　尘封镜匣
青锋出匣

插
加插　安插　穿插　笑插　强插
七扶八插*（外力帮助）

霎
一霎　冇搭霎*（没分寸）

飒
萧飒　衰飒　寒风飒飒　衰衰飒
飒*

圾
垃圾

沓
杂沓　重沓

踏
践踏　腾踏

答
回答　报答　解答　酬答　笔答
赠答　对答　问非所答　渔樵问
答　笑而不答　羞人答答　一礼
一答　马蹄答答

搭
乘搭　配搭　勾搭　此舟过后无
艇搭*

塔
花塔　古塔　佛塔　雁塔　灯塔
宝塔　金塔　金字塔　电视塔
聚沙成塔　埕埕塔塔*

蜡
红蜡　石蜡　味同嚼蜡　灯油火

蜡

腊

烧腊　残腊　伏腊　烧烤卤腊

衲

棉衲　百衲　破衲　老衲

纳

抬纳　采纳　容纳　缴纳　出纳
笑纳　反纳　闭门不纳　拒谏不
纳　深文周纳　呼吸吐纳

呐

唢呐

枘

凿枘　圆凿方枘

立（方言俗读，另读
"涊"，词目见"执拾韵"）

37. 八达韵（韵母ɑd）

入声

中、下入声

八

横七竖八　夹七夹八　年方二八
串七串八　七七八八*　要得发，
不离八　观音菩萨，年年十八

达

传达　转达　到达　表达　马达
雷达　豁达　发达　欲速不达
四通八达　飞黄腾达　聪明练达
上传下达　不求闻达　下情上达

发

出发　启发　打发　揭发　开发
收发　激发　迸发　生发　自发
意气风发　人兴财发　容光焕发
精神奋发　雄姿英发　整装待发
引而不发　一触即发　弹无虚发

万弩齐发　开张鸿发　兽性勃发
一言不发　雷霆火发

发（髮）

须发　白发　剪发　理发　烫发
结发　落发　千钧一发　披头散
发　镜中华发　庞眉鹤发　间不
容发　不差毫发

法

方法　宪法　合法　效法　手法
章法　伏法　变戏法　掩眼法
公检法　奉公守法　现身说法
家规国法　想方设法　墨守成法
皈依佛法　目无王法　以身试法
寻师学法　孙子兵法　讲经说法
贪赃枉法　不足为法　知法犯法
各师各法*

塌

疲塌　倒塌　天崩地塌

榻
床榻　绣榻　下榻

蹋
糟蹋

遢
邋遢*（不干净）

挞
鞭挞　笪挞　烂挞挞*（不知羞
耻，无所顾忌）

压
电压　血压　积压　镇压　霜欺雪
压

押
签押　花押　收押　扣押　当押
抵押　关押　书名画押

遏
阻遏　抑遏　怒不可遏

煞
笑煞　苦煞　急煞　愁煞　凶神
恶煞　天罡地煞　驱邪挡煞

杀
屠杀　扼杀　刺杀　谋杀　凶杀
暗杀　误杀　绞杀　自相残杀
权操生杀　一笔抹杀　好生戒杀

萨
菩萨　拉萨

撒
抛撒

刷
印刷　洗刷　冲刷

察
考察　侦察　监察　视察　警察
纠察　洞察　详察　神天鉴察
静中观察　留心细察　习马不察

擦
摩擦　洗擦　牙擦擦*（自负）

獭
海獭　水獭

辣
辛辣　酸辣　老辣　毒辣　大胆
泼辣　心狠手辣　酸甜苦辣　本
地姜唔辣*　新鲜滚热辣*　尝着老
姜件件辣

砸
打砸　碎砸　捣砸

扎
驻扎　针扎　捆扎　纸扎　稳打
稳扎　垂死挣扎

轧
倾轧　辗轧

挖
深挖　开挖

滑
光滑　圆滑　路滑　鱼滑*　口甜
舌滑　山深苔滑

猾
奸猾　狡猾　老奸巨猾

38. 黑白韵（韵母ag）

入声

上入声

黑

天黑 昏黑 乌黑 漆黑 摸黑
入黑 起早贪黑 风高月黑 面
厚心黑 一日到黑* 头头碰着黑*
天下乌鸦一般黑 近朱者赤，近
墨者黑

克

不克 攻克 坦克 扑克 千克
休克 马克 相生相克 罗曼蒂
克 不忌不克 布尔什维克 战
无不胜，攻无不克

刻

时刻 顷刻 即刻 片刻 深刻
尖刻 苛刻 忌刻 木刻 石刻
雕刻 铭刻 时时刻刻 无时无
刻 午时三刻

迫（音bog）

逼迫* 紧迫*

握

把握 在握 掌握

厄

困厄 险厄 只顾火灾，忘却水
厄

扼

手扼

呃

气呃 打呃 将人呃*（将人骗）

幄

帷幄 运筹帷幄

中、下入声

白

玉白 月白 雪白 发白 自白
剖白 对白 拆白 开场白 卖
告白 洗白白* 眼白白* 真相
大白 颠倒黑白 沉冤莫白 身
家清白 青红皂白 一穷二白
东方发白 忠诚坦白 唇红齿白
财不露白 不明不白 不分皂白
酒醉心明白 来得清，去得白
雄鸡一声天下白 只见身郁，唔
见米白*

百

百分之百 一千几百 杀一儆百
正经八百 一传十，十传百
一千唔卖卖八百* 杀人三千，自
损八百

伯

叔伯 大伯 老伯 笨伯 宗伯
河伯 金山伯* 南洋伯* 雨师风
伯 诗翁画伯

帛

布帛 钱帛 金帛 尺帛 名垂
竹帛 食肉衣帛 金银财帛 声

如裂帛　化干戈为玉帛

魄

体魄　气魄　魂魄　惊心动魄
失魂落魄　勾魂摄魄　忠魂烈魄

柏

古柏　雪柏　扁柏　劲柏　老如
松柏　苍松翠柏

舶（又读"薄"）

船舶　海舶　商舶　巨舶

拍

节拍　合拍　球拍　开拍　吹吹
拍拍　胡笳十八拍

粕（又读"扑"）

糟粕

帕

头帕　罗帕　绣帕　手帕

珀

琥珀

策

上策　良策　善策　失策　政策
决策　献策　鞭策　算无遗策
束手无策　出谋划策　万全之策
终非长策　愿供驱策

贼

盗贼　窃贼　国贼　海贼　擒贼
纵贼　杀贼　卖国贼　小毛贼
负心贼　独夫民贼　贼喊捉贼
赔钱送贼　害民蟊贼　诱良为贼
五火六贼　不问自取是为贼

册

名册　书册　手册　卷册　画册

清册　另册　花名册　清官册
名垂史册　打入另册　人手一册

拆

开拆　分拆　手拆　解拆　七除
八拆*　朝行晚拆*

坼

地坼　冰坼　天旱地坼

责

负责　卸责　职责　言责　指责
斥责　谴责　权责　守土有责
敷衍塞责　勇担重责　独任其责
国家兴亡，匹夫有责

泽

山泽　沼泽　润泽　光泽　福泽
德泽　深山大泽　祖宗遗泽　先
人手泽

谪

贬谪　谴谪　远谪　众人交谪

择

采择　选择　抉择　物竞天择

摘

手摘　采摘　攀摘　文摘

掷

投掷　抛掷　拚掷　孤注一掷
龙拿虎掷

宅

住宅　家宅　大宅　故宅　查家
问宅　浮家泛宅　神仙窟宅　良
田美宅　阴阳二宅　邪花入宅*
长子不离旧宅

窄

道窄　心窄　量窄　迫窄　冤家
路窄　心胸狭窄　移宽就窄　地
方浅窄　眼阔肚窄*

划

计划　筹划　策划　口讲指划
鸿谋硕划　远景规划

惑

迷惑　疑惑　惶惑　诱惑　蛊惑
不惑　解惑

客

宾客　贵客　贺客　知客　游客
旅客　顾客　食客　堂客　娇客
说客　刺客　座上客　金山客*
不速之客　知宾待客　骚人墨客
官僚政客　他乡之客　远方来客
过门都是客　落雨天留客　船头
过路客　独在异乡为异客

额

名额　超额　空额　匾额　焦头
烂额　眉头眼额*　铜头铁额

轭

牛轭　车轭

钜*（方言字，意同"轭"）

手钜*　玉钜*　金钜*

勒

羁勒　迫勒　缰勒　银钩铁勒

不听部勒　金鞍玉勒*

肋

胸肋　鸡肋　打赤肋*（光着上
身）

隔

分隔　间隔　远隔　是隔　关山阻
隔　仙凡永隔　一水之隔　一板之
隔

膈

胸膈　肝膈　横膈

革

兴革　沿革　改革　变革　兵革
马革　鼎革　皮革　应兴应革

格

人格　品格　性格　风格　资格
规格　合格　破格　形禁势格
不拘一格　自成一格　才情风格
下流贱格*

赫

煊赫　赫赫　声名显赫　声势赫
赫

吓

恐吓　威吓　惊吓　虚声恫吓

擘

口擘擘*

39. 执拾韵（韵母eb）

～～～～～～～～～～（此韵与核实、得墨韵通用）～～～～～～～～～～

入声

上入声

急
性急　焦急　危急　着急　救急
应急　情急　奔腾急　十万火急
军情紧急　操之过急　燃眉之急
风高浪急　当务之急　求援告急
人有三急*　皇帝唔急太监急*

缉
通缉　侦缉

葺
修葺　补葺　整葺

辑
编辑　逻辑　特辑　剪辑

楫
舟楫

执
手执　父执　争执　拘执　情词
各执　性情固执

汁
果汁　墨汁　乳汁　胆汁　蔗汁
金汁　米汁　肉汁　绞脑汁　不
漏汁　冷饭菜汁　残羹剩汁

给
自给　供给　补给　配给　目不
暇给　口才捷给

吸
呼吸　吮吸　虹吸　鲸吸

岌
岌岌

洽
接洽　面洽　融洽　商洽

汲
井汲　晓汲　汲汲

级
等级　石级　阶级　梯级　升级
评级　首级　平升三级　加官晋
级

泣
哭泣　悲泣　掩泣　抽泣　牛衣
对泣　临表涕泣　吞声饮泣　向
隅而泣　可歌可泣　嘤嘤饮泣

揖
拜揖　长揖　拱揖　打躬作揖
深深一揖

邑
四邑　城邑　乡邑　通都大邑
名区胜邑

悒
郁悒　悒悒　忧悒　愁悒

浥
润浥　注浥　露浥　酒浥

湿

潮湿　卑湿　咸湿*　阴湿*（阴险，狡猾）　青衫湿　眼湿湿*
碎湿湿*　移干就湿　天阴雨湿
落雨湿湿*　阴阴湿湿　水过地皮湿

凹*（音"粒"）

一凸一凹*

笠

竹笠　斗笠　头笠　雨笠　蓑笠
执笠*（倒闭）　暖笠笠*

粒

豆粒　肉粒　微粒　脱粒　谷粒
颗粒　字粒　量柴头，数米粒

噏（讲）

口噏*　乱噏*　好噏唔噏*

瞼

瞼一瞼*

耷

头耷耷*

下入声

立

成立　孤立　对立　中立　建立
树立　鼎立　挺立　不破不立
无信不立　金鸡独立　势不两立
三十而立　巍然屹立　亭亭玉立
帆樯林立　家徒壁立　人贵自立

入

介入　纳入　输入　陷入　出入
收入　进入　投入　诱敌深入
破门而入　单刀直入　乘虚深入
凿枘不入　四舍五入　无孔不入

格格不入　病从口入　量出为入
心正邪难入　曲直不相入　手指拗
出唔拗入*　冇掩鸡笼，自出自入*

合

会合　巧合　迎合　集合　配合
适合　符合　组合　吻合　混合
回合　场合　不谋而合　情投意
合　里应外合　志同道合　天作
之合　劳逸结合　百年好合　珠
联璧合　央媒说合　悲欢离合
一拍即合　前仰后合　落落寡合
夫妻和合　无媒苟合　风云会合

阖

开阖　关阖　纵横捭阖

盒

饭盒　妆盒　果盒　礼盒

十

大喊十*（嗓门大、修养差的人）
一五一十　闻一知十　七老八十
一百几十　以一当十　顶礼合十
八九不离十　行百里者半九十
只知二五，不知一十

什

篇什　家什

拾

俯拾　随拾　采拾　执拾*　不可
收拾　旧欢重拾

及

普及　波及　追及　谈及　提及
涉及　顾及　祸及　不可企及
鞭长莫及　过犹不及　措手不及

力所能及　望尘莫及　愚不可及
悔之无及　始料不及　风马牛不
相及　有过之无不及

淰

湿淰淰*　口爽荷包淰*

40. 核实韵（韵母ed、ued）

入声

一

专一　独一　单一　压一　划一
尺一　正一　唯一　定一　老一*
牛一*（生日）　单打一*　心口
如一　始终如一　合而为一　百
中无一　百里挑一　表里不一
背城借一　以防万一　二罪归一
买一送一　政令统一　慎守其一
友谊第一　大小不一　坏到加
零一*　不管三七二十一　不怕
一万，只怕万一

失

过失　消失　散失　丧失　遗失
损失　冒失　迷失　慌失失*
万无一失　得不偿失　患得患失
利害得失　穷通得失　机不可失
得而复失　不过不失　冒冒失失
智者千虑，必有一失

室

卧室　温室　教室　科室　书室
石室　妻室　成家立室　升堂入

室　引狼入室　穷居陋室

膝

双膝　抱膝　容膝　促膝　卑躬
屈膝　奴颜婢膝　儿孙绕膝　爱
则加诸膝

虱

跳虱　塘虱*　龙虱*　捉字虱*　好
眉好貌生沙虱*

吉

卜吉　逢吉　混吉*（没事找事
做）　得个吉*　万事大吉　开张
大吉　溜之大吉　一路清吉　逢
凶化吉　避之则吉

桔（同"橘"）

殊砂桔　神前桔*（阴干）

漆

胶漆　油漆　喷漆　如胶似漆

七

做七　头七　墨七*　揸七*　步步
尺七　一眼关七*　三九两丁七*
（人很少）

笔

刀笔　工笔　漫笔　随笔　钢笔
毛笔　伏笔　绝笔　健笔　润笔

搁笔　秃笔　鼠须笔　董狐笔　如椽笔　大手笔　淋漓笔　圆珠笔　丹青妙笔　依口代笔　神来之笔　班超投笔　记下一笔　欣然命笔　生花妙笔

毕

完毕　事毕　告毕　了毕

箪

蓬箪

不

何不　决不　不得不　老而不*

匹

马匹　良匹　无匹　秦晋匹　桃李匹　美妙无匹　花纱布匹

质

性质　本质　品质　气质　丽质　弱质　实质　糟质*　屈质*（狭窄）　密质质*　金相玉质　天生丽质　蜕化变质　蒲柳之质　天文地质　虎皮羊质

乞

行乞　求乞　跪乞　寒乞

腯

肥腯腯*（小孩肥胖）

咳

痰咳　寒咳　上咳　止得咳*

乜*（俗读med，义为"什么"）

为乜*　做乜*　食乜*　姓乜名乜*

甩*（音led，方言字，义为"脱落"）

鞋甩*　绳甩*　牙甩*　走甩*　糖不甩*　直笔甩*

骨

侠骨　秀骨　香骨　忠骨　风骨　龙骨　筋骨　钢骨　骸骨　埋骨　露骨　过骨　缩骨*（自私，打个人小算盘）　打脚骨*　尾闾骨*　一个骨*（一刻钟）　冇腰骨*（靠不住）　柔心弱骨　冰肌玉骨　脱胎换骨　伤筋动骨　寒风刺骨　抛尸露骨　欢颜媚骨　粘皮带骨　铭心刻骨　铮铮铁骨　粉身碎骨　泽及枯骨　柔肠侠骨　掀皮拆骨　仙风道骨　柔若无骨　恨之入骨　狗咬狗骨*　甩皮甩骨*　千金市骏骨　路有冻死骨　生死人而肉白骨

汩

水声汩汩

橘

蜜橘　卢橘　柑橘　怀橘　千头橘　淮南橘

郁（音"屈"）

悒郁　阴郁　幽郁　郁郁

屈

委屈　冤屈　理屈　受屈　含冤负屈　坚贞不屈　宁死不屈　指不胜屈　喊苦喊屈　鸣冤叫屈　贫贱不能移，威武不能屈

窟

石窟　岩窟　魔窟　灶窟　贫民窟　龙蛇窟　狡兔三窟　虎穴狼

窟　蟾宫月窟　挖墙钻窟　捉虫入屎窟*（自找麻烦）　打边炉，打屎窟*（相差悬殊）

忽
轻忽　玩忽　倏忽　忽忽　大意疏忽　行踪飘忽

惚
精神恍惚

笏
袍笏　朝笏　簪笏

拂
吹拂　飘拂　尘拂　红拂　春风披拂　晓风拂拂

佛（另作下入声）
仿佛

下入声

佛（另作上入声）
活佛　玉佛　礼佛　浴佛　佞佛信佛　如来佛　大头佛*　求神拜佛　持斋念佛　万家生佛　借花献佛　青灯古佛　西天成佛　满天神佛　阿弥陀佛　泥佛劝土佛　放下屠刀，立地成佛

伐
讨伐　砍伐　诛伐　步伐　口诛笔伐　为媒作伐　南征北伐　大张挞伐

阀
军阀　财阀　学阀　门阀

筏
竹筏　木筏　放筏

乏
缺乏　疲乏　困乏　贫乏　人疲马乏　手头告乏

罚
赏罚　责罚　惩罚　处罚　执罚受罚　严罚　有赏有罚　信赏必罚　致天之罚　严刑峻罚

谲
诡谲　波谲

核（语音"谲"）
果核　肴核　榄核　眼核*

掘
开掘　发掘　挖掘　眼掘掘*（愤怒的目光）

日
节日　假日　昔日　来日　旭日落日　映日　浴日　择日　生日末日　一轮红日　光天化日　云开见日　饱食终日　指天誓日　暗无天日　偷天换日　黄道吉日　绕梁三日　夜以继日　有朝一日　和风丽日　惶惶不可终日

逸
安逸　飘逸　超逸　有劳有逸山林隐逸　一劳永逸　贪图安逸骄奢淫逸

佚
遗佚　散佚

溢
盈溢　充溢　热情洋溢　才气横溢

密

精密　严密　缜密　机密　保密
亲密　泄密　告密　人烟稠密
山高林密　花繁叶密　文网严密
军事秘密　部署周密

蜜

蜂蜜　花蜜　采蜜　酿蜜　刀头
蜜　甜如蜜

勿

切勿　万勿

物

生物　万物　动物　植物　货物
财物　玩物　原物　文物　景物
造物　废物　杯中物　身外物
囊中物　阿堵物　池中物　风流
人物　庞然大物　言之无物　恃
才傲物　空洞无物　天生尤物
探囊取物　暴殄天物　身无长物
家私什物　仁人爱物　待人接物
新生事物　头面人物　害人害物*
一物治（制）一物

袜

罗袜　丝袜　布袜　凌波袜　鸦
头袜　穿鞋踏袜　宽鞋紧袜

实

现实　真实　诚实　坚实　切实
沉实　证实　落实　充实　情实
写实　确实　名副其实　华而不
实　既成事实　货真价实　以虚
带实　不尽不实　春华秋实　事
不离实　有名无实　开花结实

循名责实　传闻失实　探听虚实
忠诚老实　胜利果实　踏踏实实
贻人口实　眼见是实　言过其实
密密实实*

疾

残疾　恶疾　宿疾　癣疥之疾　积
劳成疾　快慢徐疾　说时迟，那时
疾

嫉

忿嫉　妒嫉　见嫉

侄

叔侄　子侄　世侄

窒

词窒　意窒　气窒　口窒窒*

拔

挺拔　提拔　开拔　选拔　坚忍
不拔　一毛不拔　不能自拔

跋

题跋　序跋　烛跋

弼

辅弼　匡弼

凸

凹凸　有凸*　眼凸凸*　玲珑浮凸*

突

唐突　曲突　鹘突*（丑陋、恶
心）　狼奔豕突　矛盾冲突

兀

突兀　兀兀

讫

起讫　用讫　验讫　收讫　银货
两讫

核

考核　审核　复核　果核

劾

弹劾　投劾

阂

隔阂

檄

传檄　飞檄　草檄

41. 得墨韵（韵母eg）

入声

上入声

得

心得　获得　值得　取得　乐得
舍得　难得　巴不得　天晓得
唔抵得*　唔话得*　心安理得
洋洋自得　贪多务得　志在必得
一举两得　罪有应得　求之不得
不可多得　垂手而得　多劳多得
楚弓楚得　哭笑不得　这还了得
妙手偶得　老虎屁股摸不得　公
修公得，婆修婆得　愚者千虑，
必有一得

德

品德　恩德　美德　大德　缺德
失德　盛德　歌功颂德　感恩戴
德　以怨报德　同心同德　化
钱功德　三从四德　仁义道德
离心离德　二三其德　年高有德
一心一德　澡身浴德　上天有好
生之德

仄

平仄　逼仄

则

规则　原则　守则　法则　章则
细则　一则　以身作则　行动准
则　有典有则

侧

倾侧　两侧　清君侧　辗转反侧

测

推测　猜测　臆测　探测　预测
窥测　变化莫测　居心叵测　管
窥蠡测　高深莫测　人心难测
主观臆测

恻

悲恻　凄恻　怆恻　缠绵悱恻

北

败北　拱北　华北　朔北　天南
地北　走南闯北　转战南北　连
战皆北　追奔逐北　山南海北
罗通扫北*（喻席上通吃，狼吞虎
咽）

瑟

琴瑟　锦瑟　宝瑟　萧瑟　胶柱

鼓瑟　秋风瑟瑟

塞

堵塞　阻塞　充塞　搪塞　填塞
耳塞　风气闭塞　车马拥塞　顿
开茅塞　心肌梗塞

唛

猪唛*　针唛*（卷烟）

下入声

墨

文墨　笔墨　粉墨　翰墨　泼墨
贪墨　舞文弄墨　胸无点墨　知
书识墨　大处落墨　寻行数墨
不中绳墨

脉

切脉　把脉　动脉　静脉　山脉

命脉　气脉　龙脉　来龙去脉
含情脉脉　斯文一脉　朝廷气脉
大小方脉　悬丝诊脉

默

沉默　静默　幽默　缄默　昏昏默
默

陌

广陌　绣陌　翠陌　田连阡陌
寻常巷陌　穿田过陌

麦

大麦　荞麦　割麦　打麦　不辨菽
麦

特

独特　奇特　挺特

42. 热烈韵（韵母id）

（此韵与涉猎韵、月缺韵通用）

入声

中、下入声

节

情节　佳节　细节　调节　使节
季节　环节　气节　晚节　改节
抗节　贞节　变节　国庆节　冰
霜节　黄花节　多生枝节　逢年
过节　落花时节　四时八节　打
通关节　忠臣死节　不拘小节

高风亮节　卑躬屈节　盘根错节
细枝末节　繁文缛节　人分房
头，草分寸节

折

屈折　磨折　攀折　心折　摧折
夭折　拗折　兰摧玉折　一波三
折　离奇曲折　瓶坠簪折　大费
周折　迂回曲折

哲

明哲　英哲　前哲

233

捷

直捷 奏捷 告捷 快捷 三战三捷 连战皆捷 庆功祝捷 文思敏捷

睫

祸在眉睫 泪承眶睫

洁

清洁 纯洁 孤洁 皎洁 冰清玉洁 晶莹皎洁 行廉志洁 内外整洁 品行高洁 女慕贞洁

结

甘结 具结 交结 勾结 凝结 固结 总结 冻结 同心结 灯花结 鸳鸯结 相思结 丁香结 精诚团结 兵连祸结 良缘缔结 口噤舌结 鹑衣百结 冤家宜解不宣结 不冷不热，五谷不结

黠

狡黠 奸黠 巧黠

撷

采撷

杰

人杰 材杰 时杰 英杰 英雄豪杰 女中英杰 识时务者为俊杰

桀

雄桀 夏桀

切

亲切 悲切 真切 激切 一刀切 情切切 悲悲切切 望闻问切 情词恳切 情真意切 期望殷切 思归心切

撤

后撤 退撤 告撤

彻

明彻 清彻 寒彻 响彻 贯彻 透彻 透透彻彻 首尾贯彻 救人须救彻

窃

偷窃 剽窃 惯窃 鼠窃 贪污盗窃

辙

车辙 轨辙 改辙 涸辙 如出一辙 重蹈覆辙 南辕北辙 攀辕卧辙 改弦易辙 不循故辙 前有车，后有辙 闭门造车，出户合辙

设

开设 陈设 摆设 假设 天造地设 城乡建设 形同虚设

掣

风驰电掣 左牵右掣

竭

困竭 枯竭 匮竭 告竭 声嘶力竭 计穷智竭 山崩海竭 精疲力竭 衰竭

歇

消歇 安歇 休歇 萧萧雨歇 不怕蚀，只怕歇

蝎

毒如蛇蝎

揭

昭然若揭 义旗高揭 深则厉，

浅则揭

碣

碑碣　断碣　残碣

舌

口舌　吐舌　饶舌　卷舌　七嘴
八舌　油嘴滑舌　尖嘴薄舌　龙
团雀舌　学口学舌　挖目拔舌
钳口结舌　鹦鹉学舌　反口覆舌
为民喉舌　摇唇鼓舌　粗口烂舌*
三寸不烂之舌　鼓其如簧之舌

蚀（音"舌"）

输蚀*　亏蚀*

屑

细屑　琐屑　淡屑　不屑　竹头
木屑　金珠玉屑

亵

猥亵　淫亵

泄

发泄　排泄　蓄泄　宣泄

挈

提挈　带挈*（关照）

楔

木楔　犁楔　入楔　手指唔做得犁
楔*

热

亲热　闹热　狂热　白热　发热
冷热　炎热　湿热*　面红耳热
水深火热　打铁趁热　天时暑热
酒酣耳热　炙手可热　瘦怕冷，肥
怕热

咽

哽咽　哀咽　蝉咽　感咽　喇叭
声咽　流泉呜咽　泪随声咽

列

马列　序列　论列　罗列　行列
并列　陈列　系列

烈

忠烈　义烈　惨烈　英烈　余烈
猛烈　壮烈　先烈　轰轰烈烈
壮怀激烈　三贞九烈　风高火烈
兴高采烈　于今为烈

洌

井洌　甘洌　清洌　泉香酒洌

冽

惨冽　凛冽　秋风冽冽

裂

分裂　决裂　冰裂　破裂　四分
五裂　天崩地裂　身败名裂　心
胆俱裂　肝肠迸裂　头崩额裂*

灭

扑灭　翦灭　消灭　泯灭　起灭
幻灭　寂灭　歼灭　自生自灭
天诛地灭　不可磨灭　孤灯明灭
灰飞烟灭　油干灯灭　万缘俱灭
不生不灭　身死国灭　全军覆灭
人死如灯灭

蔑

诬蔑　轻蔑　造谣污蔑

篾

竹篾　编篾

铁

钢铁　打铁　铸铁　地铁　斩钉截铁　手无寸铁　针鼻削铁　心坚似铁　破铜烂铁　靠水行舟，靠砧打铁

跌

倾跌　闪跌　蹉跌　暴跌　吃饭怕噎，走路怕跌

别

赠别　哭别　话别　握别　个别　特别　派别　区别　长亭别　槐荫别　生离死别　天渊之别　洒泪而别　千差万别　依依惜别　匆匆话别　男女有别　送君千里，终须一别

鳖

鱼虾龟鳖　瓮中捉鳖

撇

抛撇　舍撇　八字没一撇　十画未有一撇*

瞥

惊鸿一瞥　去如电瞥

43. 涉猎韵（韵母ib）

入声

上入声

喼

皮喼*　有耳藤喼*（靠托）

中、下入声

业

职业　专业　营业　产业　农业　企业　勋业　受业　毕业　失业　成家立业　安居乐业　兢兢业业　建功立业　子承父业　一番事业　不务正业　艰难创业　千秋大业　百年基业　各行各业　卖田置业　士农工商，各执一业

叶

片叶　黄叶　桃叶　霜叶　秋叶　茶叶　桐叶　散叶　粗枝大叶　柔枝嫩叶　青枝绿叶　金枝玉叶　牵枝带叶　添枝加叶　剪除枝叶　繁花密叶　轻舟一叶　诗题红叶　秋风扫落叶　卖花姑娘插竹叶*

页

一页　活页　残页　扉页

孽

造孽　作孽　冤孽　罪孽　妖妖孽孽　残渣余孽　国家将亡，必有妖孽

碟

杯碟　菜碟　花碟　飞碟　有碗数碗，有碟数碟*

牒

名牒　简牒　仙牒　僧牒　袈裟
度牒　最后通牒

蝶

紫蝶　彩蝶　舞蝶　痴蝶　双飞
蝴蝶　穿花蛱蝶　庄周梦蝶　翩
跹舞蝶　狂蜂浪蝶　梁祝化蝶
采茶扑蝶　花间戏蝶

谍

间谍　侦谍

堞

城堞　古堞

鲽

鹣鲽

叠

打叠　堆叠　折叠　阳关三叠
重重叠叠

迭

更迭　交迭　不迭　叫苦不迭

帖

禀帖　红帖　请帖　字帖　揭帖
碑帖　换帖　临帖　鸾书庚帖
妥妥帖帖　服帖

贴

补贴　张贴　烫贴　粘贴　津贴
体贴　锅贴

涉

徒涉　远涉　长途跋涉　互不干
涉　与人无涉

摄

拍摄　兼摄

蹑

追蹑　登蹑

协

妥协　调协　和协　政协

胁

威胁　逼胁　裹胁

怯

心虚胆怯

歉

荒歉　岁歉　抱歉　赔礼道歉

挟

聚众要挟

劫

洗劫　历劫　一劫　趁火打劫
白日抢劫　十年浩劫　千磨万劫

接

应接　招接　迎接　联接　青黄
不接　短兵相接　魂梦相接　先
传后接

妾

婢妾　侍妾　臣妾　纳妾　轻妻
重妾　三妻四妾

捏

拿捏　手捏　扭扭捏捏

臬

圭臬

靥

笑靥　酒靥　浅靥

猎

打猎　射猎　围猎　渔猎　狩猎
涉猎　旌旗猎猎　诗书涉猎

44. 月缺韵（韵母üd）

入声

上入声

腯（又音"突"的上入声）
肥腯腯*

脱（另作中入声）
光脱脱*（光秃秃）

律（音"劣"，上入声）
滑律律*（滑溜溜）

喫
鼠声喫喫

雪（另作中入声）
白雪雪*（白嫩）

中、下入声

月
赏月　元月　新月　拜月　坐月
蜜月　残月　望月　风月　待月
对月　半边月　云遮月　霜晨月
关山月　蛾眉月　做满月　一弯新
月　一轮明月　七星伴月　流星赶
月　水中捞月　烘云托月　披星戴
月　众星捧月　风花雪月　长年累
月　清风明月　蹉跎岁月　光风霁
月　五黄六月　春花秋月　吟风弄
月　镜花水月　晓风残月　峥嵘岁
月　乌云盖月　十冬腊月　吴牛喘
月　荒时暴月　彩云追月　羞花闭
月　米贵兼闰月　出门无六月*　云

盖中秋月　近水楼台先得月

穴
墓穴　空穴　地穴　巢穴　鼠穴
蚊穴　虎穴　结穴　太阳穴　龙
潭虎穴　犁庭扫穴　生则同衾，
死则同穴

越
优越　卓越　激越　跨越　飞越
超越　从头越　关山难越　地分
吴越

钺
斧钺　黄钺　秉钺　一字之贬，
严于斧钺

悦
欢悦　喜悦　和悦　怡悦　海内
同悦　龙颜大悦

阅
审阅　检阅　批阅　披阅　簪缨
阀阅

粤
南粤　百粤　闽粤

绝
妙绝　奇绝　谢绝　拒绝　断绝
杜绝　凄绝　愁绝　行人绝　音
信绝　鸟飞绝　源源不绝　络绎
不绝　拍案叫绝　弹尽粮绝　命
不该绝　做尽道绝　滔滔不绝
艰苦卓绝　存亡续绝　恩断义绝

赶尽杀绝　五穷六绝　封门死绝
堪称一绝　深恶痛绝　信断音绝
好话讲尽，坏事做绝

拙

愚拙　笨拙　古拙　眼拙　弄巧
反拙　将勤补拙　手乖命拙　献
丑不如藏拙

绌

心劳日绌　相形见绌

啜

饮啜　吸啜　哺啜

辍

中辍　止辍　告辍　日夜不辍
时作时辍

决

坚决　否决　表决　裁决　议决
处决　溃决　枪决　犹豫不决
速战速决　勇敢果决　多数取决
胜负未决　武力解决　依法判决
多谋少决　民族自决

诀

口诀　歌诀　秘诀　永诀

缺

空缺　欠缺　短缺　残缺　奇缺
遗缺　肥缺　抱残守缺　花残月
缺　完整无缺　填空补缺　衣单
食缺　月有阴晴圆缺

玦

玉玦　佩玦

厥

昏厥　气厥　晕厥

獗

猖獗

橛

木橛　桩橛　门橛

蕨

野蕨　藜蕨　采蕨

蹶

竭蹶　颠蹶　僵蹶

阙

城阙　宫阙　伏阙　天阙

阕

一阕　上阕

撮

一撮　小撮

猝

急猝　仓猝　愊猝

雪

冰雪　霜雪　飘雪　积雪　踏雪
滑雪　扫雪　喜雪　洗雪　昭雪
鹅毛雪　雨夹雪　千堆雪　阳春
白雪　丰年瑞雪　漫天飞雪　吞
毡咽雪　程门立雪　如汤沃雪
欺霜傲雪　自扫门前雪

说

诉说　劝说　陈说　演说　小说
学说　传说　胡说　异端邪说
道听途说　著书立说　自圆其说
不由分说　依书直说　从头细说
有此一说　无话可说　郢书燕说

血

碧血　赤血　鲜血　汗血　浴血

溅血 吐血 吸血 凉血 贫血 输血 大出血 洒狗血 一针见血 七孔流血 茹毛饮血 呕心沥血 椎心泣血 磨牙吮血 杜鹃啼血 残阳如血 泪枯成血 黄花碧血 鸡毛鸭血*（一塌糊涂，不可收拾） 杀人不见血 抛头颅，洒热血

脱

逃脱 开脱 摆脱 活脱 超脱 挣脱 解脱 一推就脱 风流洒脱 得大解脱 撇撇脱脱

夺

争夺 强夺 攻夺 掠夺 气夺 裁夺 定夺 巧取豪夺 生杀予夺 志不可夺

劣

恶劣 卑劣 拙劣 优劣

捋

手捋

45. 喝割韵（韵母od）

（此韵与落索韵通用）

入声

中入声

割

收割 交割 舍割 切割 心如刀割 任人宰割 不可分割

葛

瓜葛 麻葛 纠葛 杯葛 二诸葛 攀藤附葛 冬裘夏葛 华洋胶葛

渴

口渴 饥渴 解渴 望梅止渴 饮鸩止渴 如饥似渴 载饥载渴 求贤若渴 喉干颈渴 远水不能救近渴 食得咸鱼抵得渴*

喝

呼喝 叱喝 吆喝 当头棒喝 高声大喝 吃吃喝喝 大吃大喝

褐

布褐 短褐

46. 落索韵（韵母og）

入声

上入声

扑（音bog）
敲扑　鞭扑　用棍扑*

剥
抽剥　层剥　生吞活剥　重利盘剥

泡（音pog）
豆泡*　鱼泡*　起泡*

落（另作中、下入声）
将牙落*

磕（音kog）
将头磕*

搊（音sog）
用筷子搊*

中、下入声

国
复国　爱国　救国　建国　叛国
卖国　万国　战国　帝国　天国
异国　祖国　共和国　同盟国
周游列国　舍身为国　安邦定国
九州十国　丧权辱国　离乡去国
伤时忧国　里通外国　神游故国
尽忠报国　魂归天国　闭关锁国
以身许国　保家卫国　独立王国
自为一国　抛家去国　春秋战国

帼
巾帼

落（另作上入声）
奚落　堕落　着落　衰落　没落
破落　篱落　错落　阔落*（宽敞）　受落*（得到承认欢迎）
干净利落　冷冷落落　光明磊落
心潮起落　七上八落　瓜熟蒂落
七零八落　告一段落　零零落落
腐化堕落　千村万落　鸟啼花落
天涯沦落　门庭冷落　大权旁落
潮生潮落　从轻发落　手起刀落

荦
荦荦

乐
快乐　欢乐　宴乐　康乐　取乐
笑乐　娱乐　安乐　家庭乐　升平乐　渔家乐　及时行乐　自得其乐　天伦之乐　助人为乐
官清民乐　喜怒哀乐　朝欢暮乐
与民同乐　闷闷不乐　西方极乐
吃喝玩乐　与众乐乐　苦中作乐
寻欢作乐　为善最乐

诺
宿诺　许诺　轻诺　一呼百诺
唯唯诺诺

络
联络　笼络　脉络　经络　舒筋活络

洛
河洛　汴洛

烙
刻烙　炮烙

貉
一丘之貉

酪
乳酪　酥酪

幕
黑幕　烟幕　内幕　揭幕　夜幕
帷幕　帐幕　银幕　开幕　序幕
谢幕　入幕　燕巢帘幕　锦茵绣幕　拉开战幕

寞
不甘寂寞　穷居落寞

漠
广漠　沙漠　淡漠　冷漠　高山大漠　平林漠漠

膜
耳膜　隔膜　薄膜

泊
漂泊　停泊　落泊　湖泊　血泊
草泊　夜泊　旅泊　一身漂泊
性情淡泊　功名淡泊

箔
蚕箔　帘箔　鱼箔　帷箔

博
赌博　宏博　学识渊博　地大物

博　见闻广博

礴
气势磅礴

魄（音"托"、"泊"）
落魄　旁魄

雹
落雹　冰雹

缚
束缚　羁缚　解缚　作茧自缚　名牵利缚

搏
相搏　肉搏　猛搏　时代脉搏
奋力拼搏　人生能得几回搏

膊
肩膊　两膊　臂膊　袒膊

薄
轻薄　缴薄　鄙薄　脆薄　淡薄
浮薄　力薄　德薄　尖酸刻薄
妄自菲薄　红颜命薄　自奉不薄
酒微菜薄　门衰祚薄　命同纸薄
人丁单薄　缘悭福薄　世情淡薄
学识浅薄

驳
斑驳　反驳　批驳　接驳　无可辩驳

扑
相扑　力扑　频扑*（奔忙）

朴
俭朴　淳朴　古朴　厚朴　民敦俗朴　厚重质朴

广州话分韵词林

璞

归真反璞　示人以璞

恶（音ngog）

罪恶　邪恶　丑恶　隐恶　疾恶
善恶　首恶　腐恶　不念旧恶
穷凶极恶　精粗美恶　欺善怕恶
山穷水恶　用心险恶　劝善惩恶
风云险恶　大声夹恶*

噩

浑浑噩噩

愕

错愕　惊愕　骇愕

锷

剑锷　锋锷　残锷　霜锷

萼

花萼　绿萼

谔

忠谔　梗谔　众人诺诺，不如一
士谔谔

鳄

海鳄　鲸鳄

颚

上颚　下颚

岳

山岳　泰岳　东岳　河岳　三山五
岳

乐（音"岳"）

音乐　礼乐　鼓乐　交响乐

索

绳索　铁索　缆索　探索　弦索*
找寻线索　套上绞索　不假思索

上下求索　暗中摸索　敲诈勒索
孤弦寡索*　零星落索*

朔

正朔　河朔　称臣奉朔

塑（方言俗读，另读
"素"，词目见"操劳"韵）

槊

横槊　交槊　夺槊

学

开学　求学　苦学　自学　饱学
留学　科学　医学　数学　文学
化学　博学　交际学　关系学
假道学　无心向学　多才饱学
真才实学　边干边学　家贫失学
勤工俭学　供书教学　形而上学

鹤

鸣鹤　瘦鹤　白鹤　骑鹤　朱顶
鹤　打斋鹤*　夜游鹤*　杏如黄鹤
妻梅子鹤　断凫续鹤　闲云野鹤

壳

椰壳　贝壳　甲壳　外壳　空壳
蚬壳　蛇蜕壳　圣人壳*　金蝉脱
壳　空余躯壳

霍

磨刀霍霍　纵情挥霍　电光霍霍
沙尘白霍*

藿

沙藿　藜藿　豆藿

作

写作　创作　佳作　协作　发作
力作　恶作*（难办）　分工合作

矫揉造作　见机而作　诸恶莫作
无恶不作　狂风大作　日出而作
五行八作　精神振作　精耕细作
通力合作　小题大作　精心杰作
得意之作　兴工动作　搞小动作
述而不作　人多好做作*

昨

光景如昨

怍

愧怍　羞怍　惭怍

凿

开凿　枘凿　耕凿　疏凿　证据
确凿　言之凿凿　白石凿凿　附
会穿凿　实斧实凿*（没虚假）

濯

洗濯　浣濯　濯濯　童山濯濯
神灵濯濯

擢

选擢　拔擢

戳

邮戳　刀戳

错（音"戳"）

山珍海错　觥筹交错　犬牙交错
纵横交错

确

正确　准确　详确　的确　明确
欠确　荦确　千真万确　情真理
确　一贯正确　的而且确*

涸

干涸　枯涸　焦涸　喉涸

壑

丘壑　林壑　渊壑　沟壑　千山
万壑　尸填沟壑　奇峰绝壑　以
邻为壑

角

口角　屋角　牛角　画角　菱角
檐角　鼓角　堕角*　丢眼角*
转弯抹角　天涯海角　凤毛麟角
出头露角　钩心斗角　崭露头角
田边地角　霜天晓角　眉梢眼角
进军号角　三尖八角*　批鳞截角
捉到鹿唔会脱角*

桷

桁桷　椽桷

各

各顾各　各归各

阁

台阁　闺阁　内阁　组阁　凌烟
阁　文昌阁　凉亭水阁　龙楼凤
阁　空中楼阁　亭台楼阁　束之
高阁　仙山琼阁　五步一楼，十
步一阁

搁

耽搁　延搁

觉

醒觉　知觉　慧觉　自觉　发觉
警觉　感觉　失觉　先知先觉
懵然不觉　人不知，鬼不觉　侧
侧膊，唔多觉*　大梦谁先觉

郭

东郭　南郭　附郭　倚郭　山林

城郭　水村山郭

椁

棺椁

廓

轮廓　寥廓

获

收获　破获　俘获　缴获　不劳而获　人赃并获　一无所获　劳而不获　只问耕耘，不问收获

镬

汤镬　鼎镬　油镬　饭镬　爆大镬*（揭老底）　等米落镬*　合米落镬*　熟人买破镬*　冇油唔甩得镬*

度（音"铎"）

测度　量度　忖度　审度

踱

两边踱　街头踱

铎

木铎　铃铎　孤寒铎*（吝啬）

箨

竹箨　粉箨　解箨

托

嘱托　请托　手托　委托　依托　假托　推托　信托　烘托　付托　入托　摩托　有负重托　多多拜托　此身何托　精神寄托

拓

推拓　落拓　开拓

柝

金柝　鸣柝　闻柝　抱关击柝

47. 芍药韵（韵母eɑ）

〰〰〰〰〰〰　（此韵与劈石韵通用）　〰〰〰〰〰〰

入声

中、下入声

脚

山脚　城脚　国脚　水脚*（路费）　赤脚　缠脚　踢脚*（难办）　做手脚*　起飞脚*　撑台脚*　鸡咁脚*　揸鸡脚*　托大脚*　抽后脚*　撬墙脚*　大手大脚　束手束脚　七手八脚　蓬头赤脚　露出马脚　舞手动脚　乱了阵脚　指手画脚　鸡手鸭脚*　干手净脚*　夹手夹脚*　颠头倒脚*　过水湿脚*　滚水渌脚*（匆忙）　死鸡撑硬脚*　无头安出脚*　头痛医头，脚痛医脚　平时唔烧香，急时抱佛脚　拉人裙盖自己脚*

酌

小酌　对酌　斟酌　商酌　浅斟低酌　句斟字酌　寡酒独酌　随

意小酌

爵

官爵　禄爵　加官晋爵　卖官鬻爵

嚼

咀嚼　细嚼　经得咀嚼　慢吞细嚼　过屠门而思大嚼

着

沉着　附着　落着　衣着　执着棋高一着　虚悬无着　高人一着衣食无着　歪打正着　错有错着*三十六着，走为上着

琢

雕琢　磨琢　金镶玉琢　精雕细琢　有斩有琢

啄

饮啄　俯啄　剥啄

诼

谣诼　巧诼

削

剥削　刮削　切削　斧削　瘦削删削

略

谋略　韬略　智略　侵略　雄才大略　文韬武略　龙韬豹略　深谋远略　六韬三略

掠

攻掠　扫掠　梳掠　抢掠　奸淫掳掠　大事劫掠

弱

柔弱　脆弱　孱弱　荏弱　锄强扶弱　不甘示弱　恃强凌弱性情懦弱　势孤力弱　神经衰弱财多身子弱*

约

盟约　立约　婚约　师约　密约隐约　制约　俭约　增产节约订立条约　卖身文约　翻盟悔约官凭印信私凭约

药

丹药　灵药　毒药　和药　芍药采药　灌药　撮药*　卖膏药　生草药　迷魂药　赔汤药*　食火药*灵丹妙药　对症下药　无可救药苦口良药　换汤不换药　葫芦里卖的什么药　说的真方，卖的假药

虐

暴虐　苛虐　威虐　助纣为虐骄阳肆虐　谑而不虐

谑

戏谑　谐谑　欢谑　善谑

跃

跳跃　飞跃　活跃　欢跃　龙腾虎跃　欢欣雀跃　人心踊跃

若

杜若　兰若　从容自若　谈笑自若

雀

孔雀　燕雀　朱雀　云雀　冻雀老雀*　打麻雀*（打麻将）　禾花雀　门可罗雀　开笼放雀　明珠

弹雀　闭目掩雀　解剖麻雀　报恩黄雀　为渊驱鱼，为丛驱雀

鹊

乌鹊　灵鹊　喜鹊　野鹊

卓

超卓　英卓　奇卓

绰

宽绰　阔绰　绰绰

勺

一勺　杯勺　犀勺

灼

焦灼　灼灼

妁

媒妁

铄

矍铄　销铄

斫

斧斫　砍斫　剑斫

却

退却　忘却　抛却　了却　盛情难却

桌

方桌　圆桌　书桌　供桌　八仙桌

48. 劈石韵（韵母êg）

入声

上入声

叻

精叻*（精明能干）　认叻*（自炫能干）

中、下入声

石

钻石　磁石　陨石　药石　玉石　岩石　云石　宝石　试金石　三生石　绊脚石　心如铁石　飞沙走石　开山劈石　穿云裂石　落井下石　以卵击石　稳如磐石　国家柱石　诚开金石　他山之石　甘冒矢石　望夫化石　摩崖刻石　精卫衔石

锡

焊锡　卓锡　无锡　金银铜铁锡

惜（音"锡"）

疼惜　爱惜　敬惜　心惜

尺

公尺　市尺　标尺　谱尺　戒尺　工尺　曲尺　寸关尺　排钱尺　量天尺　得寸进尺　垂涎三尺　近在咫尺　昂藏七尺　量才玉尺　人手足刀尺　舍得一丈，唔舍得一尺*

赤

面赤　心赤　地赤　金无足赤　近朱者赤　面红耳赤　爱民若赤

刺（音"赤"）

头刺* 肚刺* 骨刺* 肉刺*（心疼）

剧

戏剧 活剧 喜剧 悲剧 惨剧 丑剧 繁剧 恶作剧 滑稽剧

屐

木屐 拖屐 雪屐*（溜冰鞋） 着屐*（穿木拖鞋）

炙

脍炙 火炙 炮炙 羹残冷炙

只（隻）

船只 舰只 独只 形单影只 肥尸大只*

壁（音beg）

飞檐走壁 烂泥糊不上壁*

劈

刀劈 斧劈 雷劈 掌劈 好心着雷劈*

踢

一脚踢*（一手包办） 拳打脚踢

吃

小吃 饱吃 贪吃 口吃 软硬不吃 自找苦吃

笛

牡笛 玉笛 铁笛 横笛 短笛 警笛 芦笛 汽笛 山阳笛 吹箫笛

籴

日籴 请籴 收籴 把米籴

趯

走趯* 跳趯* 猛趯*

脊

背脊 屋脊 鱼脊 山脊 椓背脊*（背后指责）

瘠

肥瘠 瘦瘠 贫瘠

席

床席 枕席 茵席 芦席

疬

瘰疬

49. 竹木韵（韵母ug）

入声

上入声

福

幸福 造福 洪福 享福 祝福

艳福 发福* 全家福 飞来福 平安是福 作威作福 吉凶祸福 因祸得福 国利民福 沾光托福 惜福得福 闲居纳福 大饱眼福 转祸为福 天官赐福 自求多福

身在福中不知福　人有霎时之祸福　塞翁失马，安知非福　大难不死必有后福

幅

画幅　尺幅　条幅　篇幅　双幅　横幅　不修边幅　对联条幅

蝠

蝙蝠

复（另作下入声）

回复　答复　修复　繁复　重复　反复　批复　山重水复　循环往复

覆

倾覆　颠覆　舟覆　天翻地覆　地载天覆

辐

车辐　轮辐　脱辐

腹

空腹　剖腹　捧腹　鼓腹　经纶满腹　葬身鱼腹　推心置腹　倚为心腹　东床坦腹　牢骚满腹　以小人之心，度君子之腹

馥

香馥馥　花香草馥

郁

浓郁　忧郁　沉郁　抑郁　芬芳馥郁　葱葱郁郁

毓

钟毓　孕毓

沃

肥沃　饶沃　泉沃　野沃　土地肥沃

秃

发秃　顶秃　山秃　笔秃　光秃秃

碌

忙碌　骨碌　石碌　虾碌*　花哩碌*　庸庸碌碌　奔波劳碌　一仆一碌*（连滚带爬）

漉

湿漉漉

麓

山麓　林麓　野麓

辘

车辘　轱辘　饥肠辘辘

睩

眼睩睩*

宿

归宿　寄宿　借宿　留宿　星宿　双栖双宿　两餐一宿　风餐露宿　二十八宿　群星列宿　草行露宿　晓行夜宿　粮无隔宿

缩

畏缩　减缩　羞缩　退缩　伸缩　思缩*（拘束）　局缩*　闪闪缩缩　行藏闪缩　热胀冷缩

粟

金粟　余粟　罂粟　千钟粟　太仓粟　沧海一粟　布帛菽粟

肃

严肃　整肃　端肃

叔

阿叔　大叔　铎叔*（吝啬的男人）　大伯小叔

簌

雨簌簌　风簌簌

菽

饮水食菽

馊

酸馊　汗馊　饭馊

烛

风烛　凤烛　香烛　银烛　明烛
残烛　秉烛　火烛*（着火）
洞房花烛　西窗剪烛　龙凤喜烛
元宝蜡烛*　人老风前烛

触

接触　笔触　抵触　灵机一触
一时感触

足

十足　满足　手足　蛇足　立足
充足　高足　失足　画蛇添足
心满意足　评头品足　不一而足
美中不足　情同手足　神完气足
先天不足　自给自足　家给人足
捶胸顿足　兄弟如手足　有子万
事足　人心无厌足*　无所措手足
一举手一投足　心有余而力不足

捉

活捉　捕捉

竹

爆竹　斑竹　丝竹　丛竹　翠竹
疏竹　腐竹*　甜竹*　盲公竹*

大碌竹*（水烟筒）　胸有成竹
栽花种竹　茂林修竹　哀丝豪竹
金石丝竹　梅兰菊竹　势如破竹
梅花间竹*

竺

天竺　西竺

筑

小筑　卜筑　修筑　建筑　债台高
筑

祝

卜祝　司祝　庙祝　庆祝　恭祝
预祝

嘱

叮嘱　切嘱　医嘱　遗嘱　叮咛
致嘱　立下遗嘱

瞩

高瞻远瞩

粥

白粥　肉粥　煮粥　一镬粥*　有
米粥*　鱼生粥*　群雌粥粥　食过
夜粥*（学过功夫，有两下子）

卜

占卜　巫卜　龟卜　胀卜卜*
不疑何卜　可以预卜　求神问卜
吉凶未卜

曲

弯曲　歪曲　河曲　衷曲　乡曲
心曲　委曲　戏曲　催眠曲　阳
关曲　狂想曲　进行曲　三部曲
主题曲　情亏理曲　横行乡曲
武断乡曲　弯弯曲曲　高歌一曲

掕横折曲*（歪理）

掬

一掬　盈掬　笑容可掬

鞠

俯鞠　抚鞠　蹴鞠

谷

山谷　峡谷　空谷　金谷　五谷
稻谷　籴谷　布谷　满坑满谷
深山穷谷　进退维谷　虚怀若谷
青山翠谷　走出低谷　牛耕田马
食谷　上屋搬下屋，唔见一箩谷*

菊

野菊　松菊　霜菊　残菊　赏菊
咏菊　春兰秋菊　东篱采菊　人
淡如菊

桔

桎桔　脱桔

鹄

鸿鹄　射鹄　中鹄

哭

悲哭　歌哭　鬼哭　号哭　穷途
哭　秦庭哭　长歌当哭　同声一
哭　放声大哭　号啕大哭　抱头
痛哭

旭

朝旭　晨旭　初旭　晴旭

束

收束　管束　结束　约束　装束
花束　无拘无束　生刍一束

速

加速　减速　超速　时速　从速
火速　兵贵神速　光阴迅速

促

急促　匆促　局促　短促　迫促
督促　催促

蹙

困蹙　势蹙　穷蹙　势穷力蹙
双眉紧蹙

畜

家畜　耕畜　六畜　孳畜

蓄

积蓄　储蓄　兼收并蓄　怖事俯
蓄

矗

高矗　斜矗　云矗

躅

踯躅　蹢躅

屋

茅屋　古屋　金屋　书屋　华屋
瓦屋　租屋　封屋　叠床架屋
牵梦补屋　一人有福，带挈一屋*

督

总督　监督　都督

笃

病笃　诚笃　情笃　打烂沙盆问
到笃*

下入声

服

被服　征服　克服　佩服　归服
信服　臣服　折服　乱头粗服
锦衣华服　奇装异服　低头慑服
四夷宾服　心悦诚服　帖帖服服

竹木韵

251

水土不服　麻冠孝服　淡妆素服
口服心不服

伏

拜伏　降伏　隐伏　蛰伏　倒伏
三伏　打埋伏　思潮起伏　危机
四伏　发奸擿伏　时起时伏　不
甘雌伏　波澜起伏　夏练三伏
暗中潜伏

袱

背包袱　抖包袱　思想包袱　放
下包袱

复（另作上入声）

恢复　收复　光复　平复　报复
回复　循环往复　七日来复　万
劫不复　无往不复

斛

升斛　斗斛

局

格局　布局　棋局　药局　骗局
时局　当局　结局　邮局　对局
和局　雀局　美人局　私伙局*
（民间曲艺组织）　顾全大局
打开僵局　已成定局　终无了局
收拾残局

仆

奴仆　童仆　公仆　风尘仆仆

木

枯木　朽木　林木　杉木　棺木
竹木　伐木　入木　麻木　惊堂
木　四方木*　大辘木*（呆板不灵
活的人）　大兴土木　人非草木

行将就木　四肢麻木　昆虫草木
依草附木　移花接木　心如槁木
参天古木　一草一木　斧头打凿
凿入木　出自幽谷，迁于乔木
无源之水，无本之木

沐

休沐　汤沐　洗沐

穆

肃穆　静穆　昭穆　左昭右穆
雍雍穆穆

睦

雍睦　敦睦　夫妻和睦　上和下睦

目

名目　头目　节目　过目　注目
张目　眉目　项目　极目　价目
醒目*　大题目　千里目　琳琅满目
獐头鼠目　本来面目　慈眉善目
赏心悦目　伤心惨目　以耳代目
掩人耳目　疮痍满目　一新耳目
巧立名目　不堪入目　路人侧目
死不瞑目　光彩夺目　夫妻反目
举世瞩目　惊心怵目　历历在目
一叶障目　金刚怒目　横眉怒目
庐山真面目

牧

放牧　游牧　畜牧

酷

严酷　残酷　冷酷　惨酷

玉

弄玉　佩玉　金玉　美玉　颜如
玉　如花似玉　零金碎玉　小家

碧玉　守身如玉　雕金琢玉　面如冠玉　抛砖引玉　怜香惜玉　浑金璞玉　蓝田种玉　堆金积玉　他山之石，可以攻玉

育
教育　生育　体育　美育　德育　智育　抚育　孕育　节育　培育　节制生育　天地化育　栽培作育　万物覆育

浴
沐浴　淋浴　目浴　入浴　水浴　日光浴　桑拿浴　斋戒沐浴

欲
情欲　嗜欲　多欲　纵欲　占有欲　权势欲　从心所欲　穷奢极欲　七情六欲　清心寡欲　饱暖思淫欲

狱
入狱　出狱　冤狱　慎狱　监狱　黑狱　越狱　脱狱　文字狱　脂粉狱　锒铛入狱　陷身牢狱　人间地狱　反牢劫狱　阴司地狱　片言折狱　十八层地狱

肉
皮肉　肌肉　骨肉　血肉　酒肉　香肉　福肉　割肉　分肉　炙肉戏*　天鹅肉　心头肉　牛熟肉　情同骨肉　知心贴肉　行尸走肉　朝鱼晚肉　细皮嫩肉　饮酒食肉　有血有肉　个蚬个肉*　啖啖到肉*　大杯酒大块肉　挂羊头卖狗肉

手板手背都是肉　丝不如竹，竹不如肉

辱
荣辱　忍辱　侮辱　耻辱　屈辱　凌辱　受辱　污辱　自取其辱　奇耻大辱　士可杀，不可辱

褥
被褥　锦褥　绣褥

蜀
西蜀　巴蜀　乐不思蜀　得陇望蜀

属
家属　亲属　眷属　附属　烈属　军属　隶属　僚属　从属　归属　直属　心无所属　拥军优属　不相统属　神思不属

熟
饭熟　酒熟　禾熟　相熟　娴熟　成熟　烂熟　纯熟　一镬熟*　面口熟　工多艺熟　茶香酒熟　驾轻就熟　生不半熟　滚瓜烂熟　人熟礼唔熟　人生地不熟　一次生两次熟*　三生不当一熟

塾
私塾　家塾　书塾

淑
贤淑　遇人不淑

赎
取赎　回赎　可赎　找赎*　百身莫赎　立功自赎　掳人勒赎

犊

牛犊　叱犊　鸣犊　老牛舐犊
初生之犊

牍

书牍　文牍　案牍　尺牍　连篇
累牍　案无余牍

续

手续　连续　陆续　继续　琴弦再
续　存亡绝续　貂不足，狗尾续

渎

亵渎　烦渎　一言奉渎

逐

追逐　放逐　追逐　驱逐　酒食
征逐　名场角逐

族

宗族　异族　种族　氏族　贵族
水族　外族　灭族　豪门大族
名门望族　株连九族　国家民族

镞

箭镞　飞镞　利镞

簇

浪簇　峰簇　一簇　簇簇　花团锦
簇

浊

尘浊　垢浊　污浊　浑浊　扬清激
浊　渭清泾浊　神清体浊　外清内
浊

轴

机轴　轮轴　卷轴　线轴　群轻折
轴

俗

世俗　绝俗　庸俗　流俗　俚俗
殊俗　尘俗　风俗　习俗　通俗
脱俗　移风易俗　未能免俗
伤风败俗　超尘拔俗　化民成俗
入乡随俗　愤世嫉俗　惊世骇俗

读

宣读　熟读　细读　捧读　伴读
共读　展读　苦读　阅读　夜读
拜读　渔樵耕读　半工半读　不
忍卒读　父书徒读

独

孤独　慎独　幽独　单独　鳏寡
孤独　木木独独*（迟钝）

毒

中毒　服毒　余毒　遗毒　消毒
怨毒　狠毒　放毒　恶毒　流毒
阴毒*　驱五毒　爆阴毒　用心狠
毒　宴安鸩毒　以毒攻毒　嘴甜
心毒　无名肿毒　生灵荼毒　天
下莫予毒

六

呼幺喝六　鬼五马六*　坐定粒六*
（十拿九稳）　四四六六

禄

天禄　俸禄　微禄　荣禄　鸳鸯
福禄　妻财子禄　功名利禄　高
官厚禄　居官食禄　封侯爵禄
无功不受禄

录

手录　誊录　实录　抄录　笔录

目录　收录　回忆录　备忘录
言行录　有闻必录　打破纪录

绿

黄绿　新绿　碧绿　挂绿　灯红
酒绿　桃红柳绿　橙黄橘绿　山
青水绿　花花绿绿　回黄转绿
穿红着绿　面红面绿*　火红火绿*
滚红滚绿*

陆

水陆　大陆　登陆　上陆

鹿

麋鹿　驯鹿　梅花鹿　长颈鹿
中原逐鹿　蠢如豕鹿

戮

诛戮　杀戮　骈戮　惨遭屠戮

50.　霹雳韵（韵母ig）

入声

上入声

色

声色　彩色　神色　颜色　夜色
特色　女色　出色　秋色　润色
惧色　绝色　的色*（小巧）
清一色　一粒色*（个子小）
大脚色　打眼色　五光十色　五
颜六色　不动声色　山光水色
水天一色　面无人色　形形色色
大惊失色　英雄本色　怒形于色
风云变色　暗藏春色　平分秋色
察言观色　有声有色　和颜悦色
鉴貌辨色　目迷五色　大有起色
沉迷酒色　勃然变色　巧言会色
天香国色　正颜厉色

息

气息　信息　利息　姑息　出息
休息　叹息　入息*（经济收入）
仰人鼻息　冤魂不息　自强不息
川流不息　休养生息　奄奄一息
灵通消息　经久不息　小道消息
时代信息　人存政举，人亡政息

媳

儿媳　婆媳　孙媳

适

合适　舒适　闲适　安适　各适
其适

啬

吝啬　俭啬　节啬　才丰命啬

穑

稼穑　力穑　农穑　勤劳稼穑
不稼不穑

识

学识　知识　认识　意识　不知
不识　超前意识　更新知识　骤
面相识　远见卓识　似曾相识

不打不相识

式

方式　公式　仪式　格式　样式
程式　法式　一式　开幕式　阅
兵式　公文程式　形形式式　徒
具形式　母仪足式

拭

拂拭　揩拭　扫拭

昔

畴昔　往昔　今昔　忆昔　今胜
昔　人非昔　抚今追昔

惜

可惜　珍惜　怜惜　痛惜　独子
得惜　死不足惜　惺惺相惜

饰

装饰　虚饰　粉饰　修饰　服饰
掩饰　金银首饰　砌词掩饰　大
事修饰

饬

修饬　严饬　整饬　纪纲整饬
言行谨饬

释

解释　冰释　辨释　开释　疑念
冰释　前嫌尽释

悉

知悉　闻悉　熟悉　洞悉　敬悉
获悉　探悉

壁

墙壁　戈壁　碰壁　隔壁　糊壁
面壁　家徒四壁　飞檐走壁　到
处碰壁　悬崖峭壁　铜墙铁壁

萧条四壁

璧

玉璧　完璧　和氏璧　连城璧
中西合璧　黄金白璧　珍同拱璧

碧

天碧　山碧　澄碧

迫

催迫　强迫　进迫　压迫　从容
不迫　贫病交迫　利诱威迫　为
势所迫　饥驱穷迫　裹从胁迫
不迫不迫　饥寒交迫

职

本职　称职　失职　供职　一官
半职　罢官丢职　子顶父职　各
司其职　官复原职　克尽天职

织

促织　夜织　耕织　纺织　编织
罗织　男耕女织　服从组织

积

堆积　蓄积　面积　体积　囤积
食积　沉积　老积*（老成）　招
积*（自鸣得意）

迹

奇迹　事迹　血迹　笔迹　绝迹
劣迹　足迹　遗迹　蛛丝马迹
了无痕迹　来踪去迹　兽蹄鸟迹
杳无踪迹　寻踪觅迹　历史陈迹
不拘形迹　销声匿迹　表明心迹
名胜古迹　江湖浪迹

即

成功在即　远行在即　可望而不

可即

唧

唧唧　啾唧

鲫

金鲫　鲙鲫　过江之鲫　游人如鲫

啧

人言啧啧

绩

成绩　战绩　功绩　业绩　丰功伟绩　功勋劳绩

稷

黍稷　后稷　宗庙社稷

击

打击　冲击　攻击　反击　伏击　游击　射击　突击　不堪一击　无懈可击　乘胜追击　迎头痛击　反戈一击　突然袭击　旁敲侧击　跟踪追击　身经目击

棘

披荆斩棘　满途荆棘

戟

戈戟　画戟　执戟　三叉戟　刀枪剑戟

激

刺激　感激　愤激　风雷激　言论偏激

益

公益　利益　收益　受益　增益　得益　集思广益　开卷有益　有损无益　有所裨益　徒劳无益

満招损，谦受益

抑

压抑　阻抑　平抑　自抑　欲扬先抑　心长抑抑

臆

胸臆

忆

回忆　记忆　思忆　追忆　长相忆

亿

八亿　兆亿

惕

警惕　怵惕　惊惕　朝乾夕惕　心怀怵惕

剔

诸多挑剔

的

标的　鹄的　士的*（拐杖）　打的*（乘坐出租小汽车）　破的　一语中的　悬为标的　众矢之的　达到目的

隙

空隙　间隙　罅隙　白驹过隙

辟

开辟　精辟　复辟

僻

偏僻　荒僻　孤僻　乖僻　放荡邪僻　性行乖僻

癖

怪癖　洁癖　书癖　钱癖　嗜痂之癖　阿芙蓉癖

霹雳韵

257

戚

亲戚　外戚　贵戚　忧戚　悲戚
休戚　惨戚　得戚*（洋洋自得）
皇亲国戚　五亲六戚　认亲认戚
凄凄戚戚

析

分析　辨析　剖析　分崩离析
条分缕析

斥

申斥　挥斥　贬斥　充斥

晰

清晰　明晰

溺

沉溺　陷溺　拯溺　已饥已溺

昵

亲昵　狎昵

匿

藏匿　隐匿　伏匿　逃匿

砾

瓦砾　沙砾

沥

淅沥　滴沥

呖

莺声呖呖

枥

老骥伏枥

雳

晴天霹雳

下入声

食

饮食　吞食　肉食　伙食　素食
寄食　耳食　乞食　好衣食*
揾饭食*　丰衣足食　发愤忘食
节衣缩食　缺衣少食　因噎废食
锦衣玉食　布衣蔬食　飞鹰扑食
饥不择食　灭此朝食　钟鸣鼎食
弱肉强食　嗟来之食　清明寒食
精神粮食　解衣推食　鲸吞蚕食
拣饮择食*　饥者易为食　催工不
催食　三个和尚无水食*　乞儿兜
里捞饭食*　近官得力，近厨得食*

蚀

日蚀　月蚀　吞蚀　破蚀

力

主力　气力　能力　权力　魄力
精力　威力　眼力　暴力　魅力
吃力　落力*　抵力*（费劲）　生
命力　凝聚力　自食其力　度德量
力　有心无力　不遗余力　回天无
力　办事不力　开足马力　尽心竭
力　有气无力　打拳角力　齐心协
力　集中火力　四肢无力　无能为
力　不自量力　一臂之力　路遥知
马力　九牛二虎之力　不费吹灰之
力　将在谋而不在力

历

日历　来历　经历　阅历　学历
游历　履历　资历　老皇历

敌

仇敌　劲敌　杀敌　对敌　避敌
抗敌　挫敌　投敌　四面受敌
众寡不敌　如临大敌　天下无敌

腹背受敌 有我无敌 势均力敌
所向无敌

迪

启迪 训迪

镝

锋镝 矢镝 鸣镝

滴

点滴 汗滴 涓滴 露滴 泪滴
檐滴 残滴 馋涎欲滴 一点一
滴

涤

洗涤 荡涤 清涤

荻

芦荻 蓬荻

直

笔直 耿直 忠直 戆直 掼到
直* 枉者直 口快心直 情端理
直 为人正直 是非曲直

植

种植 扶植 培植

殖

繁殖 产殖 货殖 垦殖

值

价值 贬值 币值 比值 物有
所值 一钱不值

籍

书籍 经籍 古籍 户籍 国籍
原籍

藉

声名狼藉 杯盘狼藉 风流蕴藉

席

主席 出席 退席 就席 撤席
教席 枕席 床席 大排筵席
满汉酒席 座无虚席 坐其首席

蛰

惊蛰 冬蛰

寂

沉寂 静寂 禅寂 万籁俱寂
声沉影寂

夕

七夕 除夕 望夕 永夕 一朝
一夕 朝不虑夕 危在旦夕 花
晨月夕 乐伊朝夕

汐

潮汐 暮汐 归汐

极

太极 无极 南极 四极 登峰
造极 罪大恶极

觅

寻觅 难觅

驿

邮驿 传驿 水驿 马驿 快于
置邮而传驿

易（音"亦"）

贸易 交易 移易 相易 时移
世易 公平交易

奕

精神奕奕 神采奕奕

弈

对弈 博弈

逆

叛逆　忤逆　莫逆　不明顺逆
肆行大逆

弋

游弋　避弋

翼

左翼　蝉翼　羽翼　鼓翼　小心
翼翼　如虎添翼　振鳞奋翼　大
鹏折翼　有毛有翼*　松毛松翼*
（飘飘然）

疫

瘟疫　防疫　免疫

役

兵役　战役　服役　奴役　身为
形役　营营役役　毕其功于一役

域

异域　绝域　旧域　区域

蜮

鬼蜮　狐蜮　为鬼为蜮

51.　活泼韵（韵母ud）

入声

中、下入声

阔

空阔　宽阔　迂阔　契阔　天空
海阔　波澜壮阔　交游广阔　心
胸开阔　天开地阔　幅员辽阔

括

包括　总括　概括　囊括

泼

倾泼　撒泼　水泼　天真活泼

钵

瓦钵　乳钵　饭钵　瓶钵　乞儿
钵　大面钵*　继承衣钵　沿门托
钵　一瓶一钵　打烂斋钵*

勃

狂勃　郁勃　气勃　生气勃勃

朝气蓬勃　兴致勃勃　牛溲马勃
野心勃勃

拨

挑拨　调拨　撩拨　摆拨　三扒
两拨*（干脆利落）

没

吞没　埋没　隐没　淹没　沉没
出没　辱没　神出鬼没　全军覆
没　星河渐没　功不可没

殁

存殁　病殁　战殁　徂殁　赍恨以
殁

末

周末　岁末　毫末　芥末　春末
始末　世纪末　舍本逐末　强弩
之末　秋毫之末　物有本末　缘
由始末　刀锥之末　不齐其本而

齐其末

沫
泡沫　唾沫　飞沫　白沫　身如
絮沫　相濡以沫

抹
涂抹　扫抹　揩抹　批抹　东涂
西抹　淡妆浓抹　胭脂一抹

秣
粮秣　刍秣

活
干活　过活　存活　复活　苟活
成活　救活　大快活*（开朗乐
观的人）　优游快活　半死不活
自谋生活　寻死觅活　手段灵活
借债为活　不知死活　你死我活
慢工出细活　好死不如赖活

52. 出术韵（韵母êd）

入声

上入声

出
日出　进出　支出　退出　输出
演出　新出　杰出　水落石出
和盘托出　奇峰突出　呼之欲出
英雄辈出　冲口而出　入不敷出
深居简出　破绽百出　人才辈出
挺身而出　丑态百出　量入为出
深入浅出　悖入悖出　脱颖而出
计无所出　有苦说不出　左耳
入，右耳出*　手指拗入唔拗出*
白刀子进，红刀子出　病从口
入，祸从口出

卒
兵卒　士卒　走卒　狱卒　生卒
暴卒　督卒*　过河卒　马前卒
无名小卒　一兵一卒　为德不卒
残兵败卒　屎棋专食卒*

捽
揪捽

率（另作下入声）
统率　领率　表率　轻率　草率
坦率　为人直率　群伦表率　三
军统率

蟀
蟋蟀　斗蟀　烂头蟀*（破罐破
摔，无所顾忌的人）

黢*（方言字）
乌黢黢*　黑黢黢*

恤
体恤　怜恤　抚恤　顾恤　T恤*
置之不恤

下入声

律
法律　军律　刑律　规律　定律
旋律　戒律　韵律　清规戒律
金科玉律　千篇一律　五音六律

率（另作上入声）
利率　比率　速率　效率　生产
率　死亡率　成活率

栗
风栗　板栗　战栗　不寒而栗
火中取栗

术
学术　技术　艺术　美术　武术
骑术　战术　权术　魔术　法术
医术　手术　出术*（出鬼点子）
催眠术　活人术　隐身术　不学
无术　驻颜有术　回天乏术

述
口述　论述　陈述　复述　申述
叙述　著述　阐述　称述　讲述
转述

怵
惊怵　心怵

增订后记

　　《广州话分韵词林》一书出版至今已过了16年，广东省繁荣粤剧基金会于今年初计划重印。之前，我与合编者、编剧前辈杨子静先生曾重新翻查，发觉此书虽因其编法独特与十分实用而广受好评，但当年原书稿在编印校对时，存在着一些错漏之处，应该勘误订正；而且随着时代的发展，有需要而且有条件对部分内容作出增补，于是便有了这次的增订本。

　　此次增订主要有以下几个方面：

　　（一）对原书稿作了一些勘误订正。

　　（二）增补了一些提示单字，如"生（音sang）"、"眮"、"使（音'洗'）"、"窿"、"餸"、"淰"、"叻"等，并补上了一些新的词目（有的还作了简单的注释），如"执生（随机应变，小心看着办）"、"大觉眮"、"牙齿当金使"、"大耳窿（放高利贷的人）"、"买餸"、"湿淰淰"、"精叻（聪明能干）"等。

　　（三）有些提示单字，于同一韵中有两个以上声调读音而其义不同，这次也补上了一些属于这类的提示单字及词目。如"企"字，原书稿只放在上去声中，现再补入另作上上声，新词目有"屋企"；"虫"字，原书稿只放在下平声，现再补入另作上上声，新词目有"斩脚趾避沙虫"（此词目原书稿放在下平声一栏中，有误）；"夜"字，原书稿只放在下去声，现再补入另作上上声，新词目有"消夜"等。

　　（四）增补了几十条词目，均为富有特色的广州话俗语、口头语、惯用语（有些是近年出现的新用语），对其中有些较难明白的，又略加简单的注释。如商量韵中的"识弹唔识唱"，撑棚韵中的"架罉（工具）"，亲人韵中的"扭纹"，曦微韵中的"扑飞（到处奔走找票）"，西堤韵中的"冇数为（不合算）"，英明韵中的"倒米寿星"，腥鲮韵中的"下扒轻轻（信口开河）"，操劳韵中的"单料铜煲"，优游韵中的"冇厘头"，波罗韵中的"士多（小杂货店）"，爹爷韵中的"茄哩啡（无足轻重的人，有指临时演员）"，抛锚韵中的"嬲爆爆"，黑白韵中的"朝行晚拆"，执拾韵中的"手指拗出唔拗入"，核实韵中的"好眉好貌生沙虱"，"缩骨（自私、打个人小算盘）"，月缺韵中的"鸡毛鸭血（一塌糊涂，不可收拾）"，竹木韵中的"找赎"，霹雳韵中的"的色（小巧）"，"打的（乘坐出租小汽车）"，出术韵中的"T恤"等。

（五）对原书稿中一些词目其意较难明白的，补上了简单的注释。如"企理"，补上"整齐，有条理"；"二分二"，补上"旧时蔑称世代为奴的'家生婢'"；"真栏"，补上"粤剧小报"；"硬晒肽"，补上"事情闹僵，没有回旋余地"；"眼眉条"，补上"眼皮跳动，有认为预兆不吉利"；"花靓"，补上"爱打扮、无实学的小青年"；"赖猫"，补上"耍赖，不认账"；"铎叔"，补上"吝啬的男人"；"飞擒大咬"，补上"商贩漫天开价"等。

虽然经过这次增订，词目更为丰富，全书显得较为完善，但总会有不足，也难以求全，读者要举一反三，灵活运用。

还要特别提到的是，此书的增订工作，杨子静前辈于年初因身体一直抱恙，只好嘱我"按实际情况先行动手"。到6月间，我刚把增订稿弄出，而他却于7月7日溘然辞世，离我们而去，我再也无法将此稿送到我深深敬重的合作者的手上，让他细细审阅订正了！此书不久的重印面世，就也作为我对杨子静先生的一种不可忘却的纪念吧！

潘邦榛

2006年11月

广州话分韵词林